KB204335

정본 우리말 금강경

정본
우리말 금강경

- 가사체 금강경 해설 -

부록 : 정본 우리말 반야심경

- 동양정신의 핵심, 정신건강의 진수, 복지사회의 지침 -

조현춘 · 천희완 공저

운주사

인사 말씀

동도서기東道西器라는 말이 있습니다. 동양은 정신문화, 서양은 물질문명이라는 말입니다. 옳은 말인지는 모르겠으나, 19세기와 20세기를 거치면서 구미(유럽과 미국)는 선진국, 중국, 인도, 일본, 한국, 중동 근동은 후진국이라는 생각이 지배적이었습니다. 필자가 심리학 / 상담심리학 공부를 시작했을 때도 당연히 미국 책은 정답이었습니다. 그런데 필자의 눈에는 심리학이든 상담심리학이든 미국 책의 내용이 도대체 옳지 않았습니다. 그래서 동서양 통합 상담심리학을 수립하기 위하여 노자와 장자, 불교, 유교를 폭넓게 공부하게 되었습니다.

필자의 직업적 정체성은 ① 상담심리과학자, ② 정서행동교육학자, ③ 정신건강전문가입니다. 대학과 대학원에서 상담심리학을 전공하여 평생 상담심리학 교수를 하였고, 심리학은 과학임을 특히 강조하니 상담심리과학자입니다. 교수 생활 중 특수교육학과에서 정서행동교육전공으로 박사학위를 받았으니 정서행동교육학자입니다. 또한 다른 학자들은 대부분 '부정적 개념의 사람들을 중간 정도의 사람으로 바꾸는 일'을 할 때 필자는 긍정심리학에 근거를 둔 행복훈련을 하였으니, 정신건강전문가입니다.

① 상담심리과학자 ② 정서행동교육학자 ③ 정신건강전문가로서 냉철한 관찰을 통해서 알게 된 사실은 인류 역사에서 참으로 행복

하고 참으로 빛이 나고 참으로 향기 났던 사람들은 거의 전부 불교 경전 사경 독송 전하였던 사람이고, 지금 지구별에서 참으로 행복하고 참으로 빛이 나고 참으로 향기 나는 사람들도 거의 전부 불교 경전 사경 독송 전하였던 사람이라는 사실입니다. 그래서 우리 모두 불교 경전 사경 독송 전합시다! 라고 하게 되었습니다. 또한 불교는 과학을 선도하는 과학 종교이며, 도덕과 부합하는 도덕 종교이며, 행복을 보장하는 행복 종교라는 사실도 확인하였습니다. 그래서 불교의 1번 경전이라고 할 수 있는 금강경을, 그 뜻을 완벽하게 전하면서도 누구나 이해할 수 있는 우리말 금강경을 제시하고자 하였습니다. 그리고 가사체로 다듬었습니다.

이 과정에서 무비 스님의 도움이 가장 컸습니다. 다음으로 화화회(화엄경과 화이트헤드 연구회) 회원님들의 도움과 특히 가족들의 희생이 컸습니다.

『가사체 금강경』은 나름대로 호응이 컸습니다. 호응이 큰 만큼 해설서에 대한 요구가 있었는데 이에 부응하지 못한 채 미루는 상태였습니다. 이런 상황에서 천희완 거사님이 주변의 반응을 종합하여 번역에 대해서 100문항이 넘는 질문을 해 왔습니다. 그래서 '반성하는 마음으로' 이 책을 준비했습니다. 이 책을 시작할 때는 제가 주도적으로 했으나 실제 준비하는 과정에서는 천희완 거사님이 거의 다 했습니다. 고맙습니다. 참으로 고맙습니다.

불기 2568(서기 2024)년 풍류객 조현춘 합장

서론

1. 종교와 릴-리전

종교는 릴-리전이 아니며, 릴-리전은 종교가 아닙니다. 그런데 세상 사람들은 '윤리(Ethics), 종교(Cosmic-Ligion), 도덕(Moral), 신교(Re-ligion)'를 대충대충 비슷비슷하게 생각합니다. 심지어 종교를 릴-리전이라고도 말합니다. 이렇게 전혀 다른 것을 같은 이름으로 부르니, 이어서 나오는 모든 생각들이 뒤틀리고 혼돈되어서 엉망진창이 되어 버립니다.

20세기 최고의 물리학자 아인슈타인은 코스믹-릴-리전/갇-릴-리전을 엄격히 구분하였습니다. 필자는 '아인슈타인의 구분 정신'에 따라 종교(코스믹-리전)와 릴-리전(신교)을 엄격히 구분합니다.

①종교宗敎 Cosmic-Ligion : 조계종 천태종 태고종 관음종 등 宗(마루 종)을 받들고, 교육하고 토론하는 행위 혹은 그 단체와

②릴-리전 신교神敎 : 신을 강조하다 보니 조화의 아름다움을 일부 손상한 교육 혹은 교육단체로 구분합니다.

종교 Cosmic-Ligion은 원칙적으로 흠결이 없어야 하며, 오직 장점뿐이어야 합니다. 서로를 존중하면서, 자리이타 정신을 펼쳐야 종교가 될 수 있습니다. 소위 서양이 동양을 점령하는 과정에서 서양언어인 릴리전을 종교라고 하면서 혼란이 일어난 것입니다.

분명히 해야 할 사항은 '불교는 종교'라는 것입니다. 불교는 릴-

리전이 아닙니다. 유대교 기독교 이슬람교는 종교 Cosmic-Ligion
이 아니라, 릴-리전 신교神教입니다.

2. 불교의 정의

불교의 정의를 물으면, 세상 사람들은 대부분 바르게 대답합니다.
이 책에서는 칠불통계게·5계·육바라밀을 활용하여 불교를 정의하
고자 합니다.

> 나쁜행동 하나라도 않겠습니다. 諸惡莫作
> 착한행동 빠짐없이 하겠습니다. 衆善奉行
> 깨끗하고 맑은마음 갖겠습니다. 自淨其意
> 이세가지 일곱부처 불교입니다. 是諸佛教 (대반열반경 범행품)

'나쁜 행동 하나라도 않겠습니다'라는 발원을 조금 더 구체적으
로 풀어쓰면, '살생하지 않겠습니다. 도둑질을 않겠습니다. 사음하
지 않겠습니다. 거짓말을 않겠습니다. 술을 먹지 않겠습니다.'가 됩
니다. 누가 하지 말라고 정해주는 것이 아닙니다. 본인이 스스로 하
지 않겠다고 발원하는 것입니다. 이 다섯 사항을 5계라고 합니다.
  '착한 행동 빠짐없이 하겠습니다.'를 조금 더 구체적으로 풀어쓰
면, '보시하겠습니다. 지계하겠습니다. 인욕하겠습니다. 정진하겠
습니다. 선정하겠습니다. 지혜롭겠습니다'가 됩니다. 누가 하라고
정해주는 것이 아닙니다. 본인이 스스로 하겠다고 발원하는 것입니
다. 이 여섯 사항을 6바라밀이라고 합니다.

'깨끗하고 맑은 마음 갖겠습니다.'는 나쁜 행동에도 착한 행동에
도 걸리지 않고 깨끗하고 맑은 마음을 갖겠다는 발원입니다. 불교
의 핵심은 바로 '깨끗하고 맑은 마음'입니다.

마지막으로 이 셋은 석가모니 부처님 혼자의 가르침이 아니고,
최근 일곱 부처님의 공통적인 가르침입니다. 즉 다른 부처님들도
똑같은 가르침을 주신 것입니다.

3. 불교의 분류

불교는 문자 그대로 부처님의 가르침 혹은 부처님께서 인정한 가르
침입니다. 그런데 불교는 대충 세 의미를 갖습니다.

가장 좁은 의미의 불교는 "석가모니 부처님이나 그 가르침을 마
루 宗(종)으로 하여, 가르치고 배우고 토론하는 敎(교)"입니다. 다
른 종교와 구분하기 위해서는 '석가모니불 종교'라고 하면 될 것입
니다.

중간 의미의 불교는 "부처님이나 그 가르침을 마루 宗(종)으로 하
여, 가르치고 배우고 토론하는 敎(교)"입니다. '석가모니불 종교 외
에도 아미타불 종교, 약사여래불 종교, 미륵존여래불 종교' 등이 있
을 수 있습니다.

넓은 의미의 불교는 "부처님이나 부처님께서 인정하는 대상을 마
루 宗(종)으로 하여, 가르치고 배우고 토론하는 敎(교)"입니다. '석
가모니불 종교, 아미타불 종교, 약사여래불 종교, 미륵존여래불 종
교에 금강경 종교, 화엄경 종교에 천태대사 종교, 상월대조사 종교,
관음보살 종교' 등이 있을 수 있습니다.

4. 금강경의 취지

불교는 사회 구성원들이 서로 존중하면서 자리이타를 실천하여 모두가 행복한 사회를 이루는 것을 목표로 합니다. 연기의 깨달음으로 태어남과 죽음의 문제도 해결하여 줍니다. 이러한 것을 믿고 꾸준히 실천하여 행복하게 살도록 돕습니다.

금강경의 취지를 사성제에 입각하여 풀면, "이른바 '만인에 대한 만인의 투쟁' 상태에 있는 약육강식 상황에서 일어나는 개인과 사회의 고통(苦)은 자기중심의 이기심과 이러한 이기심이 만연된 문화(集)에서 비롯된 것인데, 자신을 포함하여 모두가 행복한 개인과 사회가 되기 위해서는(滅), 먼저 개인의 결단으로 깨달음을 추구하는 보살이 되려고 해야 하며 서로 보시하는 것을 생활화하며 이 보시는 깊이 내면화되어 보시했다는 생각도 하지 않으면서 자연스럽게 해야 한다(道)."로 요약할 수 있습니다.

금강경은 보살상, 하심下心, 연기, 보시와 보시하는 마음을 분석하고 보다 가치있는 보시를 강조합니다. 사상四相을 비롯한 편견에 걸리지 않는 것, 인간의 자유 의지에 따른 결단, 모든 중생을 부처로 파악하고 존중하는 태도, 내면화가 깊이 되어 생활화된 보시, 이러한 것을 이해하고 실천하게 하는 연기의 강조, 새로운 근거가 나타나면 언제라도 자신의 생각을 고쳐나가는 과학적 사고와 상대주의적 태도 등이 잘 나타나 있습니다. 과학과 정치가 발달한 현대 민주복지사회에서 생활의 지침이 되어 줍니다.

금강경의 가르침은 그 당시 사회에서도 타당하였고, 현대 사회에서도 타당하며, 인류를 비롯한 모든 사회의 보편타당한 가르침으로 믿고 지녀 행하기에 부족함이 없습니다.

5. 금강경과 깨달음

금강경은 부처가 되는 방법을 알려주는 경전이라 할 수 있습니다. 금강경은 '보살의 길'을 알려주는 것이 일차 목표이지만, '보살의 길'은 결국 '부처의 길'이 되어 부처가 되도록 합니다. 그래서 아미타경은 아미타 부처님의 위력으로 극락세계에 가는 경전이고, 약사경은 약사 부처님의 위력으로 병에서 낫고 정유리 세계에 태어나게 하는 경전인데, 금강경은 부처님의 가르침을 받아 자력으로 깨달음에 이르러 부처가 되는 경전이라 할 수 있습니다.

이와 관련된 금강경의 구절을 대표적으로 들면 다음과 같습니다.(가사체)

8장 ④절 : 일체모든 부처님의 최고바른 깨달음은 이경에서 나왔다고 말할수가 있습니다(一切諸佛 及 諸佛阿耨多羅三藐三菩提法 皆從此經出).

14장 ⑦~⑩절 : …… 후오백년 이법문을 이해하고 받아지녀 독송하고 널리널리 설법하여 전해주는 사람들이 짓는복은 참으로~ 많습니다. 이러한~ 사람들은 자기중심 인간중심 중생중심 생명중심 생각않을 것입니다. 이러한~ 사람들은 자기중심 인간중심 중생중심 생명중심 생각들을 보면서도 실체라고 생각하지 아니할~ 것입니다. 모든생각 벗어나서 부처가될 것입니다.(…… 若當來世 後五百歲 其有衆生 得聞是經 信解受持 讀誦 爲他人說 是人 則爲第一 希有 何以故 此人 無我相 人相 衆生相 壽者相 所以者

何 我相 卽是非相 人相 衆生相 壽者相 卽是非相 何以故 離一切諸相 則名諸佛).

15장 ⑤~⑥절 : 이법문을 받아지녀 독송하며 설해주면 …… 이런사람 …… 최고바른 깨달음을 이루게될 것입니다(若 有人 能受持讀誦 廣爲人說 …… 如是人等 則爲荷擔 如來阿耨多羅三藐三菩提).

16장 ①절 : …… 이들은~ …… 전생죄업 소멸하고 깨달음을 이룹니다(…… 是人 …… 先世罪業 則爲消滅 當得阿耨多羅三藐三菩提).

22장 ③절 : '최고바른 깨달음을 온전하게 이루었다' 여래는~ 이런생각 조금도~ 아니해서 참으로~ 이루었다 말할수가 있습니다(我於阿耨多羅三藐三菩提 乃至 無有少法可得 是名阿耨多羅三藐三菩提).

23장 ①~②절 : 수보리~ 장로님~ 차별하지 아니하고 평등하게 생각해야 최고바른 깨달음을 이룰수가 있습니다. 수보리 ~ 장로님~ 자기중심 인간중심 중생중심 생명중심 생각하지 아니하고 일체모든 법들을~ 온전하게 닦았어야 최고바른 깨달음을 이룰수가 있습니다(湏菩提 是法平等無有高下 是名阿耨多羅三藐三菩提 以無我 無人 無衆生 無壽者 修一切善法 則得阿耨多羅三藐三菩提).

I부 정본화 과정

수학적 고려 : 구마라집본을 원본으로 9개 본을 수학적 대조표로 비교하여 『정본 한문 금강경』으로 교감*

언어학 및 논리학적 고려 : 『정본 한문 금강경』을 바탕으로 『조계종 표준 한글본 금강반야바라밀경』을 언어학 및 논리학적 고려를 하면서 가사체 금강경으로 교감

---

* 『정본 한문 금강경』은 『가사체 금강경』(2012년)이 발간되기 이전에 내용적으로 정리되었으나 책자로 발간된 것은 2022년(운주사)입니다.

금강경은 인류 정신문화의 핵심을 잘 표현하고 있으며, 대승불교의 진수를 보여줍니다. 염라대왕이 이고 있는 경전이 금강경이라고 합니다. 현재 우리가 원본으로 활용할 수 있는 금강경은 대충 10종 정도가 됩니다. 문제는 어느 금강경도 완본이라고 할 수 없으며, 오자 탈자가 심하다는 사실입니다. 금강경의 내용을 정확하게 파악하고자 하여도 어떤 판본에 따라야 적절할지 판단하기 어려웠습니다. 이런 상황에서 완본격인 금강경을 편집 및 확정하는 것이 필요했습니다.

처음에는 산스끄리뜨어(범어) 금강경*을 '정본 금강경의 일차 원본'으로 하려고 하였으나, 범어본 자체가 일차 원본으로 사용하기에는 적합하지 않다고 판단하였습니다. 범어본에 대한 연구가 아직 충분하지 못하고 불교인에게도 낯설기 때문입니다. 그래서 우리나라뿐만 아니라 대승불교권인 동아시아에서 널리 읽히면서 판본 형태로 보아 가장 완벽하게 보이는 구마라집 한문 금강경(고려대장경, 돈황막고굴 유공권서)**을 '일차 원본'으로 하였습니다. 그리고 '일차

---

* 산스끄리뜨어본 관련은 "전재성, 『금강경』 '범문 금강경과 그 판본', 407~414(2011년, 한국빠알리성전협회)", "현진, 『산스끄리뜨 금강경 역해』 '산스끄리뜨본 금강경 사본의 현황', 8~16(2023년, 불광출판사)" 등을 참고하십시오.
** '고려대장경'과 '돈황막고굴 유공권서' 금강경은 그 내용을 확인한 결과, 거의

원본'을 다른 9본의 금강경, 즉 유지본, 진제본, 급다본, 현장본, 의정본 등의 한문 5본과 Conze본, Muller본 등의 산스끄리뜨어(범어) 2본, 티베트어본, 몽골어본 등을 수학적 대조표를 작성하고 비교 및 검토하여 "정본 한문 금강경"을 결정하였습니다.

  활용된 10개 본을 소개하면 다음과 같습니다.

  한문 6개 본 ; 구마라집『금강반야바라밀경』/ 보리유지『금강반야바라밀경』/ 진제『금강반야바라밀경』/ 달마급다『금강능단반야바라밀경』/ 현장『능단금강반야바라밀다경』/ 의정『불설능단금강반야바라밀다경』.*

  산스끄리뜨어 2개본 ; 에드워드 콘제본: 각묵스님,『금강경 역해』(불광출판사, 2001). / 막스 뮐러본: 전재성,『금강경』(한국빠알리성전협회, 2011)

  티베트어본 ; 전재성,「범본대조 서장본에 의한 신역금강경」(『백련불교논집』제1집, 1991)

  몽골어본 ; 석진오,『금강경 연구』"7. 몽고본 금강경 한글 옮김", 309 ~ 340쪽(출판시대, 1999)

  "정본 한문 금강경"의 시작점은 대한불교조계종입니다. 대한불교조계종 승가대학원 편찬, 대한불교조계종 발행, 민족사 출판 및

  완전히 일치하였습니다.
* 구마라집, 보리유지, 진제, 현장, 의정의 금강경은 고려대장경 https://kabc.dongguk.edu/index 불교기록문화유산아카이브에서 검색할 수 있으며, 달마급다의 금강경은 대정신수대장경 https://21dzk.l.u-tokyo.ac.jp/SAT/satdb2015.php에서 검색할 수 있습니다.

판매의 『금강경 전서』에서 아마도 세계 최초로 (한문 금강경에 국한되었지만) 한 구절 한 구절 비교하면서 공부할 수 있도록 대조표를 만들었습니다. 고맙습니다. 참으로 고맙습니다. 이를 이어받아 수학적 대조표로 『정본 한문 금강경』을 결정하였습니다.

이 『정본 한문 금강경』을 바탕으로 우리말로 정본화된 결과가 『가사체 금강경』입니다. 이 과정에서 참고로 삼을 우리말 금강경이 필요하였습니다. 이 참고용 우리말 금강경을 대한불교조계종에서 만들어 주었습니다. 대한불교조계종 금강경편찬실무위원회 위원장 연관 스님께서 편찬사에서 밝혔듯이, '유통되고 있는 우리말 금강경'은 수백 종이나 됩니다. 조계종에서는 '수백 종의 유통되는 우리말 금강경'을 전부 비교하여 『대한불교조계종 표준 한글본 금강반야바라밀경』으로 정리해 주었습니다. 수백 종의 금강경을 구하는 것도 어려운 일이고, 다 읽는 것은 더 어려운 일이며, 대조하며 읽는 것은 불가능한 일에 가까운 일이었는데 『대한불교조계종 표준 한글본 금강반야바라밀경』으로 정리해 주셨습니다. 고맙습니다. 참으로 고맙습니다. 우리말로 표현한 금강경을 한글로 표기하였으므로 정확히 표현하면 『(한글 표기) 우리말 금강경』이라고 할 수 있습니다. 이를 『유통본 우리말 금강경』 간단히 『유통본』이라고 하겠습니다.

이런 맥락에서 『가사체 금강경』으로 정본화하는 과정에서 원본으로 삼은 것은 『정본 한문 금강경』과 『대한불교조계종 표준 한글본 금강반야바라밀경(유통본)』입니다.

1. 수학적 고려

『정본 한문 금강경』은 전술한 바와 같이, 구마라집 한문 금강경을 '일차 원본'으로 하여 다른 9본의 금강경(유지본, 진제본, 급다본, 현장본, 의정본 등의 한문 5본, Conze본, Muller본 등의 산스끄리뜨어(범어) 2본, 티베트어본, 몽골어본 등)과 수학적 비교를 통해, 다음과 같이 결정되었습니다.

- 구마라집 한문 금강경에 대한 소명태자의 32장(분) 구분을 존중하였습니다.
- 명확하게 대조하고 교감하기 위해서 구마라집본을 1~3문장씩 222개 절로 구분하였습니다. 222절로 구분하여 10본을 한 절 한 절 구분하면서 비교하니, 7절이 누락되었음을 발견하고 복원하여 229절로 교감하였습니다.
- 다시 각 절을 상세하게 비교하여 106절을 교감하였습니다.

1-1. 소명태자의 32장(분) 구분 존중

1-2. 내용에 따라 '절'을 구분하여 복원, 삭제, 수정

각 장의 내용에 따라서 한 문장 혹은 2~3문장 단위로 '절'을 구분한 후 '탈락된 절'을 복원하거나, '절의 내용' 중에서 일부를 복원, 삭제, 수정하였습니다.

   1-2-1. 이렇게 절로 구분하니, '탈락된 절'을 찾아 복원할 수 있었습니다. 사례를 들어보겠습니다.

1) 제1장 법회가 열린 배경(법회인유분)의 경우, 구마라집 한문 금강경의 통서를 ①절로 하고 별서를 ②절로 한 후, 여러 금강경을 비교하니 ②절에 넣을 수 없는 내용이 ②절 다음에 있었습니다. 그래서 이 부분을 ③절로 하였습니다.

제1장	①절 통서	②절 별서	②절에 넣을 수 없는 내용
구마라집	O	O	없음
유지	O	O	있음
진제	O	O	있음
급다	O	O	있음
현장	O	O	있음
의정	O	O	있음
Conze 범본	O	O	있음
Muller 범본	O	O	있음
티베트어본	O	O	있음
몽골어본	O	O	있음
정본	①절 통서	②절 별서	③절

2) 제3장 대승의 근본 가르침(대승정종분)에는, ②절에 넣을 수 없는 내용이 ②절 다음에 있습니다. 그래서 새로운 내용을 ③절로 하였습니다.

제3장	①절	②절	③절	④절
구마라집	O	O	없음	O
유지	O	O		O
진제	O	O		O
급다	O	O		O
현장	O	O		O
의정	O	O	있음	O
Conze 범본	O	O		O
Muller 범본	O	O		O
티베트어본	O	O		O
몽골어본	O	O		O
정본	①절	②절	③절	④절

3) 제26장 ⑥절 다음에도, 구마라집 한문 금강경에는 아무런 내용이 없는데 다른 9본에는 전부 둘째 게송이 있습니다. 그래서 둘째 게송을 ⑦절로 합니다.

제26장	⑦절
구마라집	없음
유지/진제/급다/현장/의정/ Conze/Muller/티베트어본/몽골어본	있음
정본	⑦절

이렇게 절 전체를 복원한 부분이 1장 ③절, 3장 ③절, 17장 ⑲절 ㉑절, 22장 ①절, 26장 ②절 ⑦절 등 일곱 곳입니다.

1-2-2. 이렇게 절로 구분하니 여러 금강경을 비교하여, 보다 정확한 내용으로 확정하기가 매우 쉬워졌습니다. 이 과정에서 '절의

내용' 중 일부를 복원·삭제·수정하였습니다.

1) '절의 내용'에서 복원하기도 하였습니다.

제2장 ③절을 예로 들어보겠습니다. 표에서 보는 바와 같이 다른 9본의 금강경에서는 주(A)-행(B)-하심(C)*으로 되어 있습니다. 구마라집본에서만 행(B)이 없습니다. 그래서 행(B)을 복원합니다.

제2장 ③절	주(A)-	행(B)-	하심(C)
【鳩摩羅什】	應云何 住	～～～	云何降伏其心
【流　支】	應云何 住	云何修行	云何降伏其心
【眞　諦】	云何應住	云何修行	云何發起菩薩心
【笈　多】	云何 住應	云何修行應	云何心降伏應
【玄　奘】	應云何 住	云何修行	云何攝伏其心
【義　淨】	云何應 住	云何修行	云何攝伏其心
【梵語1 / 梵語2 / 藏語 / 蒙古語】	大同小異		
【定　本】	應云何 住	云何修行	云何降伏其心

2장 ⑤절에도 똑같이 주(A)-행(B)-하심(C)으로 되어 있습니다. 행동 전에 발원하고(A), 행동으로 실천하고(B), '나는 했다는 마음'을 다스려야 합니다(C). 이것이 금강경의 논리입니다(A-B-C). 10본을 비교 검토한 결과, '如是修行'을 복원하여 '應如是住 如是修行 如여시수행　　　　　　　　　　　　　　응 여시주　여시수행　여
是降伏其心'으로 합니다.
시 항 복 기 심
특히 5장 ④절의 "범소유상 개시허망 若見　　　　　　　　諸相非相

---

* 주(A)-행(B)-하심(C)[금강경의 기본 논리]: 이와 관련된 설명은 33쪽에 있습니다.

則見如來"을 "범소유상 개시허망 若見〈非相 則非虛妄〉諸相非相 則見如來"으로 복원 교감하였습니다.

2) '절의 내용'에서 수정하기도 하였습니다.

제3장 ①절에 오면 논리상 문제가 발생합니다. 표에서 보듯이 전부 발심/생심(A)인데, 구마라집에서만 마음 다스리기(C)입니다. 그래서 하심(C)을 주(A)로 수정 교감합니다.

제3장 ①절	주(A:生心, 發心) / 하심(C. 降伏其心)	
【鳩摩羅什】	應如是 降伏其心	하심(C)
【流　支】	生如是心	주(A)
【眞　諦】	應如是　發　心	주(A)
【笈　多】	如是心 發生應	주(A)
【玄　奘】	應當　發趣如是之心	주(A)
【義　淨】	當　生如是心	주(A)
【梵語1 / 梵語2 / 藏語 / 蒙古語】	大同小異	주(A)
【定　本】	應　　生如是心	주(A)

제32장 ③절의 "일체유위법 〈如夢幻泡影 如露亦如電〉 응작여시관"을 "일체유위법 〈如星翳燈幻 露泡夢電雲〉 응작여시관"으로 수정 교감합니다.

3) '절의 내용'에서 삭제하기도 하였습니다.

제6장 ⑦절 앞부분 구마라집 한문 금강경에는 若心取相 則爲着我人衆生壽者가 있는데 다른 금강경에는 없습니다. 그래서 이 부분을 삭제합니다.

제6장 ⑦절	앞부분
구마라집	若心取相 則爲着我人衆生壽者
유지/진제/급다/현장/의정/ Conze/Muller/티베트어본/몽골어본	없음
정본	삭제

1-3. 정본 한문 금강경 교감 내용 요약

정본 한문 금강경 전체의 절의 수가 229절인데, 이렇게 하여 수정·
보완한 절의 수가 총 106개 절입니다. 일부 복원을 포함하여 내용
을 수정한 절수가 81개 절이고, 절 전체를 복원한 것이 7개 절입니
다. 호칭을 생략하여 문장을 간결히 한 것이 18개 절입니다. 절의
내용이 다소 많이 수정되었으나, 금강경의 취지에 보다 다가섰다고
판단됩니다.

[참고] 정본 한문 금강경 교감 상황 : 장별 절수와 교감한 절수

장	절수	교감 절수	내용 수정	절 전체 복원		호칭 생략만
				복원수	복원절	
1	3	3	2	1	③절	0
2	6	3	2			1
3	4	3	2	1	③절	0
4	10	2	2			0
5	4	2	2			0
6	9	6	6			0
7	5	2	2			0
8	5	3	2			1
9	12	5	3			2
10	7	4	3			1
11	5	5	2			3

장	절수	교감 절수	내용 수정	절 전체 복원 복원수	절 전체 복원 복원절	호칭 생략만
12	4	2	2			0
13	12	6	4			2
14	27	8	7			1
15	8	2	2			0
16	5	4	4			0
17	25	11	7	2	⑲, ㉑절	2
18	17	3	2			1
19	4	0	0			0
20	6	1	1			0
21	7	5	3			2
22	3	3	1	1	①절	1
23	3	0	0			0
24	1	1	1			0
25	4	2	2			0
26	7	6	4	2	②, ⑦절	0
27	4	3	3			0
28	4	3	2			1
29	2	1	1			0
30	7	0	0			0
31	5	3	3			0
32	4	4	4			0
합계	229	106	81	7		18

• 내용 수정 : 일부 복원 포함됨.
• 문장은 그대로이지만 절 내용 해석 교감(화자話者가 달라짐, 절 구
분)은 교감수에 포함시키지 않음 : 9장 ⑪·⑫절, 10장 ④절, 13
장 ⑧절, 14장 ②·③·④절

2. 언어학적 고려

『정본 한문 금강경』과 『유통본』을 바탕으로, 언어학과 논리학에 맞도록 지금의 우리말로 번역하고, 독송하기 좋도록 가사체로 다듬었습니다. 어떤 의미에서는 창의적인 면은 거의 들어가지 않았고, 다만 현대 한국인에게 의미가 명확하게 다가와서, 중학교 3학년 정도면 이해가 되도록 노력하였습니다. 언어학적 고려를 어떻게 하였는지 제시합니다.

영어 'I love you'를 우리말로 번역하라고 하면, 우리는 대부분 '나는 너를 사랑한다'라고 할 것입니다. 그러나, 영어 'I love you'에 대한 우리말 번역이 '나는 너를 사랑한다'가 되기 위해서는 많은 조건이 있어야 합니다. 영어권에서의 'I love you'를 우리 언어권에서 '나는 너를 사랑한다'라고 말할 수 있는 상황은 많지 않습니다. 손윗사람에게는 일단 존대어를 사용해야 합니다. 특별한 경우가 아니면 우리말에서는 주어를 사용하지 않습니다. 심지어 목적어도 사용하지 않는 경우가 많습니다. '사랑해!'라고 번역하는 것이 좋을 때가 가장 많을 것입니다. 그래서 다음 사항을 고려하여 번역하였습니다.

2-1. 능동형-수동형

우리말은 심한 능동형 언어입니다. 중국 한어와 영어는 중간 정도이고, 범어(산스끄리뜨어)는 심한 수동형입니다. 아마도 중국 한어나 영어의 중간 역할이 없었으면, 우리는 산스끄리뜨어로 된 문장을 이해하는 데 지금보다 훨씬 더 힘들었을 것입니다. 금강경 첫 문

장의 경우 우리는 쉽게 "이와 같이 나는 들었사오니 ~ ~ ~"라거나,
"~ ~ ~ 다음같이 하시는 걸 제가 직접 들었으며 제가 직접 봤습니
다"라고 하지만, 사실 원래 문장을 직역 형태로 번역하면, "이와 같
은 내용이 나에 의해서 들리어졌으니 ~ ~ ~"라거나, "~ ~ ~ 다음
같은 내용이 저에 의해서 들리어지고 보여졌습니다"입니다. 아주
짧은 문장이니까 간단하게 설명할 수 있지만, 조금만 문장이 길어
지면 설명 불가입니다. 어찌 되었든 우리말과 같이 심한 능동형 문
장에 젖어 있는 사람들이 산스끄리뜨어와 같이 심한 수동형 문장을
제대로 이해하려면 온몸이 비틀어지는 어려움을 거쳐야 한다는 말
씀만 드리겠습니다.

2-2. 명사형-동사형

지금 우리의 시각으로 보면, 산스끄리뜨어나 중국 한어는 거의 명
사 나열식으로 되어 있는 경우가 많습니다. 예를 들어서, "중생 /
안-중생 / 시고명 중생" 식의 문장이 매우 많습니다. 우리는 이 문
장을 때로는

1) "중생들을 제도하되 중생들을 제도했다고 생각하지 아니해야
   참으로 중생들을 제도했다 말할 수가 있습니다"로 번역하고, 때
   로는

2) "중생들을 보면서도 중생들을 실체라고 생각하지 아니해야 참
   으로 중생들을 본다라고 말할 수가 있습니다"로 번역합니다. 그
   러나 이 역시 우리 언어습관에서는 매우 부적절하게 보입니다.
   그래서

1-2) "중생들을 제도하되 제도했다 아니해야 참으로 제도했다고

말할 수가 있습니다"로 번역하고, 때로는

2-2) "중생들을 보면서도 중생들을 실체라고 생각하지 아니해야 참으로 본다고 말할 수가 있습니다"로 번역해야 더 우리말답습니다.

2-3) "중생들을 보면서도 실체라고 아니해야 참으로 본다고 말할 수가 있습니다"로 번역해야 우리말답습니다.

즉 처음에는 분명히 "중생 / 안-중생 / 시고명 중생"으로 "중생"이라는 말이 세 번 있었는데, 우리말로 번역하고 다듬으니 "중생"이라는 말이 한 번만 있어야 우리말답습니다. 그것도 '때로는 이 동사, 때로는 저 동사'가 붙게 됩니다. 이러한 사실을 간과하고 무조건 "이다 / 영어로 be 동사"만 붙이면 이상한 문장들이 되어 버리는 경우가 있습니다. "중생은 / 중생이 아니므로 / 중생이라고 한다"로 하면 뜻을 제대로 전할 수가 없게 되는 경우가 있습니다. 어떤 동사를 넣을 것인가는 문맥에서 결정해야 합니다.

2-3. 명사형-대명사형

우리말은 심한 명사형입니다. 영어는 심한 대명사형입니다. 산스끄리뜨어는 우리말만큼은 아니지만 명사형입니다. "나는 아들, 너는 아버지다"라는 말을 누군가가 했다고 합시다. 영어에서는 "I am a son. You are a father."라는 표현에 아무런 문제가 없으나, 우리말에서는 절대로 사용 불가능한 말을 한 것입니다. '아버지'는 '아버지'이지 절대로 대명사인 '너'가 될 수 없습니다. "아버지는 아버지다"라고 해야 합니다. 부처님도 마찬가지입니다. 우리말에서는 '이

인칭 부처님'에 대한 대명사가 없습니다. 이인칭이든 삼인칭이든 부처님은 계속 명사 부처님입니다. 대명사가 없습니다. 영어에서는 아무리 부처님이라 하더라도 원칙적으로 이인칭에서는 '유', 삼인칭에서는 '히'입니다. 산스끄리뜨어나 중국 한문에서는 중간 입장입니다.

2-4. 존대어 혹은 유사한 사용법

"아버지는 아버지다"라는 말도 원칙적으로 안 됩니다. 우리말에는 존대어라는 게 있습니다. "아버지는 아버지입니다"도 대화 상대가 친구면, 옳을 수도 있습니다. '나는 아들'도 대화 상대에 따라 '나는 아들'도 되지만, '저는 아들'이 되어야 하기도 합니다.

　석가모니 부처님을 지칭할 때, 지금 우리말에서는 분명합니다. 석가모니 부처님께서 자신을 지칭할 때는 아마도 '여래'라고 하실 것입니다. 우리들이 석가모니 부처님을 지칭할 때는 아마도 '여래'라고 하지 않고 '부처님'이라고 할 것입니다. 영어권 사람들이 석가모니 부처님을 지칭할 때는 인칭에 따라서 '유' 혹은 '히'가 될 것입니다. 이는 명사-대명사에서도 언급하였으나, 존대어는 주로 동사에서 더 뚜렷하게 나타나는 현상입니다.

2-5. 수보리언, 불언

수보리 백불언, 수보리언, 이시 수보리 백불언, 이시 혜명 수보리 백불언, 불언, 불고 등은 80여 차례가 필요하나 30차례 정도만 있습니다. 또한 독송 시에 일관성도 없고, 방해만 됩니다. 그래서 우리말 번역에서는 전부 삭제합니다. 전부 삭제해도 전혀 혼란이 없습니다. 수보리 장로님께서 말씀하실 때는 '거룩하신 부처님!'으로 시작되고, 부처님께서 말씀하실 때는 '수보리 장로님!'으로 시작되기 때문에 전혀 문제 되지 않습니다.

2-6. 부정문과 긍정문의 앞뒤 배치

한 문장 안에 부정문과 긍정문이 나열되어 있을 때, 중국 한문이나 영어에서는 긍정문을 앞에 두고, 우리말에서는 부정문을 앞에 두는 것이 좋습니다. '평등 무유고하平等 無有高下'를 우리말로 번역할 때는 '평등하고 고하를 두지 않고'보다는 '고하를 두지 않고 평등'이라고 하는 것이 좋습니다.

3. 논리학적 고려

3-1. 금강경의 기본 논리

2장에서 수보리 장로님께서 보살의 길을 가려 하는 사람의 입장에서 세 가지 질문을 하고 부처님께서 세 가지 질문을 반복하며 확인하셨습니다. 즉

A: Antecedent Vow (수행하기 이전에) 어떻게 발원하고,

B: Behavior 어떻게 수행하며,

C: Control one's own mind 어떻게 자기마음 다스려야 하는지에 대하여 논의한다라는 것을 분명히 하셨습니다. 여기서 마음(citta)은 '우리의 사고나 생각 일반(나아가서는 심적 성향까지도 포함해서)'을 뜻합니다.

3장은 부처님의 대답입니다.

A: Antecedent Vow (수행하기 이전에) 어떻게 발원하고,

B: Behavior 어떻게 수행하며,

C: Control one's own mind 어떻게 자기마음 다스려야 하는지,

D: Definition 확정의 과정이 나옵니다. 즉: Definition 〈확정〉이 추가되어 있습니다.

　즉, 부처님께서 보살의 길을 가려 하는 사람은 그렇게 해야 (A-B-C) 제대로 한 것이다(D: Definition)라고 하신 것입니다. 이 책에서는 이러한 '금강경의 기본 논리'를 'A-B-C-D 논리'로 요약 제시합니다.

3-2. 시고명-시고불명/ 여래설-여래불설

우리말 번역에서 아마도 가장 뜨거운 논쟁거리가 '시고, 시고명, 시명, 여래설'이라고 생각합니다. 이를 정확히 하기 위해서는 '즉불명則不名, 시불명是不名, 여래불설如來不說 등'을 찾아서 대조하는 것이 좋은 방법이라고 생각합니다.

　17장 ⑱절 : '즉불명보살則不名菩薩'을 유통본에서는 '보살이라 할 수 없다.'라고 하였습니다. 이를 좀 더 분명히 하면, '참된 보살이라고 말할 수가 없다.'입니다. 그렇다면 '즉명보살則名菩薩'은 '참된 보살이라고 말할 수가 있습니다.'가 됩니다.

　17장 ㉓절: '시불명보살是不名菩薩'을 유통본에서는 '보살이라 할 수 없다.'라고 하였습니다. 이를 좀 더 분명히 하면 '참된 보살이라고 말할 수가 없다.'입니다. 그렇다면 '시명보살是名菩薩'은 '참된 보살이라고 말할 수가 있습니다.'가 됩니다.

　19장 ③절 : '여래불설如來不說'을 유통본에서는 '여래는 (복덕을

얻는다고) 말하지 않았을 것이다.'라고 하였습니다. 이를 좀 더 분명히 하면 '여래는 (제대로 복덕을 얻는다고) 말하지 않았을 것이다.'입니다. 그렇다면 '여래설如來說'은 '여래는 (제대로 복덕을 얻는다고) 말한 것이다.'가 됩니다.

19장 ④절 : '여래설如來說'을 유통본에서는 '여래는 (복덕을 얻는다고) 말한 것이다.'라고 하였습니다. 이를 좀 더 분명히 하면 '여래는 (참으로 복덕을 얻는다고) 말한 것이다.'입니다.

이렇게 하고 나니까, 3장 ③절의 즉불명보살卽不名菩薩이나 ④절의 즉비보살卽非菩薩은 '참된 보살이라 말할 수가 없습니다.'가 됩니다.

3-3. 사상(아상 인상 중생상 수자상) 설명

자기중심, 인간중심, 중생중심, 생명중심 생각(편견)들은 16~19차례 나오는데, 여기에서 설명하고자 합니다. 한문에서의 '아상'이 우리말로 무엇인가는 매우 중요합니다. 금강경에는 '아상'이 20회 이상 나옵니다. '아상'에 대한 정확한 용어 혹은 용어에 대한 이해가 없이는 금강경을 제대로 이해한다고 할 수 없습니다. '아상'은 인상, 중생상, 수자상*과의 관계에서 이해해야 합니다.

---

* 전재성은 "역자가 번역한 자아(아상)는 영원한 실체로서 존재를 말하고, 뭇삶 (중생상)은 유전 상속하는 존재를 말하고, 생명(수자상)은 생의 마지막까지 지속하는 존재를 말하고, 개체(인상)는 새로운 형태로 태어나는 존재이다."(전재성, 앞의 책, 60~61.)라고 설명하고 있습니다. 많은 불교 전문가들이 범어의 의미나 각종 논서를 근거로 논의를 합니다. 그러나, 본서에서는 이 사상四相을 우리가 생활에서 불교 수행을 하면서 갖추어야 할 자질, 즉 자기 분석을 통

우리 각자는 각자 자기식의 생각을 가지고 있습니다. 극단적으로 말하면 우리는 어느 누구도 같은 생각을 가지고 있지 않습니다. 그러면서도 우리는 각자 자기식의 생각에 따라 행동할 수밖에 없습니다. 직설적으로 말하면 무식용감한 자기식의 생각에 따라 행동합니다. 무식용감하기 때문에 하늘나라나 극락으로 갈 행동을 하지 않고 지옥 아귀 축생의 길로 갈 행동도 할 것입니다. 이러한 '자기식의 생각', '자기만의 생각'을 '아상'이라고 합니다. 여기에는 우리가 일반적으로 말하는 자기 이익이라는 의미가 핵심을 이루기는 하지만, 반드시 자기 이익을 추구하지도 않습니다. 이타적이라는 것도 자기가 생각하는 이타적 행동입니다. 그래서 자기중심 생각이라고 하였습니다. 인간세상에서 악을 행하거나 남을 해치는 행동은 거의 전부가 자기중심 생각입니다. '자기중심 인간'이 인간 중에서는 전형적인 소인배입니다. 그렇다면 '자기중심 생각'에서 벗어나면 보살이냐? 아닙니다. 우리 인간들끼리는 완전한 보살로 보이고 완전한 부처님으로 보일 수도 있습니다. 즉 우리 인간에게는 '자기중심 생각'에서 완전히 벗어난, 즉 '인간중심 생각'을 하는 보살은 완전한 보살로 보이고 완전한 부처님으로 보일 수도 있습니다.

그러나 '인간 아닌 중생들'이 봤을 때는 어림 반 푼어치도 없는 주장입니다. '자기중심 생각'의 또 다른 형태는 '인간중심 생각'입니다. 그래서 '인간중심 생각'에서도 벗어나야 참으로 멋진 중생이 됩니다. 그렇다면 '인간중심 생각'에서 벗어나면 보살이냐? 아닙니다.

하여 자신의 생활을 개선해 나가는 방향과 관련지어 필요한 자질로 해석하고자 합니다.

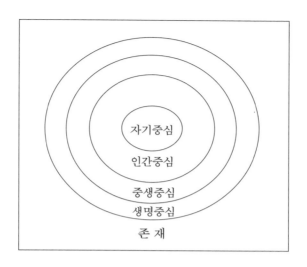

우리 중생들끼리는 완전한 보살로 보이고 완전한 부처님으로 보일 수도 있습니다.

그러나 '중생 아닌 생명들'이 봤을 때는 어림 반 푼어치도 없는 주장입니다. '자기중심 생각', '인간중심 생각'의 또 다른 형태는 '중생중심 생각'입니다. 그래서 '중생중심 생각'에서도 벗어나야 참으로 멋진 생명이 됩니다. 그렇다면 '중생중심 생각'에서 벗어나면 보살이냐? 아닙니다. '우리 눈에 생명체로 보이는 존재들'끼리는 완전한 보살로 보이고 완전한 부처님으로 보일 수도 있습니다.

그러나 '우리 눈에 생명체로 보이지 않는 존재들'이 봤을 때는 어림 반 푼어치도 없는 주장입니다. '자기중심 생각', '인간중심 생각', '중생중심 생각'의 또 다른 형태가 '생명중심 생각'입니다. 그래서 '생명중심 생각'에서도 벗어나야 참으로 멋진 보살이 됩니다. 그렇다면 '생명중심 생각'에서 벗어나면 보살이냐? 현재로서는 그렇습니다. '우리 눈에 생명체로 보이지 않는 존재들'까지도 포용하는 보살이라야 완전한 보살이고 완전한 부처님일 수 있습니다. 완전한 보살 혹은 부처님은 어떤 '생명 중심'에서도 벗어나서 '존재 존중'의 단계에 이르러야 합니다.

불교인들은 아상 타파에 매달리고 있는 듯합니다. 그런데 '자기 존중'은 실생활에서 바람직하고 필요합니다. 문제가 되는 것은 '자기중심'입니다. 자기, 인간, 중생, 생명, 무생물 등 모든 존재를 균형 있게 존중하는 태도를 가지면 건전한 불교인, 즉 보살이라고 말할 수 있을 것입니다.

Ⅱ부 우리말 정본화의 구체적 과정

원본 : 정본 한문 금강경

　　　 유통본 금강경(대한불교조계종 표준 한글본 금강반야바라밀경)

방법 : 위의 두 원본을 근간으로 언어학, 논리학에 맞추어 번역

도표 설명

- 정본은 '가사체 금강경'을 옮겨 왔습니다.

- 유통본은 '조계종 표준 한글본 금강반야바라밀경'을 옮겨 왔습
  니다. 논의와 관련된 내용은 시각적으로 이해를 돕기 위하여 점
  선과 실선 밑줄을 사용하였습니다. 점선 밑줄만 있는 것은 가사
  체 금강경과 관련하여 해당 문장 혹은 단어가 빠진 것을 가리킵
  니다.

- 정본定本은 '정본 한문 금강경'을 옮겨 왔는데, 구마라집본과 비
  교하는 것을 돕기 위해 빈칸, 빈칸 밑줄, 밑줄을 사용하였습니
  다. 빈칸, 빈칸 밑줄은 구마라집본의 해당 부분을 삭제한 것을,
  밑줄은 수정 혹은 복원한 내용을 가리킵니다.

1장 법회가 열린 배경

정 본	금강경 1장 ①절

부처님이 일천이백 오십명의 스님들과

많디많은 보살들과 어느날~ 사위국의

기원정사 계시면서 다음같이 하시는걸

제가직접 들었으며 제가직접 봤습니다.

定本 ──────

如是我聞 一時 佛 在舍衛國　祇樹給孤獨園 與大比丘衆
여시아문　일시　불　재사위국　　기수급고독원　여대비구중

千二百五十人俱 及 大菩薩衆
천이백오십인구　급　대보살중

────────

논의 1 "이와 같이"가 무엇인지 분명하지 않습니다. 첫머리이므로 "다음과 같이"라고 하는 것이 좋을 듯합니다.

논의 2 경전 결집 시에는 '아난 존자님'께서 먼저 송출하고, 아라한 대중들이 확인하는 과정을 거쳤습니다. 즉 아난 존자님께서 설법을 직접 들었을 뿐만 아니라, 설법 장면을 직접 보기도 했습니다. 아라한 대중들도 직접 듣고 직접 보았습니다. 같은 장소에서 함께 듣고 함께 보았다는 점을 분명히 하기 위해 "제가 직접 들었으며 제가 직접 봤습니다"로 번역하였습니다. 또한 일부 번역가들은 존대어를 사용하지 않는데, 대중들 앞에서 하는 결집이므로 존대어를 사용합니다.

이와 같이[1] 나는 들었습니다.[2]
어느 때[3] 부처님께서 거룩한[4] 비구 천 이백 오십 명과
                    [5] 함께 사위국
기수급고독원에 계셨습니다.[6]

논의 3 "어느 때"라고 하는 것보다는 "어느 날"이라고 하는 것이 우리말답습니다. 우리말답게 번역하는 것이 옳다고 봅니다.

논의 4 "거룩한"이라는 말은 원전 어디에서도 발견할 수 없었습니다. '대비구중'에서의 '대'를 "거룩한"으로 번역한 것 같습니다. 그래서 삭제합니다.

논의 5 구마라집 한문본 금강경을 다른 한문 5본(유지본, 진제본, 급다본, 현장본, 의정본), 산스끄리뜨어(범어) 2본(Conze본, Muller본), 티베트어본, 몽골어본 등과 비교·검토하여, "보살대중, 즉 많디많은 보살들"을 추가합니다.

논의 6 금강경을 비롯한 경전들은 아난 존자가 선창한 것을 오백비구가 확인하면서 결집한 형태로 이해되고 있습니다. 아난 존자는 젊은 시절부터 부처님을 동행하면서 부처님의 행적을 함께하였다고 전해집니다. 이런 맥락에서, 아난이 함께하였다는 것을 생생하게 전달하기 위해서는 6성취가 한 문장에 있으면서 아난 존자가 그 현장에 함께한 것을 느낄 수 있도

록 서술하는 것이 필요합니다.

'이와 같이 나는 들었습니다.'라는 문장으로 시작하면, 아난 존자가 동행하여 함께하지 못한 설법 내용으로 판단되고 그후에 전달받은 것으로 이해될 수 있습니다. 그래서 설법 장면을 직접 듣고 보아 그 내용을 전달한다는 현장감이 떨어집니다. 부처님이 열반하실 때까지 성실하게 동행하면서 시중을 든 아난 존자의 역할을 생각하면서, 6성취를 한 문장으로 구성하였습니다. 유통본에서는 6성취를 두 부분으로 분리시키고, 아난 존자가 법회 현장이 있는 것을 확실히 느끼도록 서술하지 않고 있습니다. 경전 번역에서 아난 존자의 역할을 존중하면서, 6성취를 한 문장에 포함시켰습니다.

해설: 두 가지 육하원칙

육하원칙에는 두 가지가 있습니다. 부처님의 완전한 육하원칙과 키플링의 불완전한 육하원칙이 있습니다.

가. 부처님의 완전한 육하원칙(육성취) The Complete 5W1H of the Buddha

제대로 된, 참된, 진정한 육하원칙은 ①누가(主, who1), ②누구와(衆, with whom), ③언제(時, when), ④어디서(處, where), ⑤어떻게 하는 것을(信, how), ⑥누가 직접 듣고 보았는가(聞, who2 heard and saw) : 5W 1H입니다. 이것이 바로 육성취, 즉 부처님의 육하원칙입니다. 불교 경전은 원칙적으로 첫머리에 부처님의 육하원칙이 확립되어 있어야 합니다.

그러나 언어에 따라 순서는 달라질 수 있습니다. 방금 말씀드린 순서는 우리말 순서이며 산스끄리뜨어(범어)나 한문이나 영어의 순서가 아닙니다.

우리말 순서에 따르면 "①부처님이 ②일천이백 오십명의 스님들과 많디많은 보살들과 ③어느날~ ④사위국의 기원정사 계시면서 ⑤다음같이 하시는걸 ⑥제가직접 들었으며 제가직접 봤습니다."가 됩니다.

한문 순서는 ⑤信(어떻게 하는 것을, how), ⑥聞(누가 직접 듣고 보았는가, who heard and saw), ③時(언제, when), ①主(누가, who), ④處(어디서, where), ②衆(누구와, with whom)인데, 그래서 ⑤如是 ⑥我聞 ③一時 ①佛 ④在舍衛國 祇樹給孤獨園 ②與大比丘衆 千二百五十人俱 及 大菩薩衆이 됩니다.

영어 순서는 ③when(언제, 時), ④where(어디서, 處), ⑥who heard and saw(누가 직접 듣고 보았는가, 聞), ①who(누가, 主), ②with whom(누구와, 衆), ⑤how(어떻게 하는 것을, 信)입니다. 그래서 "③One day, ④while staying at Jeta-Anathapindika park in Sravasti, ⑥I heard and saw what ①the Buddha did ②with 1250 bhikshus and a great company of bodhi-sattvas; ⑤It proceeded as follows."가 됩니다.

모든 불교 경전은 원칙적으로 부처님의 육하원칙으로 시작합니다. 부처님의 육하원칙은 사회적으로 매우 중요한 가치를 지니므로 약간 장황하게 설명드렸습니다.

나. 키플링 불완전한 육하원칙 Incomplete 5W1H of Kipling*

키플링의 육하원칙은 '① 누가, ② 왜, ③ 언제, ④ 어디서, ⑤ 어떻게, ⑥ 무엇'입니다. 그런데 이 키플링의 육하원칙 중에서 둘은 사실(fact)이 아니며, 네 개만 사실입니다. '② 왜?'는 추측이며, '⑥ 무엇?'은 공허한 것입니다. 따라서 '① 누가(who), ③ 언제(when), ④

---

* 우리가 보통 사용하는 육하원칙은 영국의 소설가이자 시인인 조지프 러디어드 키플링(Joseph Rudyard Kipling, 1865 ~ 1936)이 쓴 동화 '코끼리 아이(The Elephant's Child, 1902년 발표)'의 내용에서 유래되었습니다. 다음 내용이 관련 내용입니다. 참조: https://www.kiplingsociety.co.uk/poem/poems_serving. htm

I keep six honest serving-men:
(They taught me all I knew)
Their names are What and Where and When
And How and Why and Who.
I send them over land and sea,
I send them east and west
But after they have worked for me,
I give them all a rest.

나에게는 여섯 명의 성실한 하인이 있지.
(내가 아는 모든 것은 그들에게서 배운 거지)
그들의 이름은 무엇, 어디서, 언제,
그리고 어떻게, 왜, 누구네.
나는 그들을 땅과 바다로 보내지.
나는 그들을 동쪽과 서쪽으로 보내지.
그들이 나를 위한 일을 마친 후에
나는 그들에게 휴식을 주지.

어디서(where), ⑤어떻게(how)' 네 개만 사실입니다.

'②왜?'가 추측인 이유에 대해서 말씀드리겠습니다. 프로이트 이후, 누구도 행동의 이유를 말할 수 없게 되었습니다. 행동 이유의 90% 이상이 무의식에 있다는 사실이 밝혀졌기 때문입니다. 아주 간단한 예를 들어보겠습니다. 폭행 사건이 일어났다고 합시다. 가해자(혹은 가해자의 변호사)가 주장하는 행동 이유와 피해자(혹은 피해자의 변호사)가 주장하는 행동 이유가 다를 수 있습니다. 판사는 또 다르게 생각할 수 있습니다. 어느 것이 진짜 이유입니까? 행동의 이유를 추측할 수는 있습니다. 그러나 행동 이유를 단정적으로 말하는 사람은 '현대 심리학을 잘 모르는 사람이다.'라고 할 수 있습니다.

'⑥무엇?'이 공허한 이유에 대해서 말씀드리겠습니다. 1) 달리기를 운동화 신고 빨리하였다, 2) 운동화를 신고 빨리 달렸다, 3) 운동화를 신고 달리기를 빨리하였다, 이 세 문장 중에서 어느 것이 '무엇'이고, 어느 것이 '어떻게' 입니까? 전체적으로 '어떻게?'라는 동작입니다. 지금도 '무엇'과 '어떻게'가 별도의 사항이라고 주장하는 사람이 있다면, '현대 논리학을 잘 모르는 사람이다.'라고 말할 수 있습니다. 결국 우리가 합의할 수 있는 것은 네 개뿐입니다. 즉 네 개만 사실(fact)입니다. 지금도 키플링의 육하원칙을 따르는 사람이 있다면, '현대 심리학이나 현대 논리학을 잘 모르는 사람이다.'라고 할 수밖에 없습니다.

다. 부처님의 육성취의 우수성
그렇다면 사하원칙으로 하면 되느냐 하는 문제가 발생합니다. 결론부터 말씀드리면, 절대로 안 됩니다. 다시 육하원칙으로 만들어야 합니다. '①누가 ③언제 ④어디서 ⑤어떻게'에 꼭 추가해야 할 사항이 있습니다. '②누구와'가 있어야 합니다. 폭행 사건의 경우 폭행을 한 사람이 있다면 폭행을 당한 사람이 반드시 있을 것입니다. 교육의 경우, 교육하는 교사가 있다면, 교육받는 학생이 반드시 있을 것입니다. 기타 대중들도 있을 수 있습니다. 그래서 원칙적으로 '①누가' 다음에 '②누구와'라는 사항이 있어야 합니다.

그리고 가장 중요한 것은 '⑥누가 직접 듣고 보았는가'입니다. 직접 듣고 본 내용을 보고하는 보고자에 따라서 객관 사실이라는 것도 달라지는 경우가 많습니다. 예를 들어서, 부부싸움의 경우 객관적 사실이라고 하는 내용도 관찰자에 따라서 전혀 다릅니다. 남편은 남편 자기에게 유리한 내용만을 기억하기도 하고, 기억한 내용

정 본	금강경 1장 ②절

부처님은 아침일찍 가사입고 발우들고
사위성에 들어가서 탁발하여 공양하고
기원정사 돌아와서 가사발우 거두시고
발을씻고 사자좌에 오르시어 가부좌로
반듯하게 앉으시어 마음챙기 셨습니다.

定本 ────

爾時 世尊 於日初分 着衣持鉢 入舍衛大城 乞食 於其城中
이시 세존 어일초분 착의지발 입사위대성 걸식 어기성중

飯食訖 還至本處 收衣鉢 洗足已 如常敷座 結
반사흘 환지본처 수의발 세족이 여상부좌 결

을 거짓으로 말하기도 합니다. 최근에는 최면요법을 활용하기도 하지만, 최면에서의 내용 역시 믿을 만한 것이 못 됩니다. 어떤 의미에서는 육하원칙 중에서 가장 중요한 것이 '직접 듣고 직접 본 내용을 보고하는 보고자 변수'입니다. 정보가 이어지는 과정에서는 2차 보고자, 3차 보고자도 매우 중요한 변수입니다.

원칙적으로 2차 보고자도 1차 보고자와 마찬가지로 정보의 진위에 대한 책임을 져야 합니다. 물론 3차 보고자도 1차 2차 보고자와 마찬가지로 정보의 진위에 대한 책임을 져야 합니다. 이렇게 정보의 진위에 대한 책임을 분명히 하는 것이 기사 작성의 육하원칙입니다. 부처님의 6성취가 널리 이해되고 활용되어야 합니다.

금강경 1장 ②절	유통본

그때 세존께서는 공양 때가 되어[1] 가사를 입고 발우를
들고 걸식하고자 사위대성에 들어가셨습니다.
성 안에서 차례로[2] 걸식하신 후
본래의 처소로 돌아와 공양을 드신 뒤[3] 가사와 발우를
거두고 발을 씻으신 다음 자리를 펴고 앉으셨습니다.

[4]
....

跏趺坐 端身而住 正念不動
가부좌 단신이주 정념부동

논의 1 원본으로 사용되고 있는 금강경 10본을 비교·검토하여, "공양 때가 되어"를 "아침 일찍"으로 수정합니다.

논의 2 원본으로 사용되고 있는 금강경 10본을 비교·검토하여, "차례로"를 삭제합니다.

논의 3 원본으로 사용되고 있는 금강경 10본을 비교·검토하여, "본래의 처소로 돌아와 공양을 드신 뒤"를 "공양하고 기원정사 돌아와서"로 수정합니다. 각묵 스님(공양 후에는 탁발로부터 돌아오셔서, p.24)에도, 전재성(공양을 드신 뒤에 다시 돌아와서, p.144)에도 순서가 분명합니다. 특히 각묵 스님은 "구마라집 한역본과 현장 한역본에는 모두 이 순서가 바뀌어 있다. 즉 (중략) 탁발하여 돌아오신 후에 식사를 마치신 것으로 번역하였는데, 탁발해서 나무 아래나 한적한 곳에서 음식을 먹는 인도의 전통을 중국에 그대로 전하기보다는 중국적인 문화 전통에 충실하기 위해서 이렇게 번역한 것 같다(p.34)."라고 하였습니다.

논의 4 원본으로 사용되고 있는 금강경 10본을 비교·검토하여, "반듯하게 앉으시어 마음 챙기셨습니다"를 추가합니다.

해설

가사체 금강경 1장 ②절의 내용 중에서 우리가 관심을 기울여야 할 내용은 세 가지입니다.

첫째는 평등사상입니다. 부처님처럼 위대하신 분도 어제 막 들어온 막내와 똑같이 생활하는 것입니다. 막 들어온 막내와 똑같이 "아침 일찍 가사 입고 발우 들고 사위성에 들어가서 탁발하여 공양하고 기원정사 돌아와서 가사 발우 거두시고 발을 씻고"하는 행동을 하는 것입니다. 그러나 융통성 전혀 없는 경직된 평등은 아닙니다.

둘째는 차별은 하지 않되 차이는 둔다는 공정사상입니다. "사자좌에 오르시어"가 공정사상에 속합니다. 수행의 정도에 따라서 좌석이 결정됩니다. 특혜가 있는 것이 아니라 능력과 노력 그리고 성취에 따라서 대접이 달라지는 것입니다. 사자좌, 즉 법석에 오르신다는 의미입니다. 완전 평등이지만, 어떤 의미에서는 경직된 평등이라기보다는 미리 정해둔 부처님의 자리에 먼저 앉는 것입니다. 이것까지도 불평등이라고 할 사람은 없을 것으로 봅니다.

셋째 내용은 마음챙김입니다. 전 세계가 지금에야 마음챙김에 대해서 관심을 가지기 시작하였고, 전 세계 정신건강 전문가들에게 마음챙김이 대유행으로 번지고 있습니다. 용어는 마음챙김, 예의주시, 온마음 명상, 알아차림 등으로 부르고 있으나, 필자로서는 마음챙김이라고 하겠습니다. 마음챙김이라고 하는 이유는 다음과 같습니다. 수련과정에서 '온마음과 온몸으로 어떤 현상을 지속적으로 관찰하는 것'을 말합니다. 여기에는 두 가지 측면이 있습니다.

1) 일상적인 감각기관을 온전히 열어놓은 채, 공간적으로 내가 관찰하고자 하는 것을, 내가 관찰하고자 하는 것만을 집중적으로 관찰한다는 것입니다.

2) 일상적인 감각기관을 온전히 열어놓은 채, 시간적으로 내가 관찰하고자 하는 것을, 내가 관찰하고자 하는 것만을 지속적으로 관찰하는 것입니다. 자세한 사항은 『염처경』, 『대념처경』을 참고하라고 넘길 수밖에 없습니다.

이러한 공간적 특징을 위빠사나라고 하며, 시간적 개념을 삼매라고 하는데, 지금은 뚜렷하게 구분하지도 않고 있는 것 같습니다.

이때에~ 스님들이 부처님께 다가가서
부처님의 양쪽발에 이마대어 예경하고
부처님을 세번돌고 모두앉으 셨습니다.

定本 ──────

時 諸比丘 來詣佛所 頂禮佛足 右繞三匝 退坐一面
시 제비구 내예불소 정례불족 우요삼잡 퇴좌일면

──────

논의 1 원본으로 사용되고 있는 금강경 10본을 비교·검토하여, '1장
③절'을 추가합니다. 즉, 구마라집 한문 금강경의 통서*를 ①
절로 하고 별서를 ②절로 한 후, 여러 금강경을 비교하여 ②
절에 넣을 수 없는 부분을 ③절로 하였습니다.

───────

* 통서와 별서: 서분序分은 다시 통서通序와 별서別序로 나뉩니다. 통서는 모든
경전에 공통적으로 서술된 것으로 "이와 같이 …… 내가 들었사오니 일시에
……" 혹은 "부처님이 일천이백 …… 봤습니다."(육성취, 부처님의 육하원칙)가
여기에 해당합니다. 별서는 서분 중에서 해당 경전에서만 특별히 있는 부분을
말합니다.

....

....

1)

....

해설

1장 ②절에서 평등, 공정, 마음챙김을 말했으나, 1장 ③절의 내용 중에서 우리가 관심을 기울여야 할 내용은 집단생활을 하는 이상 필요한 최소한의 규칙입니다. 즉 상호간에 서로 공평하게 행동하되, 사회적 질서와 예의는 지키는 것이 중요합니다. 서로를 대접은 하는 것이 집단 구성원들 간의 기본 예의입니다.

부처님께서 자리를 잡고 앉으셔서, 마음챙김을 하시니, 대중 스님들은 부처님께 예를 갖춘 후에 각자 자기 자리에 앉아서 역시 마음챙김을 하는 것입니다. 마음챙김의 구체적 내용은 사람마다 다를 수밖에 없습니다.

2장 수보리 장로님이 가르침을 청함

정 본 금강경 2장 ①절

> 수보리 ~ 장로님이 자리에서 일어나서
> 오른어깨 드러내고 오른무릎 땅에꿇고
> 합장하고 부처님께 말씀드리 셨습니다.

定本 ————

時 長老 湏菩提 在大衆中 卽從座起 偏袒右肩 右膝着地 合
시 장로 수보리 재대중중 즉종좌기 편단우견 우슬착지 합

掌恭敬 而白佛言
장공경 이백불언

————————

논의1 1장 ③절이 있음으로 "그때 대중 가운데 있던"은 없는 것이
깔끔합니다. 그래서 삭제합니다.

논의2 "오른 무릎을 땅에 대며"보다는 "오른 무릎 땅에 꿇고"가 우
리말다운 표현 같습니다,

논의3 "공손히"는 원전에 없습니다. 분위기를 살리기 위해 그냥 넣
은 것으로 생각되어 삭제합니다.

52 정본 우리말 금강경

그때 대중 가운데 있던[1] 수보리 장로가 자리에서 일어나 오른쪽 어깨를 드러내고 오른 무릎을 땅에 대며[2] 합장하고 공손히[3] 부처님께 여쭈었습니다.

해설

2장 ①절에서는 집단 속에서 개인적으로 질문을 할 때, 질문하기 전에 지켜야 할 '소속 사회에서의 예절'을 말하고 있습니다. 각자 자기가 속한 사회에서의 개인 간의 기본예절을 말합니다. 수보리 장로님께서 부처님께 볼일이 있어서 말을 걸기 전에 동작으로 '지금부터 제가 부처님께 뭔가를 하려고 합니다'라는 신호를 보낸 것입니다. 요즈음 식으로 말하면, 손들고 가만히 있는 것과 같은 것입니다.

②

거룩하신 부처님 ~ 정말대단 하십니다.

부처님은 보살들을 참으로잘 보살피고

보살들을 참으로잘 가르치고 계십니다.

③

거룩하신 부처님 ~ 거룩하신 부처님 ~

보살의길 가려하는 선남자와 선여인은

어떻게 ~ 발원하고 어떻게 ~ 수행하며

어떻게 ~ 자기마음 다스려야 하옵니까?

定本 ───────

② 希有 世尊 如來 善護念諸菩薩 善付囑諸菩薩
　 희유　세존　여래　선호념제보살　선부촉제보살

③ 世尊 善男子善女人 發菩薩乘 應云何住 云何修行 云何
　 세존　선남자선여인　발보살승　응운하주　　운하수행　운하

降伏其心
항복기심

───────

논의 1 "잘 격려해 주십니다."보다는 "참으로 잘 가르치고 계십니
다."가 더 적절합니다. 왜냐하면, 이어서 바로 질문이 나오기
때문입니다. 질문에 대해서 잘 가르쳐달라는 은근한 부탁이
기 때문입니다.

②

"경이롭습니다, 세존이시여!

여래께서는 보살들을 잘 보호해 주시며

보살들을 잘 격려해 주십니다.[1]

③

세존이시여!

가장 높고 바른 깨달음을 얻고자 하는[2] 선남자 선여인이

어떻게 살아야 하며[3]   [4]

어떻게 그 마음을[5] 다스려야 합니까?"

논의 2 구마라집 한문본 금강경을 다른 한문 5본(유지본, 진제본, 급다본, 현장본, 의정본), 산스끄리뜨어(범어) 2본(Conze본, Muller본), 티베트어본, 몽골어본 등과 비교·검토하여, "가장 높고 바른 깨달음을 얻고자 하는"을 "보살의 길 가려 하는"으로 수정합니다.

논의 3 금강경 전체를 통해서 주住는 거의 전부가 부정적 의미로 사용됩니다. 그런데 2장의 주住와 17장 첫 문장의 주住는 "긍정적인 주住"(스타따위얌/sthātavyam: 일단 발원하고, 발원한 내용과 잠시도 떨어지지 않고, 꼭 붙어 있어야 한다)입니다. 그래서 "(A: Antecedent Vow)발원"으로 번역하였습니다. 나머지 주住는 전부가 "부정적인 주住"(쁘라띠스티따/pratiṣṭhita: 벗어나야 하는데, 벗어나지 못하고 꼭 붙어 있다)입니다. 그래서 "걸려

있다"로 번역하였습니다. 집착한다라고 번역하는 분들도 있
으나, 집착한다라는 표현으로는 '벗어나야 하는데, 벗어나지
못하고 꼭 붙어 있다.'라는 의미를 살릴 수 없습니다. 집착한
다라는 말은 '좋은 것에 능동적으로 집착한다.'는 의미가 강
하기 때문입니다.

논의 4 원본으로 사용되고 있는 금강경 10본을 비교·검토하여, "(B:
Behavior / Practice)어떻게 수행하며"를 추가합니다.

논의 5 "그 마음"이란 "발원하고 수행하였다는 자기 마음"입니다. 그
래서 "자기 마음"으로 합니다. 자기 마음을 다스리는 단계를
셋째 단계로 봅니다(C: Control one's own Mind).

정 본	금강경 2장 ④~⑤

④

수보리~ 장로님~ 수보리~ 장로님~
참으로~ 옳습니다 장로님의 말씀대로
여래는~ 보살들을 참으로잘 보살피고
보살들을 참으로잘 가르치고 있습니다.

⑤

수보리~ 장로님~ 말씀드리 겠습니다.
보살의길 가려하는 선남자와 선여인은

해설

2장 ②에서는 질문을 하기 전에 질문과 관련한 찬양찬탄을 먼저 함을 나타냅니다. 각자 자기 일을 하다가 뜬금없이 바로 질문을 하지는 않을 것입니다. 질문해도 되겠습니까? 정도의 사전 질문과 같은 의미로 보면 될 것입니다. 아니면 '질문 있습니다' 정도의 예비 행동을 할 수도 있을 것입니다.

2장 ③절은 본 질문입니다. 수보리 장로님의 '볼일'입니다. 우리는 이 질문의 순서에 대해 특별히 관심을 가져야 한다고 필자는 생각합니다. 질문은 A(Antecedent Vow, 행동 전의 발원), B(Behavior, 행동), C(Control one's own mind, 행동 후의 마음 다스리기)로 구성되어 있습니다. 이것은 심리상담을 하거나, 심리치료를 하거나 자신의 행동수정을 원할 때의 순서입니다. 우리는 이 순서에 대해서 경시하거나 지나치기 쉽습니다. 반드시 이 순서를 확인해야 합니다.

금강경 2장 ④~⑤	유통본

④
부처님께서 말씀하셨습니다.[1]
"훌륭하고 훌륭하다. 수보리여!"[2]
그대의 말과 같이
여래는 보살들을 잘 보호해 주며
보살들을 잘 격려해 준다.[3]

⑤
그대는 자세히 들어라. 그대에게 설하리라.[4]

어떻게 ~ 발원하고 어떻게 ~ 수행하며
어떻게 ~ 자기마음 다스려야 하는지를
장로님을 위하여서 말씀드리 겠습니다.

定本 ───────

④ 善哉善哉 湏菩提 如汝所說 如來 善護念諸菩薩 善
　　선재선재　수보리　여여소설　여래　선호념제보살　선

付囑諸菩薩
부 촉 제 보 살

⑤ 湏菩提 汝今諦聽 當爲汝說 善男子善女人 發菩薩乘 應
　　수보리　여금제청　당위여설　선남자선여인　발보살승　응

如是住 如是修行 如是降伏其心
여시주　여시수행　여시항복기심

───────

논의 1 '부처님께서 말씀하셨습니다. 수보리가 대답하였습니다. 수
보리가 여쭈었습니다.' 등은 80여 차례가 필요하나 실제로
는 30차례 정도만 있고, 없는 것이 깔끔하므로 삭제합니다.
또한 금강경은 부처님과 수보리 장로님의 대화이므로, 말머
리에서 "부처님! 수보리 장로님!"이 있으므로 없어도 문제가
없습니다.

논의 2 "수보리여!"라고 하였는데, "수보리 장로님!"이라고 하는 것
이 우리말답습니다.

논의 3 ②절 논의 1에서 언급한 대로 "참으로 잘 가르치고 있습니
다."가 더 적절할 것입니다.

논의 4 "그대에게 설하리라."라는 표현보다는 "장로님을 위하여서

가장 높고 바른 깨달음을 얻고자 하는[5] 선남자 선여인은
이와 같이[6] 살아야 하며   [7]
이와 같이[8] 그 마음을 다스려야 한다.”

말씀드리겠습니다.”가 우리말답습니다.

논의 5 원본으로 사용되고 있는 금강경 10본을 비교·검토하여, “가
장 높고 바른 깨달음을 얻고자 하는”을 “보살의 길 가려 하
는”으로 수정합니다.

논의 6 “이와 같이”는 (설명이 나오기 전이므로) “다음과 같이”가 됩니
다. 그러나 금강경 2장 ③에서의 논의 3·4·5를 가지고 오면
“어떻게 발원하며”가 따라 붙게 됩니다.

논의 7 원본으로 사용되고 있는 금강경 10본을 비교·검토하여, “어
떻게 수행하며”를 추가합니다.

논의 8 “이와 같이”보다는 “어떻게”가 우리말다우며, “그 마음”은
“발원하고 수행하였다는 자기 마음”입니다. 그래서 “어떻게
자기 마음 다스려야”로 합니다.

해설

2장 ④은 상대방의 찬양찬탄에 대해서 인정하고 수용하는 것을 말
합니다. 겸손이라는 미명 아래 자신을 함부로 비하하지 않고 그러
함을 인정하고 수용하는 것입니다. 자신에 대한 긍정이기도 하고
상대에 대한 긍정이기도 합니다. 부처님과 수보리의 관계 설정이기
도 합니다.

2장 ⑤은 본 질문에 대한 단순 반복입니다. 수보리 장로님의 '볼 일'에 대한 단순 반복입니다. 단순 반복은 매우 중요합니다. 당면한 주제이므로 이것을 분명히 하는 것이 매우 중요합니다. 발원-수

정 본	금강경 2장 ⑥절

거룩하신 부처님~ 말씀하여 주십시오.
저희들을 위하여서 말씀하여 주십시오.

定本 ────

唯然 世尊 願樂欲聞
유연 세존 원요욕문

────────

논의 1 "수보리는 즐거이 듣고자 하였습니다."라는 표현은 수보리 장로님의 마음을 알고 있다는 주관적인 표현입니다. "그냥 즐거이 듣겠습니다"입니다. "즐거이 듣겠습니다"를 우리말답게 표현하면 "말씀하여 주십시오"가 됩니다.

행-하심을 분명히 합니다. 질문자의 질문이 발원-수행-하심이었습니다. 부처님도 똑같이 발원-수행-하심에 대해서 답하겠다고 하므로 당면 주제에 대해 분명히 하는 것입니다.

금강경 2장 ⑥절	유통본

> "예, 세존이시여!"라고 하며
> 수보리는 즐거이 듣고자 하였습니다.[1]

해설

'부처님께서 질문을 정확히 반복하였음'을 수보리 장로님께서 인정하고 '그 질문에 대한 답을 듣고자 합니다' 하는 내용입니다.

3장 대승의 근본 가르침

정 본	금강경 3장 ①절

수보리~ 장로님~ 수보리~ 장로님~

보살의 길 가려하는 선남자와 선여인은

'일체중생 열반으로 내가모두 제도한다'

'알로생긴 중생이나 태로생긴 중생이나

습기에서 생긴중생 변화하여 생긴중생

형상있는 중생이나 형상없는 중생이나

생각있는 중생이나 생각없는 중생이나

생각이~ 있다없다 할수없는 중생들을

고통없고 행복가득 무여열반 이르도록

한중생도 빠짐없이 내가모두 제도한다'

이와같은 큰발원을 해야하는 것입니다.

定本 ——————

須菩提 善男子善女人 發菩薩乘 應生如是心 所有一切
수보리 선남자선여인 발보살승 응생여시심 소유일체

衆生之類 若卵生 若胎生 若濕生 若化生 若有色 若無色 若
중생지류 약난생 약태생 약습생 약화생 약유색 약무색 약

有想 若無想 若非有想非無想 我皆令入 無餘涅槃 而滅度
유상 약무상 약비유상비무상 아개영입 무여열반 이멸도

之
지

부처님께서 수보리에게 말씀하셨습니다.[1)]

"모든 보살마하살은[2)]

다음과 같이[3)] 그 마음을 다스려야 한다.[4)]

'알에서 태어난 것이나, 태에서 태어난 것이나,

습기에서 태어난 것이나, 변화하여 태어난 것이나,

형상이 있는 것이나, 형상이 없는 것이나,

생각이 있는 것이나, 생각이 없는 것이나,

생각이 있는 것도 아니고 없는 것도 아닌 온갖 중생들을

내가 모두 완전한 열반에

들게 하리라.[5)]

논의 1　"부처님께서 말씀하셨습니다. 수보리가 대답하였습니다. 수보리가 여쭈었습니다." 등은 80여 차례가 필요하나 실제로는 30차례 정도만 있고, 없는 것이 깔끔하므로 삭제합니다.

논의 2　구마라집 한문본 금강경을 다른 한문 5본(유지본, 진제본, 급다본, 현장본, 의정본), 산스끄리뜨어(범어) 2본(Conze본, Muller본), 티베트어본, 몽골어본 등과 비교·검토하여, "모든 보살마하살은"을 "보살의 길 가려 하는 선남자와 선여인은"

으로 수정합니다.

논의 3 "다음과 같이"는 (가사체 금강경처럼 내용을 먼저 보이는 경우에는) "이와 같은"으로 하는 것이 더 우리말답습니다.

논의 4 원본으로 사용되고 있는 금강경 10본을 비교·검토하여, "(C) 그 마음을 다스려야 한다."를 "(A)큰 발원을 해야 하는 것입니다."로 수정합니다.

논의 5 "그 마음을 다스려야 한다."를 "큰 발원을 해야 하는 것입니다."로 수정하니 발원의 내용은 이 자리에서 끝나야 합니다. 즉 첫째 질문에 대한 답이 여기까지입니다.

해설

제1 질문, 즉 발원에 대한 답입니다. 간단하게 말하면 다음과 같습니다. "보살의 길 가려 하는 선남자와 선여인은 '일체중생 열반으로 내가 모두 제도한다' 이와 같은 큰 발원을 해야 하는 것입니다."

어떤 조건도 달지 않고, 자업자득이라는 말도 하지 않고, '내가 모두 제도한다'는 발원을 하는 것입니다. '내가 행위의 주인공으로서 제도한다'는 발원입니다.

정 본	금강경 3장 ②절

이리하여 무량중생 열반으로 제도하되

중생제도 하였다고 생각하면 안됩니다.

전부 말하면 다음과 같습니다. "보살의 길 가려 하는 선남자와 선여인은 '일체 중생 열반으로 내가 모두 제도한다', '알로 생긴 중생이나 태로 생긴 중생이나 습기에서 생긴 중생, 변화하여 생긴 중생, 형상 있는 중생이나 형상 없는 중생이나 생각 있는 중생이나 생각 없는 중생이나 생각이 ~ 있다 없다 할 수 없는 중생들을 고통 없고 행복 가득 무여열반 이르도록 한 중생도 빠짐없이 내가 모두 제도한다' 이와 같은 큰 발원을 해야 하는 것입니다."

'알로 생긴 중생이나 태로 생긴 중생이나 습기에서 생긴 중생, 변화하여 생긴 중생'만으로도 모든 중생입니다. '형상 있는 중생이나 형상 없는 중생'만으로도 모든 중생입니다. '생각 있는 중생이나 생각 없는 중생이나 생각이 ~ 있다 없다 할 수 없는 중생'만으로도 모든 중생입니다.

분류법에 구애되지 않고 모든 중생을 말합니다. 모든 중생을 제도하겠다는 발원입니다. '고통 없고 행복 가득 무여열반'으로 제도하겠다는 발원입니다.

금강경 3장 ②절   유통본

이와 같이[1] 헤아릴 수 없이 많은 중생을 열반에 들게 하였으나,[2]
실제로는 완전한 열반을 얻은 중생이 아무도 없다.'[3]

如是滅度 無量　　　　衆生 實無衆生 得滅度者
여시멸도 무량　　　　중생 실무중생 득멸도자

───────────

논의 1 "이와 같이"보다는 "이리하여"가 적합합니다. "이리하여"는
①절에 있는 "큰 발원에 따라"가 됩니다.

논의 2 둘째 질문에 대한 답입니다. 즉 (B)행동 수행, 곧 실천에 해당
합니다. 실천하고 끝나는 것이 아니라, 실천하되 다음은 셋
째 질문에 대한 답이 이어집니다.

논의 3 셋째 질문, 즉 "(C)어떻게 자기 마음 다스려야 하옵니까?"에
대한 답입니다. 그렇다면, "실제로는 없다"는 "그러한 생각
이 전혀 없어야 한다."가 되어야 합니다. 여기서 그러한 생각
이란 '내가 중생들을 완전한 열반으로 제도하였다는 생각'이
분명합니다. 이를 우리말답게 간략하게 표현하면, "(C)중생
제도 하였다고 생각하면 안 됩니다."가 됩니다. 그런데1) 발
원한 내용은 이미 ①절에서 나왔습니다. 다음으로는2) 행동
수행,3) 자기마음 다스리기가 나와야 합니다. 유통본은 3장
①절에서 "마음을 다스려야 한다."는 내용으로 인용부호를

정 본	금강경 3장 ③절

수보리~ 장로님~ 수보리~ 장로님~
중생제도 하였다고 생각하는 보살들은
참~된~ 보살이라 말할수가 없습니다.

사용해 ②절 마지막까지를 포함시켜 '발원, 행동, 마음 다스리기'를 모두 포함시켰습니다.

해설

둘째 질문, 즉 행동 수행에 대한 답입니다. 즉 "이리하여"는 "큰 발원에 따라"입니다. 엄격하게 말하면, 발원만 하고 실천이 없으면 과보가 없다고 하는 것이 옳을 것입니다. 그러나 발원이 없으면 실천이 일어날 수가 없습니다. 습관이나 본능적 욕심에 따라 행동하게 되므로 하늘, 인간, 아수라, 축생, 아귀, 지옥을 윤회할 뿐입니다. (A)발원에 따라 (B)수행, 즉 실천이 있어야 합니다.

　이어서 나오는 내용은 셋째 질문, 즉 "(C)어떻게 자기 마음 다스려야 하옵니까?"에 대한 답입니다. 즉 "(C)중생제도 하였다고 생각하면 안 됩니다." "(C)중생제도 하였다고 말을 하면 안 됩니다." 우리는 주변에서 발원하고 수행하고 가만히 있으면 좋을 터인데, 자기 자신의 공덕을 내세우는 바람에 그 공덕을 까먹어버리는 사람들을 많이 봅니다. 안타까운 일이지만 자주 일어나는 일입니다. 그러니까 1)발원하고, 2)수행하고, 3)자기 마음을 잘 다스리는 것까지를 전부 잘해야 합니다. A-B-C를 전부 잘해야 합니다.

금강경 3장 ③절	유통본

왜냐하면 ....

....

　　　　　　　　　　　　　　1)
....

定本 ─────

何以故 湏菩提 若菩薩 有衆生相 卽不名菩薩
하 이 고 수보리 약보살 유중생상 즉불명보살

─────

논의 1 원본으로 사용되고 있는 금강경 10본을 비교·검토하여, "수
보리 ~ 장로님 ~ 수보리 ~ 장로님 ~ 중생제도 하였다고 생
각하는 보살들은 참~된~ 보살이라 말할 수가 없습니다."
를 추가합니다.

정 본	금강경 3장 ④절

수보리~ 장로님~ 자기중심 인간중심

중생중심 생명중심 생각하는 보살들은

참~된~ 보살이라 말할수가 없습니다.

定本 ─────

湏菩提 若菩薩 有我相 人相 衆生相 壽者相 卽非菩薩
수보리 약보살 유아상 인상 중생상 수자상 즉비보살

─────

논의 1 "수보리여!"라고 하였는데, 이는 우리말답지 않습니다. "수보
리 장로님!"이라고 하는 것이 적절할 것입니다.

논의 2 "보살에게 ~ 관념이 있다면 보살이 아니기 때문이다."는 우
리말다운 문장이 아닙니다. 최소한 " ~ 관념이 있는 보살은
참된 보살이라 말할 수가 없습니다." 정도는 되어야 우리말

해설

즉 A-B를 잘하였더라도 C를 잘하지 못하면 안 된다는 말입니다. "(C)중생제도 하였다고 생각하는 보살들은 (D)참~된~ 보살이라 말할 수가 없습니다." 다시 말해, (C)중생제도 하였다고 생각하지 아니해야 (D)참~된~ 보살이라 말할 수가 있습니다. (D) 참으로 보살의 길 가고 있다고 말할 수가 있습니다.

금강경 3장 ④절	유통본

> 수보리여!1) 보살에게2) 자아가 있다는 관념3), 개아가 있다는 관념, 중생이 있다는 관념, 영혼이 있다는 관념이 있다면 보살이 아니기 때문이다."

　　답습니다.

논의 3 "자아가 있다는 관념, 개아가 있다는 관념, 중생이 있다는 관념, 영혼이 있다는 관념"에 대한 번역가들의 번역이나 설명은 다양합니다. 유통본에서는 '자아가 있다는 관념', '개아가 있다는 관념', '중생이 있다는 관념', '영혼이 있다는 관념'으로 보고 있습니다. 이와 비슷하게 '영원히 변하지 않는 자아(ātman)가 있다는 관념', '영원히 변하지 않는 개아(pudgala)가 있다는 관념', '영원히 변하지 않는 중생(sattva)가 있다는 관념', '영원히 변하지 않는 영혼(jiva)이 있다는 관념'으로 보

다 명확하게 보는 설명도 있습니다. 가사체 금강경에서는 사
상四相에 대하여, 실생활에서 사고를 하는 데 도움을 주고,
현대 산업사회의 문제점을 극복할 수 있으며, 수행의 지침
으로 될 수 있어야 한다는 관점에서 보려 했습니다. '자기를
넣어서, 그때그때 상황에 따라 달라지는 생각, 즉 시간에 따
라 변하고 공간에 따라 달라지는 생각, 뭔가 잘못된 관념 혹
은 생각'을 표현하려고 '자기중심 생각'이라고 하였습니다.
'자기중심, 인간중심, 중생중심, 생명중심' 생각과 관련하여
아래 해설에서 짧게 설명하였는데, 더 자세한 논의는 'Ⅰ부
3-3. 사상 설명(35쪽)'을 참조하십시오.

해설

금강경에는 '자기중심'이라는 말이 20여 차례 나올 정도로 '자기중
심 생각에서 벗어나기를 강조'하고 있습니다.

　자기중심 생각을 하는 사람은 인간사회에 많은 문제를 일으킵니
다. 자기중심 생각을 하는 만큼 그 사람은 인간사회에서 심각한 문
제를 일으킵니다. 자기중심 생각에서 벗어나는 만큼 그 사람은 대
인이라고 할 수 있습니다.

　인간중심 생각을 하는 사람은 인간사회에서는 문제가 거의 없고
대인이라고 할 수 있습니다. 그러나 중생 전체를 고려하면 심각한
문제를 일으킬 수 있습니다. 인간이 아닌 다른 중생들의 삶을 너무
가볍게 생각할 수 있습니다. 인간중심 생각에 대해서는 동양과 서
양이 전혀 다른 의미에 대해 같은 단어를 사용하므로 사실은 혼란
이 있습니다. 동양에서는 자기중심 생각의 확충으로서 중생들을 배

제한 생각을 인간중심 생각이라고 하여 부정적 의미로 사용하였습니다. 반면에 서양에서는 중세암흑기의 신본주의에서 벗어나 인간다운 삶을 살아가기 위해 인간이 중심이 되는 새로운 희망의 세상을 꿈꾸는 생각을 의미합니다. 그래서 구분하여 동양의 부정적 인간중심 생각은 영어로 human-centricism이라고 하고, 서양의 긍정적 인간존중 생각은 humanism이라고 하는 것이 좋을 듯합니다.

중생중심 생각을 하는 사람은 중생사회에서는 문제가 거의 없고 신선이라고 할 만합니다. 그러나 중생만을 존중하고, 중생이 아닌 생명은 배제한다는 생각이므로 심각한 문제를 일으킬 수 있습니다.

생명중심 생각을 하는 사람은 생명사회에서는 문제가 거의 없고 보살이라고 할 만합니다. 그러나 지금 나의 감각기관에 따른 생명만을 존중하고, 생명이 아닌 존재는 배제한다는 생각이므로 심각한 문제를 일으킬 수 있습니다. 학자가 할 수 있는 설명으로는 한계에 온 것 같습니다. 더 이상의 설명은 학자의 입장을 벗어나는 것 같습니다. 그렇다면 대안은 무엇이겠습니까? 자기존중 인간존중 중생존중 생명존중 생각을 하면 배타적 내용이 없으므로 좋을 것입니다.

4장 걸림없는 보시

정 본	금강경 4장 ①~②절

①

수보리~ 장로님~ 보살들은 어디에도
안걸리는 보시행을 해야하는 것입니다.

②

형상소리 냄새맛촉 현상들~ 어디에도
안걸리는 보시행을 해야하는 것입니다.

定本 ———————

① 復次 須菩提 菩薩 於事 應無所住 行於布施
　　부차 수보리 보살 어사 응무소주 행어보시

② 所謂 不住色布施 不住聲香味觸法布施
　　소위 부주색보시 부주성향미촉법보시

———————

논의1 "수보리여!"라고 하였는데, 이는 우리말답지 않습니다. "수보
리 장로님!"이라고 하는 것이 적절할 것입니다.

논의2 "어떤 대상"은 ②절의 "형색, 소리, 냄새, 맛, 감촉, 마음의 대
상"을 말하므로, 대상이라기보다는 조건들을 말합니다. 따라
서 "어디에도" 정도가 적절할 것으로 봅니다. 꼭 "대상"을 사
용하려고 한다면, ②절에서 "형색, 소리, 냄새, 맛, 감촉, 마
음의 대상" 대신 "눈의 대상, 귀의 대상, 코의 대상, 혀의 대

①

"또한 수보리여![1] 보살은 어떤 대상에도[2]
집착 없이[3] 보시해야 한다.

②

말하자면 형색에 집착 없이 보시해야 하며 소리, 냄새,
맛, 감촉, 마음의 대상에도[4] 집착 없이 보시해야 한다.

상, 몸의 대상, 마음의 대상"이라는 말을 사용해야 했을 것입
니다.

논의 3 Ⅱ. 3. (금강경) 2장 ③절 논의 3에서 말씀드린 대로 "걸린다.
걸리지 않는다"로 표현하는 것이 더 적절하다고 봅니다.

논의 4 "형색, 소리, 냄새, 맛, 감촉, 마음의 대상"에 대해 말씀드리겠
습니다. "형색"은 낱낱 글자의 의미로 보면 옳습니다. 그러나
지금 대한민국에서 형색이란 사람의 옷이나 겉모습을 의미
하고 있습니다. 눈의 대상을 표현할 때 대부분의 불교학자들
이 표현하는 대로 형상이 적절한 것 같습니다. 감촉도 그냥
촉으로 하는 것이 적절할 것으로 보입니다. "마음의 대상"은
문제가 있습니다. "마음의 대상"으로 한다면, 앞의 것들도 눈
의 대상, 귀의 대상, 코의 대상, 혀의 대상, 몸의 대상이 되어
야 합니다. 고민하던 중 미산 스님께서 현상으로 하셨기에

'참으로 옳다구나' 하고 따라한 것입니다. "소리에 집착 없이 보시해야 한다." "소리에 안 걸리는 보시행을 해야 하는 것입니다." 둘 중에서 선택한다면, 후자를 선택하겠습니다. 만약에 "감미로운 소리에 집착 없이 보시해야 한다." "감미로운 소리에 안 걸리는 보시행을 해야 하는 것입니다." 둘 중에서 선택한다면, 갈등하겠습니다.

해설

보시는 당연히 내가 누릴 것을 내가 누리지 않고 남에게 양보하는 것을 말합니다. 가장 먼저 떠오르는 것이 물질 보시입니다. 옳습니다. 어떤 의미에서는 지구별에서 돈이 가장 중요합니다. 그래서 내가 가진 돈, 내가 소비할 권한이 있는 돈은 내가 소비하는 것이 옳습니다. 나의 능력과 노력으로 정당하게 번 돈은 내가 다 쓰는 것이 옳습니다. 그런데 내 돈을 남에게 양보하는 것은 아름답습니다. 참으로 아름답습니다. 보시하기 싫어하는 사람들은 '보시는 돈 많은 사

정 본	금강경 4장 ③~④절

③
수보리~ 장로님~ 참~된~ 보살들은
보시하되 보시했다 생각하지 않습니다.

④
보시하되 보시했다 생각하지 아니하는
보살들이 짓는복은 한량없이 많습니다.

람들이나 하는 것이지!'라며 보시하지 않음을 변명하기도 합니다.

　그런데 물질 보시 외에 법보시, 무외보시도 있습니다. 법보시는 경전을 보시하거나 경전 구절 하나라도 전해주는 것을 말합니다. 무외보시는 남을 여러 가지 두려움에서 벗어나게 해 주는 것을 말합니다.

　이와 별도로 '재물과 상관없이 할 수 있는 대표적인 보시로 무재칠시*'도 있습니다.

　1) 총론 : 환～하게 웃는 얼굴.

　2) 눈: 사랑의 눈빛.

　3) 입: 부드러운 말.

　4) 마음: 따뜻한 가슴.

　5) 몸: 남을 돕는 행동.

　6) 조건: 남이 앉아서 쉴 자리나 장소를 제공.

　7) 귀: 상대가 말하지 않아도 상대의 속마음을 듣는 열린 귀.

＊　관련 내용 출처:『잡보장경』6권 칠종시인연七種施因緣.

금강경 4장 ③~④절	유통본

③

수보리여!¹⁾ 보살은 이와 같이 보시하되 어떤 대상에 대한 관념에도²⁾ 집착하지 않아야 한다.

④

왜냐하면³⁾ 보살이 대상에 대한 관념에⁴⁾ 집착 없이 보시한다면 그 복덕은 헤아릴 수 없기 때문이다.

③ 湏菩提 菩薩 應如是布施 不住於相
　　수보리 보살 응여시보시 부주어상

④ 何以故 若菩薩 不住相布施 其福德 不可思量
　　하이고 약보살 부주상보시 기복덕 불가사량

──────────

논의1 "수보리여!"라고 하였는데, 이는 우리말답지 않습니다. "수보
리 장로님!"이라고 하는 것이 적절할 것입니다.

논의2 유통본에서는 "어떤 대상에 대한 관념"이라고 하고, "집착하
지 않아야 한다"라고 하였습니다. "어떤 대상에 대한 관념"
이 아니고, 그냥 "(C)관념"입니다. 앞 문장을 봤을 때, "(C)보
시했다는 관념 혹은 생각"이 분명합니다. "(C)집착하지 않아
야 한다"에 대해서는 2장 ③절의 논의 3을 참고하시라는 말
외에는 드릴 말씀이 없습니다.

정 본	금강경 4장 ⑤~⑨절

⑤

수보리~ 장로님~ 어찌생각 하십니까?

동방허공 크기를~ 상상할수 있습니까?

⑥

아닙니다 부처님~ 상상하지 못합니다.

⑦

수보리~ 장로님~ 수보리~ 장로님~

논의 3 "왜냐하면(何以故)"은 우리말로는 "에 ~ " 정도로, 말에 뜸을 들이는 표현에 해당하므로 "때문"과 함께 삭제합니다.

논의 4 "대상에 대한 관념"이 아니고 그냥 "(C)관념" 혹은 "(C)보시 했다는 관념"입니다. 앞 문장을 보면 명확합니다.

해설

발원만 하고 보시 행동은 전혀 하지 않거나, 보시 행동을 했더라도 보시했다고 하는 생각을 하는 초보 보살, 즉 보살의 길을 지금 막 출발한 보살 외에 제대로 보살의 길을 가고 있는 분에 대한 설명입니다. 참된 보살들은 보시하되 보시했다 생각하지 않는다는 말입니다. 그리고 보시하되 보시했다 생각하지 않는 보살이 짓는 복은 한량없이 많다는 말입니다. 보시한 다음에 보시했다 생각하는 보살이 짓는 복도 있겠지요. 그러나 보시하되 보시했다 생각하지 않는 보살이 짓는 복과 비교하면, 비교할 수 없을 만큼 적다는 말입니다.

금강경 4장 ⑤~⑨절	유통본

⑤

수보리여![1] 그대 생각은 어떠한가? 동쪽 허공을 헤아릴 수 있겠는가?"[2]

⑥

"없습니다,[3] 세존이시여!"

⑦

"수보리여!

서남북방 동남동북 서남서북 아래위~

허공들의 크기를~ 상상할수 있습니까?

⑧

아닙니다 부처님~ 상상하지 못합니다.

⑨

수보리~ 장로님~ 수보리~ 장로님~

보시하되 보시했다 생각하지 아니하는

보살들이 짓는복도 상상할수 없습니다.

定本 ————

⑤ 須菩提 於意云何 東方虛空 可思量 不
　수보리 어의운하 동방허공 가사량 부

⑥ 不也 世尊
　불야 세존

⑦ 須菩提 南西北方 四維 上下 虛空 可思量 不
　수보리 남서북방 사유 상하 허공 가사량 부

⑧ 不也 世尊
　불야 세존

⑨ 須菩提 菩薩 無住相布施福德 亦復如是 不可思量
　수보리 보살 무주상보시복덕 역부여시 불가사량

————

논의 1 "수보리여!"라고 하였는데, 이는 우리말답지 않습니다. "수보
리 장로님!"이라고 하는 것이 적절할 것입니다.

논의 2 동쪽 방향의 허공의 크기를 "헤아릴 수 있겠는가? 상상할 수

남서북방,[4) 사이사이,[5) 아래 위
허공을 헤아릴 수 있겠는가?"

⑧

"없습니다, 세존이시여!"

⑨

"수보리여! 보살이
대상에 대한 관념에[6) 집착하지 않고 보시하는
복덕도 이와 같이 헤아릴 수 없다.

있겠는가?"에서 한문 한 글자 한 글자에 매이지 않는다면,
"상상할 수 있겠는가?"를 선택할 것입니다.

논의 3 우리말에서는 동사를 다 사용하고, 영어에서는 조동사를 주
로 사용하는데, 할 수 있겠는가?라는 질문에 대해서 답을
"없다"라고 하는 것은 영어권에도 없는 지나친 간결형입니
다. 원칙적으로 "헤아릴 수 없다"로 대답하거나 "아닙니다"
로 해야 합니다.

논의 4 인도 말은 "동남서북"인데 우리말에서는 "동서남북"입니다.
"동서남북" 중에서 "동방"을 빼면 "서남북방"이 남습니다.
"남서북방"이라고 하는 것은 조금 이상합니다.

논의 5 "사이사이"는 한문 한 글자 한 글자에 너무 집착한 번역 같습
니다. 풀어서 "동남 동북 서남 서북"으로 하는 것이 옳다고
봅니다.

논의 6 "대상에 대한 관념"이 아니고 "보시했다는 관념"입니다. 앞 문장을 보면 명확합니다.

수보리 ~ 장로님 ~ 보살의길 가는사람

보시하되 보시했다 생각하지 않습니다.

定本

須菩提 菩薩乘者 應如是布施 不住於相
수 보 리　보 살 승 자　응 여 시 보 시　부 주 어 상

논의 1 "수보리여!"라고 하였는데, 이는 우리말답지 않습니다. "수보리 장로님!"이라고 하는 것이 적절할 것입니다.

논의 2 구마라집 한문본 금강경을 다른 한문 5본(유지본, 진제본, 급다본, 현장본, 의정본), 산스끄리뜨어(범어) 2본(Conze본, Muller본), 티베트어본, 몽골어본 등과 비교·검토하여, "보살의길 가는사람 (B)보시하되 (C)보시했다 생각하지 않습니다."로 수정합니다.

해설

동방 서방 남방 북방 동남방 동북방 서남방 서북방 아래방 위방, 즉
10방의 허공의 크기는 도저히 상상할 수 없을 만큼 큰 것을 이야기
하고, 보시하되 보시했다 생각하지 아니하는 공덕, 즉 (B)수행하되
(C)수행했다 생각하지 아니하는 공덕이 큼을 말하는 것입니다.

금강경 4장 ⑩절	유통본

수보리여![1] 보살은 반드시
가르친 대로 살아야 한다."[2]

해설

보살의길 가는사람은 "A(보시하겠다는 발원)-B(실제로 보시 행동을
함)-C(보시 행동을 했다는 생각을 하지 않음)"을 잘하여 짓는 복이 매
우 큽니다"D(지은 복이 한량없이 많음)".

II부 : 4장 걸림없는 보시 81

5장 부처님 모습 바로 보기

정 본	금강경 5장 ①~③절

①

수보리~ 장로님~ 어찌생각 하십니까?

부처님의 거룩한~ 상호들을 다갖추면

부처라고 말할수가 있다생각 하십니까?

②

아닙니다 부처님~ 부처상호 갖췄다고

반드시~ 부처라고 말할수는 없습니다.

③

갖추어도 갖추었다 생각하면 안됩니다.

定本 ——————

① 湏菩提 於意云何 可以身相 見如來 不
　 수보리 어의운하 가이신상 견여래 부

② 不也 世尊 不可 以身相 得見如來
　 불야 세존 불가 이신상 득견여래

③ 何以故 如來所說 身相 卽非身相
　 하이고 여래소설 신상 즉비신상

——————

논의 1 "수보리여!"라고 하였는데, 이는 우리말답지 않습니다. "수보리 장로님!"이라고 하는 것이 적절할 것입니다.

①

"수보리여![1] 그대 생각은 어떠한가?
신체적 특징을 가지고 여래라고 볼 수 있는가?"[2]

②

"없습니다,[3] 세존이시여! 신체적 특징을 가지고
여래라고 볼 수는 없습니다.

③

왜냐하면[4] 여래께서 말씀하신[5] 신체적 특징은
바로 신체적 특징이 아니기[6] 때문입니다."

논의 2 "신체적 특징을 가지고 여래라고 볼 수 있는가?"라고 하였는
데, 20장과 26장에서는 "신체적 특징을 갖추었다고 여래라
고 볼 수 있는가?"라고 했습니다. 이 말을 조금 더 분명히 하
면 "신체적 특징을 갖추었다고 해서 그 사람을 여래라고 볼
수 있는가?"라는 질문으로 볼 수 있습니다. 그렇다면 신체
적 특징이 무엇입니까? 각묵 스님은 '32상'이라고 했습니다.
"부처님의 32상을 갖추었다고 해서 그 사람을 부처라고 할
수 있느냐?"라는 질문입니다. 구체적 숫자가 없으니, "부처
님의 거룩한 상호들을 다 갖추었다고 해서 그 사람을 부처라

고 할 수 있느냐?"라는 질문입니다.

논의 3 동사-조동사 관계에서 우리말에서는 본동사를 사용하는 경향성이 있고, 영어에서는 조동사를 사용하는 경향성이 있습니다. "여래라고 볼 수 있는가?"라는 질문에 대한 답은 원칙적으로 "여래라고 볼 수 없습니다"입니다. "없습니다"라고 하는 것은 영어권에도 없는 지나친 간결형입니다. 20장 ② 절과 ⑤절에서는 "아닙니다"로 제대로 번역하고 있습니다.

논의 4 "왜냐하면"은 우리말로 "에 ~ " 혹은 "설명드리면 다음과 같습니다." 정도입니다. 매번 "왜냐하면"이라고 번역하면 이상한 말이 되어 버립니다. 그래서 번역하지 않습니다. 당연히 "때문"도 삭제합니다.

논의 5 "부처님께서 말씀하셨습니다. 수보리가 대답하였습니다. 수보리가 여쭈었습니다." 등은 80여 차례가 필요하나 실제로는 30차례 정도만 있고, 없는 것이 깔끔하므로 삭제합니다. "여래께서 말씀하신"도 본문 속의 또 다른 이런 형태로 보이므로, 삭제합니다.

논의 6 산스끄리뜨어(범어)가 명사 중심 언어라면, 우리말은 동사 중심 언어입니다. 그리고 질문을 염두에 두고 산스끄리뜨어(범어) "신체적 특징 / 안-신체적 특징"을 일차적으로 우리말 문장 혹은 절로 옮기면 "(B)신체적 특징을 갖추었더라도 / (C)신체적 특징을 갖추었다고 생각하면 안 됩니다."가 됩니다. 다시 한번 더 다듬으면 "(B)부처님의 거룩한 상호를 갖추고도 (C)부처님의 거룩한 상호를 갖추었다고 생각하면 안 됩니다."가 됩니다. 이 말을 다시 우리말답게 동사 중심 문장으로 다듬으면, "(B)갖추어도 (C)갖추었다 생각하면 안 됩니다."가 됩니다.

해설

4장이 보시하는 행동에 관한 내용이었다면, 5장은 부처님의 거룩한 상호들을 다 갖추고 있다는 객관적 사실에 초점이 있습니다. 객관적 사실과 실체적 사실에 대한 논의는 여기서 다루지 않겠습니다.

4장의 내용대로 참된 보살의 경지가 되어 보시하되 보시했다 생각하지 아니하면, 부처님의 거룩한 상호들을 다 갖추게 됩니다. "부처님의 거룩한 상호들을 다 갖추었다고 해서 그 사람을 부처라고 할 수 있느냐?"라는 질문입니다. 보시 행동과 보시했다는 생각이 전혀 없는 깨끗한 마음의 결과로 "저절로 부처님의 거룩한 상호들을 다 갖추게 되었다고 해서 그 사람을 바로 부처라고 말할 수는 없다는 말"입니다.

저절로 부처님의 거룩한 상호들을 다 갖추게 되었다고 하더라도, "나는 부처님의 거룩한 상호들을 다 갖추었다는 생각"을 하면 안 된다는 뜻입니다.

> 수보리~ 장로님~ 갖추었다 생각하면
>
> 제대로~ 갖추었다 말할수가 없습니다.
>
>
> 부처상호 갖추고도 갖추었다 아니해야
>
> 참으로~ 갖추었다 말할수가 있습니다.
>
>
> 부처상호 갖추고도 갖추었다 아니해야
>
> 참~된~ 부처라고 말할수가 있습니다.

定本 ────

須菩提 凡所有相 皆是虛妄 若見非相 則非虛妄 諸相
수보리　범소유상　개시허망　약견비상　즉비허망　제상

非相 則見如來
비상　즉견여래

────────

논의 1 "부처님께서 말씀하셨습니다. 수보리가 대답하였습니다. 수보리가 여쭈었습니다." 등은 80여 차례가 필요하나 실제로는 30차례 정도만 있고, 없는 것이 깔끔하므로 삭제합니다.

논의 2 명사 "신체적 특징"을 (질문과 연관시켜서) 우리말 동사형으로 바꾸면, "(C)부처님의 거룩한 상호들을 갖추었다고 생각하면"이 됩니다. "모두 헛것이니"를 우리말로 바꾸면, "(D)뻥입니다"가 됩니다. "뻥입니다"를 경전식으로 표현하면

부처님께서 수보리에게 말씀하셨습니다.[1]

"신체적 특징들은 모두 헛된 것이니[2]

....

[3]

....

신체적 특징이 신체적 특징 아님을 본다면

바로 여래를 보리라."[4]

"(D)제대로 갖추었다 말할 수가 없습니다"가 됩니다. 이를 정리하면, "(C)부처님의 거룩한 상호들을 갖추었다고 생각하면 (D)부처님의 거룩한 상호들을 제대로 갖추었다 말할 수가 없습니다"가 됩니다. 가장 간략하게 표현하면, "(C)갖추었다 생각하면 (D)제대로 갖추었다고 말할 수가 없습니다"가 됩니다.

논의 3 구마라집 한문본 금강경을 다른 한문 5본(유지본, 진제본, 급다본, 현장본, 의정본), 산스끄리뜨어(범어) 2본(Conze본, Muller본), 티베트어본, 몽골어본 등과 비교·검토하여, "부처 상호 갖추고도 갖추었다 아니해야 참으로~ 갖추었다 말할 수가 있습니다."를 추가합니다.

논의 4 "본다면"은 바로 앞의 구절로 갑니다. 그렇게 되면, 남는 것이

"신체적 특징 / 안-신체적 특징 / 여래를 보리라"입니다. 이를 우리말 문장 혹은 절로 변환하면, 신체적 특징은 "(B)부처님의 거룩한 상호들을 갖춘다"는 의미이고, 안-신체적 특징은 "(C)부처님의 거룩한 상호들을 갖추었다고 생각하지 않는 것"이 됩니다. 전체를 논리적으로 연결하면, "(B)부처 상호 갖추고도 (C)갖추었다 아니해야 (D)참 ~ 된 ~ 부처라고 볼 수가 있습니다(말할 수가 있습니다)"가 됩니다.

해설

저절로 부처님의 거룩한 상호들을 다 갖추게 되었다(B')고 하더라도, "나는 부처님의 거룩한 상호들을 다 갖추었다는 생각"을 하면 (C') 부처님의 거룩한 상호들을 제대로 갖추었다고 말할 수가 없게 됩니다(D'). 직설적으로 말하면 뻥입니다. 여기서 (B)(C)(D)라고 하지 않고 (B')(C')(D')라고 한 것은 금강경의 논리 (B)(C)(D)는 그대로이나, 행동에 대한 것이 아니고, 행동의 결과로 나타난 객관적 사실에 대한 것이기 때문입니다.

군더더기 같은 말이지만, 저절로 부처님의 거룩한 상호들을 다 갖추게 되었다(B')고 하더라도, "나는 부처님의 거룩한 상호들을 다 갖추었다는 생각"을 하지 않아야(C') 부처님의 거룩한 상호들을 참으로 갖추었다고 말할 수가 있게 됩니다(D').

저절로 부처님의 거룩한 상호들을 다 갖추게 되었다(B')고 하더라도, "나는 부처님의 거룩한 상호들을 다 갖추었다는 생각"을 하지 않아야(C') 참된 부처라고 말할 수가 있게 됩니다(D').

불교 아리랑 / 조현춘

아리랑, 아리랑, 아라리요!
아리랑 고개를 넘어간다.

가~자, 가~자, 넘어가자.
모~두 다함께 넘어가자.
자기중~심 생각에 걸려있는 사람은
육도윤회 고통을 못 벗어난다.

가~자, 가~자, 넘어가자.
모~두 다함께 넘어가자.
살아계시는 부처님들을 잘 모시면서,
힘들어도 육바라밀 닦고 또 닦자!

가~자, 가~자, 넘어가자.
모~두 다함께 넘어가자.

아리랑, 아리랑, 아라리요!
아리랑 고개를 넘어간다.

6장 바른 믿음의 무량 복덕

정 본	금강경 6장 ①~②절

①

거룩하신 부처님~ 거룩하신 부처님~

미래에도 이법문을 믿을중생 있습니까?

②

수보리~ 장로님~ 그런말씀 마십시오.

여래가~ 열반한후 오백년이 지나가도

계지키고 복을짓는 지혜로운 사람들은

이법문을 참되다며 깊이믿을 것입니다.

定本 ————

① 世尊 頗有衆生 於未來世 得聞如是言說章
　　세존　파유중생　어미래세　득문여시언설장

句 生實信 不
구 생실신 부

② 湏菩提 莫作是說. 如來滅後 後五百歲 有持戒修福
　　수보리　막작시설　여래멸후　후오백세　유지계수복

智慧者 於此章句 能生信心 以此爲實
지혜자　어차장구　능생신심　이차위실

①

수보리가 부처님께 여쭈었습니다.[1]

"세존이시여!　　　[2] 이와 같은 말씀을 듣고
진실한 믿음을 내는 중생들이 있겠습니까?"[3]

②

부처님께서 수보리에게 말씀하셨습니다.[4] "그런 말 하
지 말라. 여래가 열반에 든 오백년 뒤에도
계를 지니고 복덕을 닦는 　　　　[5] 이는 이러한
말에 신심을 낼 수 있고 이것을 진실한 말로 여길 것이다.

논의 1 "부처님께서 말씀하셨습니다. 수보리가 대답하였습니다. 수
　　　　보리가 여쭈었습니다." 등은 80여 차례가 필요하나 실제로
　　　　는 30차례 정도만 있고, 없는 것이 깔끔하므로 삭제합니다.

논의 2 구마라집 한문본 금강경을 다른 한문 5본(유지본, 진제본,
　　　　급다본, 현장본, 의정본), 산스끄리뜨어(범어) 2본(Conze본,
　　　　Muller본), 티베트어본, 몽골어본 등과 비교·검토하여, "미래
　　　　에도"를 추가합니다. 특히 답인 ②절에서 "여래가 열반한 후
　　　　오백 년이 지나가도"라는 말이 나옵니다.

논의 3 "이와 같은 말씀을 듣고 진실한 믿음을 내는 중생들이 있겠

습니까?"라는 표현은 중국 한어의 낱낱 글자에 너무 충실하였다는 느낌이 듭니다. "이 법문을 믿을 중생 있습니까?"로 충분할 것으로 생각합니다.

논의 4 "부처님께서 말씀하셨습니다. 수보리가 대답하였습니다. 수보리가 여쭈었습니다." 등은 80여 차례가 필요하나 실제로는 30차례 정도만 있고, 없는 것이 깔끔하므로 삭제합니다.

논의 5 원본으로 사용되고 있는 금강경 10본을 비교·검토하여, "지혜로운"을 추가합니다.

정 본	금강경 6장 ③~⑤절

③

한부처님 앞에서만 선근심지 아니하고
백천만의 부처님들 앞에서도 선근심은
사람들은 이법문을 깊이믿을 것입니다.

④

수보리~ 장로님~ 수보리~ 장로님~
여래는~ 모두알고 모두보고 있습니다.
이런사람 짓는복은 한량없이 많습니다.

⑤

이런사람 자기중심 인간중심 중생중심
생명중심 생각들을 하지않을 것입니다.

해설

수보리 장로님께서 '지금 우리는 부처님과 오랜 세월 동안 같이 생활하며 배우고 논의하였기 때문에' 부처님의 말씀을 알아들을 수 있겠지만, 그러한 과정을 거치지 않은 미래의 중생들이 과연 이런 참된 진리의 말씀을 받아들이겠습니까라는 질문입니다. 어쩌면 당연한 질문입니다. 그러나 부처님께서는 단호하게 '여래가 열반한 후 500년이 지나가도 계 지키고 복을 짓는 지혜로운 사람들은 당연히 이미 깊이 믿고 있을 것'이라고 말씀하시고 계십니다.

| 금강경 6장 ③~⑤절 | 유통본 |

③
이 사람은 한 부처님이나 두 부처님, 서너 다섯 부처님께 선근을 심었을 뿐만 아니라[1] 이미 한량없는 부처님 처소에서 여러 가지 선근을 심었으므로 이 말씀을 듣고 잠깐이라도 청정한 믿음을 내는 자임을 알아야 한다.[2]

④
수보리여![3] 여래는
이러한 중생들이 이와 같이 한량없는 복덕 얻음을
다 알고 다 본다.[4]

⑤
왜냐하면[5] 이러한 중생들은 다시는 자아가 있다는 관념, 개아가 있다는 관념, 중생이 있다는 관념, 영혼이 있다는 관념이[6] 없고,

③　　是人 不於一佛　　　　而種善根已 於百千萬佛
　　　　시인 불어일불　　　　이종선근이 어백천만불

所 種諸善根 聞是章句 乃至 一念生淨信者
소 종제선근 문시장구 내지 일념생정신자

④　　須菩提 如來 悉知悉見 是諸衆生 得　　無量福德
　　　　수보리 여래 실지실견 시제중생 득　　무량복덕

⑤　　何以故 是諸衆生 無復我相 人相 衆生相 壽者相
　　　　하이고 시제중생 무부아상 인상 중생상 수자상

———————

논의 1 원본으로 사용되고 있는 금강경 10본을 비교·검토하여, "한 부처님이나 두 부처님, 서너 다섯 부처님께 선근을 심었을 뿐만 아니라"를 "한 부처님 앞에서만 선근 심지 아니하고"로 수정합니다.

논의 2 "이 말씀을 듣고 잠깐이라도 청정한 믿음을 내는 자임을 알아야 한다."는 "이 법문을 깊이 믿을 것입니다."로 충분할 것입니다. 특히 "잠깐이라도"는 "일념으로"입니다. 즉 "잠깐이라도"가 아니라 "온마음과 온몸으로"입니다.

논의 3 "수보리여!"라고 하였는데, 이는 우리말답지 않습니다. "수보리 장로님!"이라고 하는 것이 적절할 것입니다.

논의 4 "여래는 이러한 중생들이 이와 같이 한량없는 복덕 얻음을 다 알고 다 본다."는 "여래는 다 알고 다 본다." "이러한 중생들이 이와 같이 한량없는 복덕 얻음을"을 분리하면 이해도 빠르고, 우리말답습니다.

논의 5 "왜냐하면(何以故)"은 우리말로는 "에 ~ " 정도로, 말에 뜸을 들이는 표현에 해당하므로 아래 ⑥에 있는 "때문"과 함께 삭제합니다.

논의6 "자아가 있다는 관념, 개아가 있다는 관념, 중생이 있다는 관념, 영혼이 있다는 관념"에 대해서는 'Ⅰ부 3-3. 사상 설명 (35쪽)'을 참고하시기 바랍니다.

해설

많은 부처님들 앞에서 복을 지은 사람들은 이 법문, 즉 금강경을 깊이 믿을 것이라는 사실을 단정적으로 말씀하고 계십니다. 부처님 자신은 분명히 안다고 하시며, 분명히 미래를 보고 있다고 하십니다.

여기서 다시 이런 사람들은 자기중심 생각을 하지 않고, 인간중심 생각도 하지 않고, 중생중심 생각도 하지 않고, 심지어 생명중심 생각도 하지 않을 것이라고 단정적으로 말씀하고 계십니다.

⑥

이런사람 법중심 ~ 생각하지 아니하고,

생각하지 않는다는 생각조차 않습니다.

⑦

법중심 ~ 생각해도 자기중심 인간중심

중생중심 생명중심 생각하는 것입니다.

법중심 ~ 생각하지 아니한다 생각해도

자기중심 인간중심 중생중심 생명중심

생각하는 것이라고 말할수가 있습니다.

定本 ————

⑥ 無法相 亦無非法相
무 법 상 역 무 비 법 상

⑦ 何以故 是諸衆生　　　　　　　若取法相 卽
하 이 고 시 제 중 생　　　　　　약 취 법 상 즉

着我人衆生壽者 何以故 若取非法相 卽着我人衆生壽者
착 아 인 중 생 수 자 하 이 고 약 취 비 법 상 즉 착 아 인 중 생 수 자

————

논의1 'Ⅰ부 3-3. 사상 설명(35쪽)'에서 "자기중심 인간중심 중생중
심 생명중심 생각들"에 대해서 설명드렸습니다. 또한 "법중
심 생각"을 해도 안 되고, "나는 법중심 생각을 하지 않는다

⑥

법이라는 관념이 없으며

법이 아니라는 관념도 없기[1] 때문이다.

⑦

왜냐하면[2] 이러한 중생들이 마음에 관념을 가지면 자
아·개아·중생·영혼에 집착하는 것이고[3]

법이라는 관념을 가지면 자아·개아·

중생·영혼에 집착하는 것이기 때문이다.

왜냐하면[4] 법이 아니라는 관념을 가져도

자아·개아·중생·영혼에 집착하는 것이기 때문이다.

는 생각"을 해도 안 되는 것입니다. 더구나 보살들은 "법이
라는 관념이 없으면" 절대로 안 됩니다. "법이라는 관념"은
갖되 "법이라는 관념"에 집착하거나 걸려들면 곤란합니다.
또한 문장맥락에서 "이런 사람"이라는 주어를 추가하였습
니다.

논의 2 "왜냐하면(何以故)"은 우리말로는 "에 ~ " 정도로, 말에 뜸을
들이는 표현에 해당하므로 "때문"과 함께 번역에서 삭제합
니다.

논의 3 원본으로 사용되고 있는 금강경 10본을 비교·검토하여, "마
음에 관념을 가지면 자아·개아·중생·영혼에 집착하는 것

이고"를 삭제합니다.

논의 4 "왜냐하면(何以故)"은 우리말로는 "에 ~ " 정도로, 말에 뜸을 들이는 표현에 해당하므로 "때문"과 함께 번역에서 삭제합니다.

정 본	금강경 6장 ⑧~⑨절

⑧

보살들은 법중심 ~ 생각하지 아니하고
생각하지 않는다는 생각조차 않습니다.

⑨

여래말을 뗏목같이 여기도록 하십시오.
법중심 ~ 생각에도 걸리지 ~ 아니하고
걸리지 ~ 않는다는 생각도 ~ 마십시오.

定本 ──────

⑧ 是故 菩薩 不應取法 不應取非法
　시고 보살 불응취법 불응취비법

⑨ 以是義故 如來常說 汝等比丘 知我說法 如筏喩者 法尙
　이시의고 여래상설 여등비구 지아설법 여벌유자 법상

해설

여기서 참으로 놀라운 반전이 일어납니다. 법-중심 생각도 하지 않는다는 가르침이 나옵니다. 부처님의 진리인 법에도 걸리지 말라는 말입니다. 부처님의 진리인 법보다도 더 중요한 것이 다른 사람, 다른 중생이라는 말입니다.

다른 사람의 행복이 부처님의 진리보다도 더 중요하고 더 값있고, 더 고귀하다는 말입니다. 여기서는 설명을 할 수가 없습니다. 언어도단이기 때문입니다.

금강경 6장 ⑧~⑨절	유통본

⑧

[1]그러므로 법에 집착해도 안 되고

법 아닌 것에 집착해서도 안 된다.

⑨

그러기에 여래는 늘 설했다. 너희 비구들이여![2]

나의 설법은 뗏목과 같은 줄 알아라.

법도 버려야 하거늘[3]

하물며 법 아닌 것이랴!"[4]

應捨 何況非法
응 사 하 황 비 법

논의 1 원본으로 사용되고 있는 금강경 10본을 비교·검토하여, "보살들"이라는 주어를 추가합니다.

논의 2 "부처님께서 말씀하셨습니다. 수보리가 대답하였습니다. 수보리가 여쭈었습니다." 등은 80여 차례가 필요하나 실제로는 30차례 정도만 있고, 없는 것이 깔끔하므로 삭제합니다. 같은 맥락에서 "그러기에 여래는 늘 설했다. 너희 비구들이여!"도 삭제합니다.

논의 3 6장 ⑥절에서 "법중심 ~ 생각하지 아니하고"가 있었으므로, 당부 차원인 ⑨절에서는 "법중심 ~ 생각에도 걸리지 아니하고"를 선택했습니다.

논의 4 같은 맥락에서 "법 아닌 것이랴!"도 직역을 하면, "법중심 ~ 생각에도 걸리지 않는다는 생각이랴!"가 될 것입니다. 감탄형 문장을 평서문으로 표현하면 "법중심 ~ 생각에 걸리지 않는다는 생각도 마십시오."가 되었습니다. 다시 우리말답게 "법중심 ~ 생각에"를 삭제하니, "걸리지 않는다는 생각도 마십시오."가 되었습니다. 전혀 창의적인 내용은 없었으며, 단지 우리말답게 다듬었을 뿐입니다. '금강경의 기본 논리'를 'A-B-C-D 논리'로 파악할 때, 이 부분은 마음 다스리기(C)를 철저하게 하는 상태로 이해할 수 있습니다. 일부에서는 6상이라고 하여, 아상·인상·중생상·수자상·법상·비법상을 거론하면서, '아상·인상·중생상·수자상'뿐만 아니라 '법상과 비법상'도 떠나야 한다고 말합니다. 법상은 '법중심 생각'이라고 할 수 있으며, 비법상은 '나는 법상에 걸리지 ~ 않는다는 생각'이라 할 수 있습니다. 6장 ⑨절에서는 법상과 비법상을 떠나야 한다고 말합니다.

해설

참된 보살들은 법중심 생각을 안 하는 것은 물론이고, 법중심 생각을 하지 않는다는 그 생각조차도 하지 않는 깨끗한 마음이라는 가르침의 말씀입니다. 또한 부처님의 말씀도 뗏목, 즉 수단이라고 몰아붙이는 것을 주저하지 않습니다. 오직 중생들의 고통제거와 행복증진이 목적이라는 것입니다(3장 ①절의 발원 내용).

7장 깨달음이나 설법에 걸리지 않음

①

수보리~ 장로님~ 어찌생각 하십니까?

'최고바른 깨달음을 온전하게 이루었다'

여래가~ 이런생각 한다할수 있습니까?

'부처님의 거룩한법 널리널리 전하였다'

여래가~ 이런생각 한다할수 있습니까?

②

거룩하신 부처님~ 거룩하신 부처님~

제가지금 부처님의 말씀이해 하기로는

'최고바른 깨달음을 온전하게 이루었다'

부처님은 그런생각 하시지~ 않습니다.

'부처님의 거룩한법 널리널리 전하였다'

부처님은 그런생각 하시지~ 않습니다.

定本 ───────

① 湏菩提, 於意云何 有法 如來得 阿耨多羅三藐三菩提耶
　 수보리　어의운하　유법　여래득　아누다라삼먁삼보리야

　 有法 如來有 所說法耶
　 유법　여래유　소설법야

①

"수보리여!¹⁾ 그대 생각은 어떠한가?

여래가 가장 높고 바른 깨달음을

얻었는가?²⁾

여래가 설한

법이 있는가?"³⁾

②

수보리가 대답하였습니다.⁴⁾

"제가 부처님께서 말씀하신 뜻을 이해하기로는

가장 높고 바른 깨달음이라 할 만한

정해진 법이 없고⁵⁾

또한 여래께서 설한

단정적인 법도 없습니다.⁶⁾

② 　　　世尊 如我解佛所說義 無有定法 名阿耨多羅三
　　　　세 존　여 아 해 불 소 설 의　무 유 정 법　명 아 누 다 라 삼

藐三菩提 亦 無有定法 如來可說
먁 삼 보 리　역　무 유 정 법　여 래 가 설

논의1 "수보리여!"라고 하였는데, 이는 우리말답지 않습니다. "수보리 장로님!"이라고 하는 것이 적절할 것입니다.

논의2 두 개의 질문으로 되어 있음을 알 수 있습니다. 그리고 첫 질문에 대한 답은 논의 5로 되어 있음도 분명합니다. 번역은 일단 유보합니다.

논의3 두 개의 질문 중의 둘째 질문입니다. 이 둘째 질문에 대한 답은 논의 6으로 되어 있음도 분명합니다. 그렇다면, 질문이 잘못 번역된 것이 분명합니다. 답에서 질문을 유추하면 " ~ 정해진 법이 있습니까?" " ~ 설한 단정적 법이 있습니까?"가 되어야 합니다. 여기서 다시 "정해진" "단정적"을 삭제하여 부드러운 질문으로 만들어봤습니다.

이제 "법"에 대한 설명을 할 때가 되었습니다. "법"은 지금 우리말로 "거시기"에 해당합니다.

첫째, 부처님의 생각, 진리, 가장 대표적인 "법"입니다.

둘째, 우리 모두의 공통적인 색성향미촉법에서의 "법"입니다. 즉 객관적이고 실재적인(?) 색성향미촉법에서의 "법"입니다.

셋째, 개개인의 주관적인 색성향미촉법에서의 "법"입니다. 즉 객관적이고 실재적인(?) "법"이 아니라 개개인의 주관적인 "법"입니다. 이를 첫째의 "법"이나 둘째의 "법"과 구분해서 말을 할 때는 "현상"이라고 하였습니다.

이렇게 하고 보니까, 첫째 질문은 "여래가 '가장 높고 바른 깨달음을 얻었다는 생각'을 하겠는가?"가 되고, 둘째 질문은 "여래께서 '설하였다는 생각'을 하겠는가?"가 됩니다. 이를 우리말로 세련되게 다듬으니 "'최고 바른 깨달음을 온전하게 이루었다.' 여래가~ 이런 생각 한다 할 수 있습니까?" "'부처님의 거룩한 법 널리 널리 전하였다.' 여래가~ 이런 생각 한다 할 수 있습니까?"가 되었습니다.

논의 4 "부처님께서 말씀하셨습니다. 수보리가 대답하였습니다. 수보리가 여쭈었습니다." 등은 80여 차례가 필요하나 실제로는 30차례 정도만 있고, 없는 것이 깔끔하므로 삭제합니다.

논의 5 논의 2를 이어오면, 질문 1에 대한 답인 논의 5부분은 "'최고 바른 깨달음을 온전하게 이루었다' 부처님은 그런 생각 하시지 않습니다."가 될 수밖에 없습니다.

논의 6 또한 질문 2에 대한 답인 논의 6은 "부처님의 거룩한 법 널리 널리 전하였다.' 부처님은 그런 생각 하시지 않습니다"가 될 수밖에 없습니다.

③
이루었다 생각도 ~ 부처님은 않으시고
전하였다 생각도 ~ 부처님은 않습니다.

④
부처님은 법에도 ~ 걸리지 ~ 않으시고
걸리지 ~ 않는다는 생각도 ~ 않습니다.

⑤
내자신은 하였다는 생각에서 벗어나야
참 ~ 된 ~ 성현이라 말할수가 있습니다.

定本 ────

③ 何以故 如來所說法 皆不可取 不可說
하이고 여래소설법 개불가취 불가설

④ 非法 非非法
비법 비비법

⑤ 所以者何 一切賢聖 皆以無爲法 而有差別
소이자하 일체현성 개이무위법 이유차별

────

논의 1 "왜냐하면"은 우리말로 "에 ~ " 정도입니다. 그래서 "왜냐하면 ~ 때문"을 삭제합니다.

논의 2 "여래께서 설한 ~ 없으며"는 능동적 언어에 젖어 있는 우리로서는 이해하기 어렵겠지만 "여래께서는 ~ ~라는 말을 들

③

왜냐하면[1] 여래께서 설한 법은 모두 얻을 수도 없고
설할 수도 없으며,[2][3]

④

법도 아니고[4]
법아님도 아니기[5] 때문입니다.

⑤

그것은 모든 성현들이 다 무위법 속에서
차이가 있는 까닭입니다."[6]

을 수 없습니다"의 의미, 즉 그럴 수가 없다는 의미입니다.

논의 3 앞의 질문 1과 2를 염두에 두면, "법을 이루었다는 생각도 하지 않고, 법을 설하였다는 생각도 하지 않는다"가 될 수밖에 없습니다.

논의 4 여기에서의 "법"을 어떻게 이해하여야 하는가가 매우 중요합니다. 앞의 질문과 답에서 추론하면, "법을 이루었다는 생각"으로 볼 수도 있고, 그냥 "법 자체"로 볼 수도 있을 것입니다. 어느 쪽이든 "법에도 걸리지 않으시고"라고 해도 문제는 없을 것입니다.

논의 5 당연히 "법 아님도 아니"도 "법에도 걸리지 ~ 않는다는 생각도 ~ 않습니다."가 됩니다. '금강경의 기본 논리'를 'A-B-

C-D 논리'로 파악할 때, "부처님은 법에도 ~ 걸리지 ~ 않으시고(비법) 걸리지 ~ 않는다는 생각도 ~ 않습니다(비비법)." 는 마음 다스리기(C)를 철저하게 하는 상태로 이해할 수 있습니다. 일부에서는 6상이라고 하여, 아상·인상·중생상·수자상·법상·비법상을 거론하면서, '아상·인상·중생상·수자상'뿐만 아니라 '법상과 비법상'도 떠나야 한다고 말합니다. 법상은 '법중심 생각'이라고 할 수 있으며, 비법상은 '나는 법상에 걸리지 ~ 않는다는 생각'이라 할 수 있는데, 7장 ④절은 법상과 비법상에 걸리지 않음을 표현하고 있습니다.

논의 6 유위법은 누군가가 인위적으로 뭔가를 하는 것입니다. 그렇다면, 무위법은 '누군가가 인위적으로 뭔가를 하는 것이 아닌 것' 혹은 '누군가가 인위적으로 뭔가를 하였다는 생각을 하지 않는 것'이 됩니다. 그렇다면 모든 성현들은 '성현이 아닌 사람들과 차이가 나는 점이 무위법이다'라고 볼 수 있습니다. 그래서 '내 자신은 하였다는 생각에서 벗어나야 참 ~ 된 ~ 성현이라 말할 수가 있습니다.'가 됩니다.

〈관세음보살!〉을 하는 이유

탐욕많은	중생들이	온마음과	온몸으로
관세음~	보살님을	일심으로	염송하면
탐욕에서	벗어나서	자유로움	누립니다.
분노많은	중생들이	온마음과	온몸으로
관세음~	보살님을	일심으로	염송하면
분노에서	벗어나서	평온함을	누립니다.
어리석은	중생들이	온마음과	온몸으로
관세음~	보살님을	일심으로	염송하면
어리석음	벗어나서	지혜로움	누립니다.
무진의~	보살님~	무진의~	보살님~
관세음~	보살님을	일심으로	염송하면
이렇게도	많디많은	이로움을	누립니다.
일체모든	중생들이	온마음과	온몸으로
관세음~	보살님을	염송토록	하십시오.

출처: 가사체 불교경전, 관음경

8장 금강경과 깨달음

①

수보리 ~ 장로님 ~ 어찌생각 하십니까?

삼천대천 세계만큼 금은보화 보시하는

사람들이 짓게되는 복덕들은 많습니까?

②

많습니다 부처님 ~ 그렇지만 말씀하신

많은복을 짓고서도 지었다고 아니해야

참으로 ~ 지었다고 말할수가 있습니다.

定本 ————

① 須菩提 於意云何 若人滿三千大千世界七寶 以用布施
　　수보리 어의운하 약인만삼천대천세계칠보 이용보시

　是人所得福德 寧爲多 不
　시인소득복덕 영위다 부

②　　　甚多 世尊 何以故 是福德 卽非福德性 是故 如
　　　심다 세존 하이고 시복덕 즉비복덕성 시고 여

　來說 福德多
　래설 복덕다

————

논의 1 "수보리여!"라고 하였는데, 이는 우리말답지 않습니다. "수보리 장로님!"이라고 하는 것이 적절할 것입니다.

①

"수보리여![1] 그대 생각은 어떠한가?

어떤 사람이 삼천대천세계에 칠보를 가득 채워 보시한

다면 이 사람의 복덕이 진정 많겠는가?"

②

수보리가 대답하였습니다.[2] "매우 많습니다, 세존이시여!

왜냐하면[3] 이 복덕은[4] 바로 복덕의 본질이 아닌 까닭에

여래께서는[5] 복덕이 많다고 하셨기 때문입니다."[6]

(왜냐하면 : 여기에서의 뜻은 '그러나'입니다)

논의 2 "부처님께서 말씀하셨습니다. 수보리가 대답하였습니다. 수
보리가 여쭈었습니다." 등은 80여 차례가 필요하나 실제로
는 30차례 정도만 있고, 없는 것이 깔끔하므로 삭제합니다.

논의 3 "왜냐하면"은 우리말로는 "에 ~ " 정도의 내용입니다. 그래서
"왜냐하면 ~ 까닭에 ~ 때문"을 삭제합니다.

논의 4 "이 복덕"은 바로 앞에서 "부처님께서 말씀하신 많은 복"을
의미합니다.

논의 5 "부처님께서 말씀하셨습니다. 수보리가 대답하였습니다. 수
보리가 여쭈었습니다." 등은 80여 차례가 필요하나 실제로
는 30차례 정도만 있고, 없는 것이 깔끔하므로 삭제합니다.

같은 맥락에서 "여래께서는 ~ 하셨기"도 삭제합니다.

논의 6 남은 것은 "(B)많은 복덕 / (C)안-복덕 / (D)많은 복덕"입니다. "(B)많은 복덕 / (C)안-복덕 / (D)많은 복덕"을 문장 혹은 절로 변환시키면 "(B)많은 복덕을 지었으면서도 / (C)많은 복

정 본	금강경 8장 ③~④절

③

수보리 ~ 장로님 ~ 이법문의 사구게를
하나라도 받아지녀 널리널리 전해주는
사람들이 짓는복이 훨씬더 ~ 많습니다.

④

수보리 ~ 장로님 ~ 수보리 ~ 장로님 ~
일체모든 부처님의 최고바른 깨달음은
이경에서 나왔다고 말할수가 있습니다.

定本 ————

③ 湏菩提 若復有人 於此經中 受持 乃至 四句偈等 爲他
　수보리 약부유인 어차경중 수지 내지 사구게등 위타

　人說 其福勝彼
　인설 기복승피

④ 何以故 湏菩提 一切諸佛 及 諸佛阿耨多羅三藐三菩提
　하이고 수보리 일체제불 급 제불아누다라삼먁삼보리

　法 皆從此經出
　법 개종차경출

덕을 지었다고 생각하지 아니해야 / (D)참으로 많은 복덕을 지었다고 말할 수가 있습니다."가 됩니다. 이를 다시 우리말답게 다듬으면 "(B)많은 복을 짓고서도 / (C)지었다고 아니해야 / (D)참으로 지었다고 말할 수가 있습니다."가 됩니다.

금강경 8장 ③~④절　　　　　　　　　　　　　유통본

③

"다시 어떤 사람이 이 경의 사구게만이라도

받고 지니고 다른 사람을 위해 설해 준다고 하자. 그러면

이 복이 저 복보다 더 뛰어나다.[1]

④

왜냐하면[2] 수보리여![3] 모든 부처님과

모든 부처님의 가장 높고 바른 깨달음의 법은[4] 다

이 경에서 나왔기 때문이다.

논의 1 "다시 어떤 사람이 이 경의 사구게만이라도 받고 지니고 다른 사람을 위해 설해 준다고 하자. 그러면 이 복이 저 복보다 더 뛰어나다"보다는 "이 경의 사구게만이라도 받고 지니고 다른 사람을 위해 설해주는 사람이 짓는 복이 앞 사람이 짓는 복보다 더 뛰어나다."가 더 우리말다워 보입니다. 다시 한 번 더 다듬으면 "이 법문의 사구게를 하나라도 받아 지녀 널리 널리 전해주는 사람들이 짓는 복이 훨씬 더~ 많습니다."가 됩니다.

논의2 "왜냐하면"은 우리말로는 "에 ~ " 정도의 내용입니다. 그래서 "왜냐하면 ~ 때문"을 삭제합니다.

논의3 "수보리여!"라고 하였는데, 이는 우리말답지 않습니다. "수보리 장로님!"이라고 하는 것이 적절할 것입니다.

정 본	금강경 8장 ⑤절

수보리~ 장로님~ 부처님의 바른법을
깨닫고도 깨달았다 생각하지 아니해야
참으로~ 깨달았다 말할수가 있습니다.

定本 ─────

漢菩提 所謂 佛法者 即非佛法 是名佛法
수보리 소위 불법자 즉비불법 시명불법

─────────

논의1 "수보리여!"라고 하였는데, 이는 우리말답지 않습니다. "수보리 장로님!"이라고 하는 것이 적절할 것입니다.

논의2 "부처의 가르침"은 바로 앞에서 "부처님의 가장 높은 깨달음의 법"이라고 했습니다. 따라서 부처님의 바른 법이 타당합니다. 이를 반영하면 "(B)부처님의 바른 법 / (C)안-부처님의 바른 법"이 남습니다. 이를 지금의 우리말로 풀어쓰면 "(B)부처님의 바른 법을 깨닫고도 / (C)부처님의 바른 법을 깨달았다는 생각을 하지 않아야"가 됩니다.

논의4 "모든 부처님과 모든 부처님의"라고 하였는데, 본문에도 없는 "모든"이 중첩되어 있습니다. 한문 본문대로 한다고 해도 "모든 부처님 부처님들의"입니다. 그래서 "일체 모든 부처님의"로 합니다.

금강경 8장 ⑤절	유통본

<u>수보리여!</u>[1] 부처의 가르침이라고[2] 말하는 것은 부처의 가르침이 아니다.

.....................[3][4]

논의3 구마라집 한문본 금강경을 다른 한문 5본(유지본, 진제본, 급다본, 현장본, 의정본), 산스끄리뜨어(범어) 2본(Conze본, Muller본), 티베트어본, 몽골어본 등과 비교·검토하여, "(D)부처님의 바른 법을 참으로~ 깨달았다고 말할 수가 있습니다."를 추가합니다.

논의4 전체적으로 통합하고 정리하면, ⑤절의 핵심은 "(B)부처님의 바른 법을 깨닫고도 (C)깨달았다 생각하지 아니해야 (D)참으로~ 깨달았다 말할 수가 있습니다."입니다.

9장 지위에 걸리지 않음

정 본	금강경 9장 ①~②절

①

수보리~ 장로님~ 어찌생각 하십니까?

'나는이제 수다원을 온전하게 이루었다'

수다원이 이런생각 한다할수 있습니까?

②

아닙니다 부처님~ 그리생각 않습니다.

세상흐름 뛰어넘은 수다원을 이루고도

수다원을 이루었다 생각하지 아니해야

참으로~ 이루었다 말할수가 있습니다.

형상소리 냄새맛촉 현상들을 빠짐없이

모두뛰어 넘었다고 생각하지 아니해야

수다원을 이루었다 말할수가 있습니다.

定本 ────

① 須菩提 於意云何 須陁洹 能作是念 我得須陁洹果 不
　수보리　어의운하　수다원　능작시념　아득수다원과　부

② 　　　　不也 世尊 何以故 須陁洹 名爲入流 而無所入
　　　　　불야　세존　하이고　수다원　명위입류　이무소입

是名須陁洹. 不入色聲香味觸法 是名須陁洹
시명수다원　불입색성향미촉법　시명수다원

①

"수보리여![1] 그대 생각은 어떠한가?

수다원이 '나는 수다원과를 얻었다.'고

생각하겠는가?[2]

②

수보리가 대답하였습니다.[3]

"아닙니다, 세존이시여! 왜냐하면[4]

수다원은 '성자의 흐름에 든 자'라고 불리지만

들어간 곳이 없으니

[5][6]

형색, 소리, 냄새, 맛, 감촉, 마음의 대상에

들어가지 않는 것을[7]

수다원이라 하기 때문입니다."

논의 1 "수보리여!"라고 하였는데, 이는 우리말답지 않습니다. "수보리 장로님!"이라고 하는 것이 적절할 것입니다.

논의 2 "수다원이 '나는 수다원과를 얻었다.'고 생각하겠는가?"에서 인용 부분을 앞으로 빼면, "'나는 수다원과를 얻었다.'고 수다원이 생각하겠는가?"가 됩니다. 다시 세련된 우리말로 제시하면, "'나는 이제 수다원을 온전하게 이루었다' 수다원이 이런 생각 한다 할 수 있습니까?"가 됩니다.

논의 3 "부처님께서 말씀하셨습니다. 수보리가 대답하였습니다. 수보리가 여쭈었습니다." 등은 80여 차례가 필요하나 실제로는 30차례 정도만 있고, 없는 것이 깔끔하므로 삭제합니다.

논의 4 "왜냐하면"은 우리말로는 "에 ~ " 정도의 내용입니다. 그래서 "왜냐하면 ~ 때문"을 삭제합니다.

논의 5 구마라집 한문본 금강경을 다른 한문 5본(유지본, 진제본, 급다본, 현장본, 의정본), 산스끄리뜨어(범어) 2본(Conze본, Muller본), 티베트어본, 몽골어본 등과 비교·검토하여, "참으로 수다원을 이루었다고 말할 수가 있습니다."를 추가합니다.

논의 6 논의 5를 적용하면, ②절의 핵심은 "(B)수다원(해설: 성자의 흐름에 든 자, 세상 흐름 뛰어넘은 자) / (C)안-수다원 / (D)수

정 본	금강경 9장 ③~④절

③

수보리 ~ 장로님 ~ 어찌생각 하십니까?
'나는이제 사다함을 온전하게 이루었다'
사다함이 이런생각 한다할수 있습니까?

④

아닙니다 부처님 ~ 그리생각 않습니다.
세상으로 한번만올 사다함을 이루고도
사다함을 이루었다 생각하지 아니해야
참으로 ~ 이루었다 말할수가 있습니다.

다원"입니다. "수다원 / 안-수다원 / 수다원"을 (1절의 질문을 염두에 두면서) 문장 혹은 절로 구성하면, "(B)수다원을 이루고도 (C)수다원을 이루었다 생각하지 아니해야 (D)참으로~ 수다원을 이루었다 말할 수가 있습니다."가 됩니다. 지금 저희들의 관점으로는, 구마라집 역자님께서 이 부분을 "須陁洹 名爲入流 而無所入"으로 간결 명료하게 번역·해설한 것은 참으로 절묘해 보입니다.

논의 7 '형색, 소리, 냄새, 맛, 감촉, 마음의 대상'에 대상을 적용시키면 '눈의 대상, 귀의 대상, 코의 대상, 혀의 대상, 몸의 대상, 뜻의 대상'이 되어야 할 것입니다. 이를 감안하면 '형상, 소리, 냄새, 맛, 촉, 현상'이 적절할 것으로 보입니다. "들어가지 않은"보다는 "뛰어넘었다"가 의미로나 표현으로 분명하고 이해하기 쉽다고 판단됩니다.

금강경 9장 ③~④절 | 유통본

③

"수보리여!¹⁾ 그대 생각은 어떠한가?
사다함이 '나는 사다함과를 얻었다.'고
생각하겠는가?"²⁾

④

수보리가 대답하였습니다.³⁾ "아닙니다, 세존이시여!
왜냐하면⁴⁾ 사다함은 '한 번만 돌아올 자'라고 불리지만
실로 돌아옴이 없는 것을
사다함이라 하기 때문입니다."⁵⁾

③ 湏菩提 於意云何 斯陁含 能作是念 我得斯陁含果 不
　　수보리 어의운하 사다함 능작시념 아득사다함과 부

④ 　　　　　不也 世尊 何以故 斯陁含 名一往來 而實無往
　　　　　　　불야 세존 하이고 사다함 명일왕래 이실무왕

來 是名斯陁含
래 시명사다함

────────────

논의1 "수보리여!"라고 하였는데, 이는 우리말답지 않습니다. "수보리 장로님!"이라고 하는 것이 적절할 것입니다.

논의2 "사다함이 '나는 사다함과를 얻었다.'고 생각하겠는가?"에서 인용 부분을 앞으로 빼면, "'나는 사다함과를 얻었다.'고 사다함이 생각하겠는가?"가 됩니다. 다시 세련된 우리말로 제시하면, "'나는 이제 사다함을 온전하게 이루었다' 사다함이 이런 생각 한다 할 수 있습니까?"가 됩니다.

논의3 "부처님께서 말씀하셨습니다. 수보리가 대답하였습니다. 수

정 본	금강경 9장 ⑤~⑥절

⑤

수보리 ~ 장로님 ~ 어찌생각 하십니까?

'나는이제 아나함을 온전하게 이루었다'

아나함이 이런생각 한다할수 있습니까?

보리가 여쭈었습니다." 등은 80여 차례가 필요하나 실제로
는 30차례 정도만 있고, 없는 것이 깔끔하므로 삭제합니다.

논의 4 "왜냐하면"은 우리말로는 "에 ~ " 정도의 내용입니다. 그래서
"왜냐하면 ~ 때문"을 삭제합니다.

논의 5 ④절의 핵심은 "사다함(해설: 한번만 올 자) / 안-사다함 / 사
다함"입니다. "(B)사다함 / (C)안-사다함 / (D)사다함"을
(③절의 질문을 염두에 두면서) 문장 혹은 절로 변환하면, "(B)
사다함을 이루고도 (C)사다함을 이루었다 생각하지 아니해
야 (D)참으로 ~ 사다함을 이루었다 말할 수가 있습니다."가
됩니다. 지금 저희들의 관점으로는, 구마라집 역자님께서 번
역·해설한 것은 참으로 절묘해 보입니다. 구마라집을 따라
해설 부분을 넣고, 우리말답게 다듬으면, "(B)세상으로 한 번
만 올 사다함을 이루고도 (C)사다함을 이루었다 생각하지
아니해야 (D)참으로 ~ 이루었다고 말할 수가 있습니다."가
됩니다.

금강경 9장 ⑤~⑥절	유통본

⑤

"수보리여![1] 그대 생각은 어떠한가?
아나함이 '나는 아나함과를 얻었다.'고
생각하겠는가?"[2]

⑥

아닙니다 부처님~ 그리생각 않습니다.

세상으로 안돌아올 아나함을 이루고도

아나함을 이루었다 생각하지 아니해야

참으로~ 이루었다 말할수가 있습니다.

定本 ─────

⑤ 須菩提 於意云何 阿那含 能作是念 我得阿那含果 不
　　수보리 어의운하 아나함 능작시념 아득아나함과 부

⑥ 　　　　　不也 世尊 何以故 阿那含 名爲不來 而實無不
　　　　　　불야 세존 하이고 아나함 명위불래 <u>이실무불</u>

來 是故 名阿那含
래 시고 명아나함

─────────

논의 1 "수보리여!"라고 하였는데, 이는 우리말답지 않습니다. "수보리 장로님!"이라고 하는 것이 적절할 것입니다.

논의 2 "아나함이 '나는 아나함과를 얻었다.'고 생각하겠는가?"에서 인용 부분을 앞으로 빼면, "'나는 아나함과를 얻었다.'고 아나함이 생각하겠는가?"가 됩니다. 다시 세련된 우리말로 제시하면, "'나는 이제 아나함을 온전하게 이루었다' 아나함이 이런 생각 한다 할 수 있습니까?"가 됩니다.

논의 3 "부처님께서 말씀하셨습니다. 수보리가 대답하였습니다. 수보리가 여쭈었습니다." 등은 80여 차례가 필요하나 실제로 수보리가 대답하였습니다.[3] "아닙니다, 세존이시여!
왜냐하면[4] 아나함은 '되돌아오지 않는 자'라고 불리지만
실로 되돌아오지 않음이 없는 것을
아나함이라 하기 때문입니다."[5]

는 30차례 정도만 있고, 없는 것이 깔끔하므로 삭제합니다.

논의 4 "왜냐하면"은 우리말로는 "에 ~ " 정도의 내용입니다. 그래서 "왜냐하면 ~ 때문"을 삭제합니다.

논의 5 ⑥절의 핵심은 "아나함(해설: 안 돌아올 자) / 안-아나함 / 아나함"입니다. "(B)아나함 / (C)안-아나함 / (D)아나함"을 (⑤절의 질문을 염두에 두면서) 문장 혹은 절로 변환하면, "(B)아나함을 이루고도 (C)아나함을 이루었다 생각하지 아니해야 (D)참으로 ~ 아나함을 이루었다 말할 수가 있습니다."가 됩니다.

해설

지금 저희들의 관점으로는, 구마라집 번역자님께서 번역·해설한 것은 참으로 절묘해 보입니다. 구마라집을 따라 해설 부분을 넣고, 우리말답게 다듬으면, "(B)세상으로 안 돌아올 아나함을 이루고도 (C)아나함을 이루었다 생각하지 아니해야 (D)참으로 ~ 이루었다고 말할 수가 있습니다."가 됩니다.

⑦

수보리~ 장로님~ 어찌생각 하십니까?

'나는이제 아라한을 온전하게 이루었다'

아라한이 이런생각 한다할수 있습니까?

⑧

아닙니다 부처님~ 그런생각 아니해야

참으로~ 이루었다 말할수가 있습니다.

⑨

거룩하신 부처님~ 거룩하신 부처님~

아라한을 이루었다 생각하는 아라한은

자기중심 인간중심 중생중심 생명중심

생각들에 걸려있다 말할수가 있습니다.

定本 ────

⑦ 須菩提 於意云何 阿羅漢 能作是念 我得阿羅漢道 不
　　수보리　어의운하　아라한　능작시념　아득아라한도　부

⑧ 　　　不也 世尊 何以故 實無有法 名阿羅漢
　　　　　불야 세존　하이고　실무유법　명아라한

⑨ 世尊 若阿羅漢作是念 我得阿羅漢道 卽爲着我人衆生壽
　　세존　약아라한작시념　아득아라한도　즉위착아인중생수

　者
　자

⑦

"수보리여!¹⁾ 그대 생각은 어떠한가?

아라한이 '나는 아라한의 경지를 얻었다.'고

생각하겠는가?"²⁾

⑧

수보리가 대답하였습니다.³⁾

"아닙니다, 세존이시여!

왜냐하면 실제 아라한이라 할 만한 법이 없기 때문입니다.⁴⁾

⑨

세존이시여!

아라한이 '나는 아라한의 경지를 얻었다.'고 생각한다면

자아·개아·중생·영혼에

집착하는 것입니다.⁵⁾

논의 1 "수보리여!"라고 하였는데, 이는 우리말답지 않습니다. "수보리 장로님!"이라고 하는 것이 적절할 것입니다.

논의 2 "아라한이 '나는 아라한과를 얻었다.'고 생각하겠는가?"에서 인용 부분을 앞으로 빼면, "'나는 아라한과를 얻었다.'고 아라한이 생각하겠는가?"가 됩니다. 다시 세련된 우리말로 제시하면, "'나는 이제 아라한을 온전하게 이루었다' 아라한이 이런 생각 한다 할 수 있습니까?"가 됩니다.

논의 3 "부처님께서 말씀하셨습니다. 수보리가 대답하였습니다. 수보리가 여쭈었습니다." 등은 80여 차례가 필요하나 실제로는 30차례 정도만 있고, 없는 것이 깔끔하므로 삭제합니다.

논의 4 "왜냐하면"은 우리말로는 "에 ~ " 정도의 내용입니다. 그래서 "왜냐하면 ~ 때문"을 삭제합니다. 남는 부분은 "실제 아라한이라 할 만한 법이 없기"입니다. 그런데 ⑧절은 ⑦절 질문과 ⑨절 사이의 내용이라는 사실을 고려하면, 앞뒤가 바뀌어 "법이 없어야 아라한이라 할 수 있습니다."가 됩니다. 즉 "그러한 생각이 전혀 없어야 아라한이라 할 수 있습니다."가 됩니다.

논의 5 "아라한이 '나는 아라한의 경지를 얻었다.'고 생각한다면 자

정 본	금강경 9장 ⑩절

거룩하신 부처님 ~ 거룩하신 부처님 ~
"참으로 ~ 평화롭게 살고있는 아라한 ~ "
"탐욕에서 벗어나서 자유로운 아라한 ~ "
부처님은 저를보고 그리말씀 하셨으나
'탐욕에서 벗어나서 아라한을 이루었다'
제자신은 그러한 ~ 생각아니 했습니다.

아·개아·중생·영혼에 집착하는 것입니다" 중에서 가운데
인용 부분을 앞으로 빼면, "'나는 아라한의 경지를 얻었다.'
고 생각하는 아라한은 자아·개아·중생·영혼에 집착하는
것입니다"가 됩니다. 다시 우리말답게 조금 다듬으면 "(C)아
라한을 이루었다 생각하는 아라한은 (D)자아·개아·중생·
영혼에 집착하는 것입니다."가 되고, 이를 정리하면 "(C)아
라한을 이루었다 생각하는 아라한은 (D)자기중심 인간중심
중생중심 생명중심 생각들에 걸려 있다고 말할 수가 있습니
다."가 됩니다. 자기중심 인간중심 중생중심 생명중심 생각
들에 대해서는 'Ⅰ부 3-3. 사상 설명(35쪽)'을 참고하십시오.

금강경 9장 ⑩절 　　　　　　　　　　　　　　　 유통본

세존이시여! 부처님께서 저를
다툼 없는 삼매를 얻은 사람 가운데 제일이고
욕망을 여읜 제일가는 아라한이라고
말씀하셨습니다. ·············· 1)
저는 '나는 욕망을 여읜 아라한이다.'라고
생각하지 않습니다.

世尊 佛說 我得無諍三昧人中 寂爲第一 是第一離欲阿羅漢
세존 불설 아득무쟁삼매인중 최위제일 시제일이욕아라한

而 我不作是念 我是離欲阿羅漢
이 아부작시념 아시이욕아라한

정 본	금강경 9장 ⑪~⑫절

⑪

거룩하신 부처님~ 거룩하신 부처님~

아라한을 이루었다 제가생각 했더라면

"참으로~ 평화롭게 살고있는 아라한~"

부처님이 제게말씀 않으셨을 것입니다.

⑫

아라한을 이루었다 제가생각 않았기에

"참으로~ 평화롭게 살고있는 아라한~"

부처님이 제게말씀 하시었던 것입니다.

定本 ──

⑪ 世尊 我若作是念 我得阿羅漢道 世尊則不說 "湏菩提
세존 아약작시념 아득아라한도 세존즉불설 수보리

是樂阿蘭那行者"
시요아란나행자

⑫ 以湏菩提 實無所行 而名 "湏菩提 是樂阿蘭那行"
이수보리 실무소행 이명 수보리 시요아란나행

논의 1 앞 문장과 뒤 문장이 상충합니다. 따라서 앞 문장과 뒤 문장 사이에 "그러나"가 들어가는 것이 옳습니다. 그래서 "그러나"를 넣어서, 앞뒤 문장을 합쳤습니다. 이는 또한 산스끄리뜨어(범어)본과 완전히 일치합니다(각묵 180쪽, 전재성 170쪽 참조).

---

⑪⑫

세존이시여! 제가
'나는 아라한의 경지를 얻었다.'고 생각한다면[1]
세존께서는 '수보리는 적정행을 즐기는 사람이다.[2-1]
〈여기에 "설하지 않으셨을 것입니다."가 있어야 합니다.〉
수보리는 실로 적정행을 한 것이 없으므로[3]
수보리는 적정행을 즐긴다고
말한다.'라고[4] 설하지 않으셨을 것입니다."[2-2]

* 언해본, 백용성본, 백성욱본, 탄허본에서는 모두 가사체 식으로(⑪절과 ⑫절 분리) 되어 있습니다.

논의 1 "제가 '나는 아라한의 경지를 얻었다.'고 생각한다면"의 가운데 부분을 앞으로 빼면 "'나는 아라한의 경지를 얻었다.'고 제가 생각한다면"이 될 것입니다. 다르게 표현하면, "'아라한을 이루었다.' 제가 생각한다면"이 되고, (그런데 ⑩절에서 부처님께 말씀하신 것이 과거시제이므로 그 원인이 되는 수보리 장로님의 생각 없음은 현재 시제가 될 수 없습니다. 더 과거 시제입

니다) 시제를 수정하면, "'아라한을 이루었다.' 제가 생각했더라면"이 될 것입니다.

논의2 "세존께서는 '수보리는 적정행을 즐기는 사람이다." 바로 뒤에 인용부호로 닫고, 저 뒤에 있는 2-2를 가지고 와서 붙이면 이해하기 쉽습니다. 즉 "설하지 않으셨을 것입니다"를 가지고 와서 붙이면 편한 글이 됩니다. "'수보리는 적정행을 즐긴다'고 말한다(말씀하신 것입니다)"로 끝맺음을 하면 됩니다. 논리적으로도 ⑪절과 ⑫절이 구분되어 있는 것이 적절합니다.

논의3 ⑪절과 ⑫절을 구분시켜 놓고 보니까, ⑪절과 ⑫절은 완전 대칭 문장이므로, "수보리는 실로 적정행을 한 것이 없으므로"는 "저 수보리가 스스로 '나는 적정행을 했다는 생각'을 하지 않았으므로"가 됩니다. 또한 이는 산스끄리뜨어본에서 보면, '나는 아라한을 이루었다고 제가 생각하지 않았으므로'입니다. 연결 관계를 생각하여 정리하면, "'아라한을 이루었다' 제가 생각 않았기에"가 됩니다. ⑪절과 ⑫절의 대칭 관계를 정리하면 아래와 같습니다.

⑪	我若作是念 我得阿羅漢道 아약작시념 아득아라한도	世尊則不說 세존즉불설	"湏菩提 是樂阿蘭那行者" 수보리 시요아란나행자
⑫	湏菩提 實無所行 수보리 실무소행	而名 이명	"湏菩提 是樂阿蘭那行" 수보리 시요아란나행

⑪	아라한을 이루었다 제가생각 했더라면	"참으로~ 평화롭게 살고있는 아라한~"	부처님이 제게말씀 않으셨을 것입니다.
⑫	아라한을 이루었다 제가생각 않았기에	"참으로~ 평화롭게 살고있는 아라한~"	부처님이 제게말씀 하시었던 것입니다.

논의 4 '말한다'는 부처님께서 하신 것이므로 '말씀하시었던 것입니다'가 됩니다.

해설

언해본, 역경원, 백용성, 백성욱, 탄허 등 우리말 번역에서는 ⑪절과 ⑫절이 구분되어 있었습니다. 참고로 표를 제시합니다.

대표적 우리말 번역

언해본

⑪ 내가(제가) 만약 이 생각을 하되, '내가 아라한도를 얻었다' 하면 //
세존께서 곧 '수보리가 이 아란나행을 즐기는 자이다'(라고) 이르지 아니하실 것이어늘
⑫ 수보리가 실로 행한 것(이) 없으므로 //
수보리를 이름하시되 '(수보리가) 이 아란나행을 즐기는 자이다'(라고) 하신 것입니다.

역경원

⑪ 제가 만일 생각하기를, '내가 아라한의 도를 얻었노라' 한다면 //
세존께서는 저를 아란나행阿蘭那行을 좋아하는 사람이라 하지 않으셨을 것입니다만,
⑫ 수보리가 실로 그러지 않았으므로 //
수보리는 아란나행을 좋아한다고 하셨습니다.

백용성

⑪ 내가 만일 이 생각을 하되, '내가 아라한도를 얻었다' 하면 //
세존님께서 곧 '수보리가 이 아란나행을 기꺼워하는 자라고 말씀하시
지 아니하시련마는
⑫ 이 수보리 실로 행하는 바 없을새 //
수보리를 이름하시되 이 아란나행을 즐긴다 하시나이다.

백성욱

⑪ 내가 만약 이런 생각을 짓되, '내가 아라한도를 얻었다'하면 //
아마 부처님을 날 보고 그 아란나행을 좋아하는 사람이라고 하시지
안 했을 것입니다.
⑫ 그러나 수보리는 실로 그런 짓을 도무지 안 했기 때문에 //
수보리가 이 아란나행을 좋아한다고 그렇게 말씀하셨을 것입니다.

탄허

⑪ 내가 만일 이 생각을 하되, '내가 아라한도를 얻었다'하면 //
세존이 곧 수보리가 이 아란나행을 좋아하는 자라설하지 않으시려니와
⑫ 수보리가 실로 행한 바가 없음을 쓸 새 //
수보리가 이 아란나행을 좋아한다 이름하시나이다.

화에 대하여

화가 나는 것은
〈나의 본성〉입니다♡
〈나의 생명〉입니다♡

그러나 화를 내는 것은
〈내가 선택한 범죄행동〉입니다♡

화나는 마음과
화내는 행동 사이에
우리 자신의 공간이 있습니다.
남의 일처럼 바라보기입니다.
마음챙김 입니다♡

나의 것을 남에게 주는 것은 보시입니다♡
화난 사실을 전해 주는 것은 자비입니다♡
화를 내는 것은 범죄행동입니다♡
〈화를 바라보는 것은 영화관람〉입니다♡

출처: 화엄경 제36 보현행품 요약

10장 불국토 장엄

| 정 본 | 금강경 10장 ①~②절 |

①

수보리~ 장로님~ 어찌생각 하십니까?

과거연등 부처님을 모시고~ 있을때에

'다음생에 최고바른 깨달음을 이룰거라'

여래가~ 생각했다 말할수가 있습니까?

②

아닙니다 부처님~ 그리생각 않습니다.

과거연등 부처님을 모시고~ 계실때에

'다음생에 최고바른 깨달음을 이룰거라'

부처님은 그렇게~ 생각않으 셨습니다.

定本 ────

① 須菩提 於意云何 如來昔在 然燈佛所 於法 有所得
   수보리 어의운하 여래석재 연등불소 어법 유소득

阿耨多羅三藐三菩提 不
아누다라삼먁삼보리 부

② 不也 世尊 如來在 然燈佛所 於法 實無所得 阿耨多羅
   불야 세존 여래재 연등불소 어법 실무소득 아누다라

三藐三菩提
삼먁삼보리

①

부처님께서 수보리에게 말씀하셨습니다.[1]

"그대 생각은 어떠한가?

여래가 옛적에 연등부처님 처소에서

법을 얻은 것이

있는가?"[2]

②

"없습니다,[3] 세존이시여!

여래께서 연등부처님 처소에서

실제로 법을 얻은 것이

없습니다."[4]

논의 0 여기에서의 내용은 여기에서 논의하기로 노력하겠지만, 논의가 부족하다면, 17장 ⑥절 ~ ⑩절의 내용과 같으니 17장 ⑥절 ~ ⑩절의 내용을 참고하시기 바랍니다.

논의 1 "부처님께서 말씀하셨습니다. 수보리가 대답하였습니다. 수보리가 여쭈었습니다." 등은 80여 차례가 필요하나 실제로는 30차례 정도만 있고, 없는 것이 깔끔하므로 삭제합니다.

논의 2 "여래가 옛적에 연등부처님 처소에서 법을 얻은 것이 있는

가?" 중에서 "처소"는 확정 장소같이 들리므로 "과거 연등
부처님을 모시고 있을 때" 정도가 적절할 것 같습니다. "얻
은 것"은 "얻은 거시기"가 됩니다. 이때의 "거시기"는 당시의
"부처님 생각"입니다. 그런데 당시에 수기를 받게 됩니다. 수
기와 관련하여 추론한다면 "다음 생에 내가 최고 바른 깨달
음을 이룰 것이다"라는 생각을 하는 것 외에는 올 것이 없습
니다. 따라서 "얻은 거시기"는 "(C)다음 생에 내가 최고 바른

정 본	금강경 10장 ③~④절

③ 부처님
수보리 ~ 장로님 ~ '불국토를 장엄했다'
여래가 ~ 이런생각 한다하는 보살들은

바른말을 하고있다 말할수가 없습니다.

④ 부처님
불국토를 장엄하되 장엄했다 아니해야
참으로 ~ 장엄했다 말할수가 있습니다.

定本 ─────

③ 湏菩提 若菩薩 作如是言 我當 莊嚴佛土 彼菩薩 不實語
　　수보리 약보살 작여시언 아당 장엄불토 피보살 불실어

④ (佛言 繼續)

깨달음을 이룰 것이라는 생각"입니다. 실제로 같은 내용이 17장 ⑥~⑩절에 나옵니다. 또한 시제가 "과거 연등 부처님 처소에 있을 때"이므로 '생각했다'가 되어야 합니다.

논의3 '얻은 것이 있느냐?'에 대한 우리말다운 부정의 답은 '없습니다'가 아니라 '아닙니다'입니다.

논의4 이 부분도 당연히 과거시제입니다. "다음 생에 내가 최고 바른 깨달음을 이룰 것이라는 생각이 없었습니다"입니다.

금강경 10장 ③~④절   유통본

③-1 부처님

"수보리여!¹⁾ 그대 생각은 어떠한가?
보살이 불국토를 아름답게 꾸미는가?"

③-2 수보리

"아닙니다, 세존이시여!

④ 수보리

왜냐하면²⁾ 불국토를 아름답게 꾸민다는 것은 아름답게 꾸미는 것이 아니므로 아름답게 꾸민다고 말하기³⁾ 때문입니다."⁴⁾

何以故 莊嚴佛土者 則非莊嚴 是名莊嚴
하 이 고 장 엄 불 토 자 즉 비 장 엄 시 명 장 엄

논의 0 구마라집 한문본 금강경을 다른 한문 5본(유지본, 진제본, 급다본, 현장본, 의정본), 산스끄리뜨어(범어) 2본(Conze본, Muller본), 티베트어본, 몽골어본 등과 비교·검토하여, 말하는 화자를 비롯하여 내용을 수정합니다.

논의 1 "수보리여!"라고 하였는데, 이는 우리말답지 않습니다. "수보리 장로님!"이라고 하는 것이 적절할 것입니다.

논의 2 "왜냐하면"은 우리말로는 "에~" 정도의 내용입니다. 그래서 "왜냐하면 ~ 때문"을 삭제합니다.

정 본	금강경 10장 ⑤절

> 수보리~ 장로님~ 일체모든 보살들은
> 깨끗하고 맑은마음 청정심을 갖습니다.
> 형상소리 냄새맛촉 현상들에 안걸리며
> 어디에도 안걸리는 청정심을 갖습니다.

定本 ————

⑤ 是故 湏菩提 諸菩薩摩訶薩 應如是生淸淨心 不應住色
　　시고　수보리　제보살마하살　응여시생청정심　불응주색

生心 不應住聲香味觸法生心 應無所住 而生其心
생심　불응주성향미촉법생심　응무소주　이생기심

논의 3 논의 2를 적용하여 정리하면 "(B)불국토장엄 / (C)안-장엄 / (D)장엄"이 남습니다. "(B)불국토장엄 / (C)안-장업 / (D)장엄"을 언어 특성에 따라 문장 혹은 절로 변환하면, "(B)불국토를 장엄하되 (C)장엄했다 아니해야 (D)참으로 ~ 장엄했다 말할 수가 있습니다."가 됩니다.

논의 4 그러나 논의 0에서 언급한 대로 이 부분은 수보리 장로님의 말씀이 아니고 부처님 말씀입니다. ③절과 ④절은 전부가 부처님 말씀입니다.

금강경 10장 ⑤절   유통본

"그러므로 수보리여![1] 모든 보살마하살은
이와 같이 깨끗한 마음을 내어야 한다.
형색에 집착하지 않고 마음을 내어야 하고 소리, 냄새, 맛,
감촉, 마음의 대상에도[2] 집착하지 않고 마음을 내어야 한다.
마땅히 집착 없이 그 마음을[3] 내어야 한다.

논의 1 "수보리여!"라고 하였는데, 이는 우리말답지 않습니다. "수보리 장로님!"이라고 하는 것이 적절할 것입니다.

논의 2 "형색, 소리, 냄새, 맛, 감촉, 마음의 대상"에 대해 말씀드리겠습니다. 형색은 낱낱 글자의 의미로 보면 옳습니다. 그러나 지금 대한민국에서 형색이란 사람의 옷이나 겉모습을 의미합니다. 눈의 대상을 표현할 때는 불교학자들 대부분이 표현하는 대로 형상이 적절한 것 같습니다. 감촉도 그냥 촉으

로 하는 것이 더 적절할 것으로 보입니다. "마음의 대상"으로 한다면, 앞의 것들도 눈의 대상, 귀의 대상, 코의 대상, 혀의 대상, 몸의 대상이 되어야 합니다. 고민하던 중 미산 스님께서 "현상"으로 하셨기에 '참으로 옳다구나' 하고 따라 한 것입니다. '집착하지 않고 마음을 내어야 한다'는 '안 걸리는 마음을 내어야 한다'와 완전히 같은 내용입니다. 또한 다음 문장과 합치면, '안 걸리고'만으로 충분합니다.

정 본	금강경 10장 ⑥~⑦절

⑥

수보리~ 장로님~ 수보리~ 장로님~
수미산과 같은사람 어찌생각 하십니까?
존귀하다 말할수가 있다생각 하십니까?

⑦

거룩하신 부처님~ 거룩하신 부처님~
매우매우 존귀하게 보일수도 있지마는
<u>스스로</u>~ 존귀하다 생각하지 아니해야
참으로~ 존귀하다 말할수가 있습니다.

논의 3 여기에서의 '그 마음'은 '깨끗한 마음'입니다. 우리말에는 대명사를 잘 사용하지 않습니다. 그래서 '그 마음'이라고 하는 것보다는 '깨끗한 마음'이라고 하는 것이 우리말답습니다. "마음을 내어야 한다"는 잠깐잠깐 의도적으로 해야 한다는 어감을 주므로, 보살의 경우 늘 가져야 한다는 의미에서 "갖습니다"가 더 좋지 않을까 합니다.

금강경 10장 ⑥~⑦절   유통본

⑥
<u>수보리여!</u>[1] 어떤 사람의 몸이
<u>산들의 왕 수미산만큼 크다면</u>[2] 그대 생각은 어떠한가?
그 몸이 크다고 하겠는가?"

⑦
<u>수보리가 대답하였습니다.</u>[3]
"매우 큽니다, 세존이시여!
<u>왜냐하면</u>[4] <u>부처님께서는</u>[5]
몸 아님을 <u>설하셨으므로</u>
큰 몸이라 <u>말씀하셨기</u> 때문입니다."[6]
(왜냐하면 : 여기에서는 '그러나'의 뜻입니다)

⑥ 須菩提 譬如有人 身如須彌山王 於意云何 是身爲大 不
　　수보리 비여유인 신여수미산왕 어의운하 시신위대 부

⑦ 　　　　甚大 世尊 何以故 佛說 非身 是名大身
　　　　　심대 세존 하이고 불설 비신 시명대신

─────────

논의 1 "수보리여!"라고 하였는데, 이는 우리말답지 않습니다. "수보리 장로님!"이라고 하는 것이 적절할 것입니다.

논의 2 "몸이 수미산만큼 크다면"이 아니고 "몸이 수미산과 같다면"입니다. "몸이 수미산과 같다면" 우리는 그 몸을 어떠하다고 할 것입니까? 수미산 같은 불보살님의 몸을 우리는 어떠하다고 표현할 것입니까? 크다? 위대하다? 존귀하다? 존엄하다? 귀중하다? 거룩하다? 결국 존엄하고 귀중하다의 준말인 존귀하다로 결정하였습니다.

논의 3 "부처님께서 말씀하셨습니다. 수보리가 대답하였습니다. 수보리가 여쭈었습니다." 등은 80여 차례가 필요하나 실제로는 30차례 정도만 있고, 없는 것이 깔끔하므로 삭제합니다.

논의 4 "왜냐하면"은 우리말로는 "에 ~ " 정도의 내용입니다. 그래서 "때문"과 함께 삭제합니다.

논의 5 이 문장은 "설하셨으므로, 말씀하셨기"가 중첩으로 들어가 있습니다. 또 "부처님께서 말씀하셨습니다. 수보리가 대답하였습니다. 수보리가 여쭈었습니다." 등은 80여 차례가 필요하나 실제로는 30차례 정도만 있고, 없는 것이 깔끔하므로 삭제합니다. 같은 맥락에서 본문 속의 "부처님께서는 ~ 설하셨으므로 ~ 말씀하셨기"도 삭제합니다.

논의6 논의 5를 적용하여 정리하면, "(B)매우 큽니다 / (C)안-몸 / (D)큰 몸"이 남습니다. "(B)매우 큽니다 / (C)안-몸 / (D) 큰 몸"에서 크다는 의미를 새겨봅니다. 수미산처럼 크고 웅장한 부처님 몸을 상상하면서 "(B)매우매우 존귀하게 보일 수도 있지마는 (C)스스로~ 존귀하다 생각하지 아니해야 (D)참으로~ 존귀하다 말할 수가 있습니다."로 번역하였습니다.

11장 무위의 큰 복덕

①

수보리 ~ 장로님 ~ 어찌생각 하십니까?

강가강에 있는모든 모래알과 같은수의

강가강의 모래수는 많다할수 있습니까?

②

많습니다 부처님 ~ 매우매우 많습니다.

강가강의 모래알도 셀수없이 많은데 ~

그만큼의 강가강에 있는모든 모래수는

상상조차 못할만큼 매우매우 많습니다.

定本

① 須菩提 於意云何 如恒河中所有沙數 如是沙等恒河
수 보 리 어 의 운 하 여 강 가 중 소 유 사 수 여 시 사 등 강 가

是諸恒河沙 寧爲多 不
시 제 강 가 사 영 위 다 부

② 甚多 世尊 但諸恒河 尙多無數 何況其沙
심 다 세 존 단 제 강 가 상 다 무 수 하 황 기 사

①

"수보리여![1] 항하의 모래 수만큼 항하가 있다면[2]

그대 생각은 어떠한가?[3] 이 모든

항하의 모래 수는 진정 많다고 하겠는가?"

②

수보리가 대답하였습니다.[4]

"매우 많습니다, 세존이시여!

항하들만 해도 헤아릴 수 없이 많은데

하물며 그것의 모래이겠습니까?"[5]

논의 1 "수보리여!"라고 하였는데, 이는 우리말답지 않습니다. "수보리 장로님!"이라고 하는 것이 적절할 것입니다.

논의 2 인도에 있는 큰 강의 이름이 "강가"강입니다. 중국 사람들은 음사하면서 "강가"강이라고 했습니다. 중국 사람들의 음사를 문자로 가지고 오면서 우리나라에서는 "항하"강이 되어 버렸습니다. 또 영국 사람들이 음사하면서 "강가"강이라고 했습니다. 그런데 본국인 영국으로 문자가 가면서 "갠지스"강이 되어 버렸습니다. 최근에 우리나라 사람들은 항하라고 하기도 하고 갠지스라고 하기도 하고 강가라고 하기도 합니다. 지명은 인도식 그대로 "강가"강이라고 하는 것이 옳다는 생각이 듭니다.

논의 3 구마라집 한문본 금강경을 다른 한문 5본(유지본, 진제본, 급다본, 현장본, 의정본), 산스끄리뜨어(범어) 2본(Conze본, Muller본), 티베트어본, 몽골어본 등과 비교·검토하여, "논의 2의 '항하의 모래 수만큼 항하가 있다면'과 논의 3의 '그대

정 본	금강경 11장 ③~⑤절

③

수보리~ 장로님~ 진실말씀 드립니다.
그모든~ 강가강의 모래알과 같은수의
세계들을 채울만큼 금은보화 보시하는
선남자와 선여인이 짓는복은 많습니까?

④

많습니다 부처님~ 매우매우 많습니다.

⑤

수보리~ 장로님~ 수보리~ 장로님~
이법문의 사구게를 하나라도 받아지녀
널리널리 전해주는 선남자와 선여인이
짓는복이 그보다도 훨씬더~ 많습니다.

생각은 어떠한가?'"의 위치를 바꿉니다.

논의 4 "부처님께서 말씀하셨습니다. 수보리가 대답하였습니다. 수보리가 여쭈었습니다." 등은 80여 차례가 필요하나 실제로는 30차례 정도만 있고, 없는 것이 깔끔하므로 삭제합니다.

논의 5 한문의 글자 하나하나에 걸려서, "그만큼의 강가강에 있는 모든 모래 수"를 "그것의 모래"라고 한 건 조금 지나치게 보입니다. 우리말에서는 대명사를 거의 사용하지 않습니다.

금강경 11장 ③~⑤절　　　　　　　　　　　　　　　　유통본

③

"수보리여!¹⁾ 내가 지금 진실한 말로 그대에게 말한다.

선남자 선여인이 그 항하 모래 수만큼의²⁾

삼천대천세계에³⁾ 칠보를 가득 채워 보시한다면

그 복덕이 많겠는가?"

④

수보리가 대답하였습니다.⁴⁾ "매우 많습니다, 세존이시여!"

⑤

부처님께서⁵⁾ 수보리에게 말씀하셨습니다.

"선남자 선여인이 이 경의 사구게만이라도 받고 지니고

다른 사람을 위해 설해 준다면

이 복이 저 복보다 더 뛰어나다."⁶⁾

---

③ 湏菩提 我今 實言告汝. 若有善男子善女人 以七寶滿爾
　수 보 리　아 금　실 언 고 여　약 유 선 남 자 선 여 인　이 칠 보 만 이

　所恒河沙數　　　　世界 以用布施 得福多 不
　소 강 가 사 수　　　세 계　이 용 보 시　득 복 다　부

④ 　　甚多 世尊
　　　심 다　세 존

⑤ 　湏菩提 若善男子善女人 於此經中 乃至 受持 四句
　　수 보 리　약 선 남 자 선 여 인　어 차 경 중　내 지　수 지　사 구

　偈等 爲他人說 而此福德 勝前福德
　게 등　위 타 인 설　이 차 복 덕　승 전 복 덕

───────

논의1 "수보리여!"라고 하였는데, 이는 우리말답지 않습니다. "수보리 장로님!"이라고 하는 것이 적절할 것입니다.

논의2 "그 항하 모래 수"라고 한 것도 지나치게 한문의 글자 하나하나에 걸려서 번역한 것 같습니다. 우리말에서는 대명사를 거의 사용하지 않습니다. "그 모든 ~ 강가강의 모래알과 같은 수" 정도가 적절할 것입니다.

논의3 원본으로 사용되고 있는 금강경 10본을 비교·검토하여, "삼천대천"을 삭제합니다.

논의4 "부처님께서 말씀하셨습니다. 수보리가 대답하였습니다. 수보리가 여쭈었습니다." 등은 80여 차례가 필요하나 실제로는 30차례 정도만 있고, 없는 것이 깔끔하므로 삭제합니다.

논의5 "부처님께서 말씀하셨습니다. 수보리가 대답하였습니다. 수보리가 여쭈었습니다." 등은 80여 차례가 필요하나 실제로는 30차례 정도만 있고, 없는 것이 깔끔하므로 삭제합니다.

논의6 "이 복이 저 복보다 더 뛰어나다"라는 표현보다는 " ~ ~ ~ 선 남자와 선여인이 짓는 복이 그보다도 훨씬 더 ~ 많습니다." 가 우리말답습니다.

12장 금강경 존중

①

수보리~ 장로님~ 수보리~ 장로님~

이법문의 사구게를 하나라도 전해주면

온세상의 하느님과 사람들과 아수라가

부처님의 탑에하듯 공양올릴 것입니다.

②

하물며~ 이법문을 받아지녀 독송하며

전해주며 짓는복은 상상조차 못합니다.

③

수보리~ 장로님~ 수보리~ 장로님~

이사람이 짓는복은 참으로~ 많습니다.

④

이법문이 전해지고 있는곳은 어디에나

부처님과 제자들이 항상함께 계십니다.

定本 ————

① 復次 湏菩提 隨說是經 乃至 四句偈等 當知 此處 一切
　　부차 수보리 수설시경 내지 사구게등 당지 차처 일체

　　世間 天 人 阿修羅 皆應供養 如佛塔廟
　　세간 천 인 아수라 개응공양 여불탑묘

①

"또한 수보리여![1]

이 경의 사구게만이라도 설해지는 곳곳마다 어디든지

모든 세상의 천신·인간·아수라가[2] 마땅히

공양할 부처님의 탑묘임을 알아야 한다.[3]

②

하물며 이 경 전체를 받고 지니고 읽고 외우

............는[4] 사람이랴!

③

수보리여![5] 이 사람은 가장 높고 가장 경이로운 법을[6]

성취할 것임을 알아야 한다.

④

이와 같이 경전이[7] 있는 곳은

부처님과 존경받는 제자들이 계시는 곳이다."

② 何況有人 盡能受持讀誦 爲他人說
　　하 황 유 인　진 능 수 지 독 송　위 타 인 설

③ 須菩提 當知 是人 成就 寂上第一希有功德
　　수 보 리　당 지　시 인　성 취　최 상 제 일 희 유 공 덕

④ 若是經典 所在之處 則爲有佛 若尊重弟子
　약시경전　소재지처　즉위유불　약존중제자

논의 1 "수보리여!"라고 하였는데, 이는 우리말답지 않습니다. "수보리 장로님!"이라고 하는 것이 적절할 것입니다.

논의 2 "천신"보다는 "하느님"이란 용어가 더 좋다는 생각입니다.

논의 3 "공양할 부처님의 탑묘임을 알아야 한다."라는 표현보다는 "부처님의 탑에 하듯 공양 올릴 것입니다."가 더 좋은 표현으로 보입니다.

논의 4 구마라집 한문본 금강경을 다른 한문 5본(유지본, 진제본, 급다본, 현장본, 의정본), 산스끄리뜨어(범어) 2본(Conze본, Muller본), 티베트어본, 몽골어본 등과 비교·검토하여, "전해 주며"를 추가합니다.

논의 5 "수보리여!"라고 하였는데, 이는 우리말답지 않습니다. "수보리 장로님!"이라고 하는 것이 적절할 것입니다.

논의 6 원본으로 사용되고 있는 금강경 10본을 비교·검토하여, "법"을 "공덕"으로 수정합니다.

논의 7 "이와 같이 경전"이라기보다는 "이 경전" 혹은 "이 법문"이 더 좋습니다.

사부시 四浮詩 / 부설거사

처자식과　일가친척　대밭같이　빽빽하고
금과은과　옥과비단　언덕처럼　쌓였어도
죽음길에　당도하면　혈혈단신　홀로간다.
이런사실　생각하니　세상만사　허허허허

새벽부터　밤늦도록　부지런히　공부하여
벼슬조금　높아지자　머리카락　희어지고
염라대왕　돈과벼슬　거들떠도　아니본다.
이런사실　생각하니　세상만사　허허허허

말솜씨는　또렷또렷　비단같이　부드럽고
수천편의　시문으로　고관대작　비웃어도
나와남을　차별하는　교만심만　길렀구나.
이런사실　생각하니　세상만사　허허허허

설법하면　많은청중　구름같이　모여들고
하늘에는　꽃비오고　무정조차　깨어나도
선정없는　지혜로는　생사윤회　못면한다.
이런사실　생각하니　세상만사　허허허허

출처: 가사체 불교경전, 부설거사 사부시

13장 금강경을 받아 지니는 법

①

거룩하신 부처님~ 이경이름 무엇이며
어떻게~ 받들어~ 지니어야 하옵니까?

②

수보리~ 장로님~ 수보리~ 장로님~
이경이름 금강반야 바라밀경 이라하며
다음같이 받들어~ 지니어야 하옵니다.

③

수보리~ 장로님~ 금강반야 바라밀을
수행하되 수행했다 생각하지 아니해야
참으로~ 수행했다 말할수가 있습니다.

定本 ————

① 世尊 當何名此經 我等云何奉持
　　세존　당하명차경　아등운하봉지

② 湏菩提 是經 名爲 金剛般若波羅蜜 以是名字 汝當
　　수보리　시경　명위　금강반야바라밀　이시명자　여당

奉持
봉지

③ 所以者何 湏菩提 佛說 般若波羅蜜 則非般若波羅蜜 是
　　소이자하　수보리　불설　반야바라밀　즉비반야바라밀　시

①

그때 수보리가¹⁾ 부처님께 여쭈었습니다.

"세존이시여! 이 경을 무엇이라 불러야 하며

저희들이 어떻게 받들어 지녀야 합니까?"

②

부처님께서²⁾ 수보리에게 말씀하셨습니다.

"이 경의 이름은 '금강반야바라밀'이니

이 제목으로³⁾ 너희들은 받들어 지녀야 한다.

③

그것은 수보리여!⁴⁾ 여래는⁵⁾ 반야바라밀을

반야바라밀이 아니라 설하였으므로

반야바라밀이라⁶⁾ 말한 까닭이다.

名般若波羅蜜
명 반 야 바 라 밀

논의 1 "부처님께서 말씀하셨습니다. 수보리가 대답하였습니다. 수
보리가 여쭈었습니다." 등은 80여 차례가 필요하나 실제로
는 30차례 정도만 있고, 없는 것이 깔끔하므로 삭제합니다.

논의 2 "부처님께서 말씀하셨습니다. 수보리가 대답하였습니다. 수보리가 여쭈었습니다." 등은 80여 차례가 필요하나 실제로는 30차례 정도만 있고, 없는 것이 깔끔하므로 삭제합니다.

논의 3 '이 제목으로'는 두 번째 질문에 대한 답이므로 "이와 같이"입니다. 그런데 "이와 같이"를 다시 생각해 보면 "다음과 같이" 혹은 "다음 같이"가 됩니다. 금방 부연 설명이 나오기 때문입니다.

논의 4 "수보리여!"라고 하였는데, 이는 우리말답지 않습니다. "수보리 장로님!"이라고 하는 것이 적절할 것입니다.

논의 5 우선 "여래는 ~ 설하였으므로 ~ 말한"은 "설하였다"와 "말하였다"가 이중으로 들어가 있습니다. 그리고 "부처님께서 말씀하셨습니다. 수보리가 대답하였습니다. 수보리가 여쭈

정 본	금강경 13장 ④~⑤절

④

수보리 ~ 장로님 ~ 어찌생각 하십니까?

'부처님의 거룩한법 널리널리 전하였다'

여래가 ~ 이런생각 한다할수 있습니까?

⑤

아닙니다 부처님 ~ 그리생각 않습니다.

부처님은 그런생각 하시지 ~ 않습니다.

었습니다." 등은 80여 차례가 필요하나 실제로는 30차례 정
도만 있고, 없는 것이 깔끔하므로 삭제하는 것과 같은 맥락
에서 "여래는 ~ 설하였으므로 ~ 말한"을 삭제합니다.

논의 6 그렇게 되면 "(B)반야바라밀 / (C)안-반야바라밀 / (D)반야
바라밀"이 됩니다. 이를 문장 혹은 절의 형태로 추론하면,
"(B)금강반야바라밀을 수행하되 / (C)금강반야바라밀을 수
행했다 생각하지 아니해야 / (D)참으로 금강반야바라밀을
수행했다 말할 수가 있습니다."가 됩니다. 이를 우리말답게
다듬으면, "(B)금강반야 바라밀을 수행하되 (C)수행했다 생
각하지 아니해야, (D)참으로 수행했다 말할 수가 있습니다."
가 됩니다.

금강경 13장 ④~⑤절	유통본

④

수보리여!¹⁾ 그대 생각은 어떠한가?

여래가 설한

법이 있는가?"²⁾

⑤

수보리가 부처님께 말씀드렸습니다.³⁾

"⋯⋯⋯⁴⁾ 세존이시여!

여래께서는 설한 법이 없습니다."⁵⁾

④ 湏菩提 於意云何 如來有所說法 不
　　수 보 리　어 의 운 하　여 래 유 소 설 법　부

⑤ 　　　　　　不也 世尊 如來無所說
　　　　　　　　불 야　세 존　여 래 무 소 설

──────────

논의 1 "수보리여!"라고 하였는데, 이는 우리말답지 않습니다. "수보리 장로님!"이라고 하는 것이 적절할 것입니다.

논의 2 7장 ①절의 둘째 질문과 완전히 일치합니다. "법"은 지금 우리말로 "거시기"에 해당합니다. 첫째, 부처님의 생각, 진리가 가장 대표적인 "법"입니다. 둘째, 우리 모두의 공통적인 색성향미촉법에서의 "법"입니다. 즉 객관적이고 실재적인(?) 색성향미촉법에서의 "법"입니다. 셋째, 개개인의 주관적인 색성향미촉법에서의 "법"입니다. 즉 객관적이고 실재적인(?) "법"이 아니라 개개인의 주관적인 "법"입니다. 이를 첫째의 "법"이나 둘째의 "법"과 구분해서 말을 할 때는 "현상"

정 본	금강경 13장 ⑥~⑧절

⑥
수보리 ~ 장로님 ~ 어찌생각 하십니까?
삼천대천 세계이룬 티끌들은 많습니까?

⑦ 수보리
많습니다 부처님 ~ 그렇지만 말씀하신
많은티끌 보면서도 실체라고 아니봐야

이라고 하였습니다. 이렇게 하고 보니까, 이 질문은 "여래께서 '설하였다는 생각'을 하겠는가?"가 됩니다. 이를 나름대로 가장 우리말로 세련되게 다듬으니 "'부처님의 거룩한 법 널리널리 전하였다' 여래가~ 이런 생각 한다 할 수 있습니까?"가 되었습니다.

논의3 "부처님께서 말씀하셨습니다. 수보리가 대답하였습니다. 수보리가 여쭈었습니다." 등은 80여 차례가 필요하나 실제로는 30차례 정도만 있고, 없는 것이 깔끔하므로 삭제합니다.

논의4 구마라집 한문본 금강경을 다른 한문 5본(유지본, 진제본, 급다본, 현장본, 의정본), 산스끄리뜨어(범어) 2본(Conze본, Muller본), 티베트어본, 몽골어본 등과 비교·검토하여, "아닙니다"를 추가합니다.

논의5 논의 2에서 논한 대로 "여래가~ 이런 생각 한다 할 수 있습니까?"에 대한 답으로서 "부처님은 그런 생각 하시지~ 않습니다." 외에는 올 답이 없습니다.

금강경 13장 ⑥~⑧절 　　　　　　유통본

⑥
"수보리여!¹⁾ 그대 생각은 어떠한가?
삼천대천세계를 이루고 있는 티끌이 많다고 하겠는가?"

⑦-1 수보리
수보리가 대답하였습니다.²⁾ "매우 많습니다,
세존이시여!"³⁾

참으로~ 본다고~ 말할수가 있습니다.

⑧ 수보리
세계들을 보면서도 실체라고 아니봐야
참으로~ 본다고~ 말할수가 있습니다.

定本 ─────

⑥ 須菩提 於意云何 三千大千世界 所有微塵 是爲多 不
　 수보리 어의운하 삼천대천세계 소유미진 시위다 부

⑦ 　　　　　甚多 世尊 何以故 諸微塵 如來說 非微塵 是名
　 　　　　심다 세존 하이고 제미진 여래설 비미진 시명

微塵
미진

⑧ 如來說 世界 非世界 是名世界
　 여래설 세계 비세계 시명세계

─────────────

논의1 "수보리여!"라고 하였는데, 이는 우리말답지 않습니다. "수보
리 장로님!"이라고 하는 것이 적절할 것입니다.

논의2 "부처님께서 말씀하셨습니다. 수보리가 대답하였습니다. 수
보리가 여쭈었습니다." 등은 80여 차례가 필요하나 실제로
는 30차례 정도만 있고, 없는 것이 깔끔하므로 삭제합니다.

논의3 구마라집은, ⑦-1절은 수보리, ⑦-2절과 ⑧절은 부처님의
말씀으로 번역하였습니다. 원본으로 사용되고 있는 금강경

⑦-2 부처님

"수보리여! 여래는⁴⁾ 티끌들을 티끌이 아니라고 설하였으므로 티끌이라 말한다.

⑧ 부처님

여래는⁵⁾ 세계를 세계가 아니라고 설하였으므로 세계라고 말한다.

10본을 비교·검토하면 ⑦과 ⑧절은 수보리의 말씀으로 판단됩니다. 이러한 맥락에서 '⑦-2 앞부분'의 "수보리여!"는 삭제합니다.

논의 4 "부처님께서 말씀하셨습니다. 수보리가 대답하였습니다. 수보리가 여쭈었습니다." 등은 80여 차례가 필요하나 실제로는 30차례 정도만 있고, 없는 것이 깔끔하므로 삭제합니다. 그리고 "여래는 설하였으므로"도 같은 형태로 봐서 삭제합니다. 이렇게 되면 "(B)티끌 / (C)안-티끌 / (D)티끌"만 남습니다. "(B)티끌 / (C)안-티끌 / (D)티끌"을 동사 중심의 우리말로 바꾸면, "(B)티끌들을 보면서도 / (C)티끌들을 실체라고 생각하지 아니해야 / (D)참으로 티끌들을 본다고 말할 수가 있습니다."가 됩니다. 앞의 질문과 연결해서 말하면 "(B)많은 티끌들을 보면서도 / (C)티끌들을 실체라고 생각하지 아니해야 / (D)참으로 티끌들을 본다고 말할 수가 있습니다."가 됩니다.

논의 5 "부처님께서 말씀하셨습니다. 수보리가 대답하였습니다. 수보리가 여쭈었습니다." 등은 80여 차례가 필요하나 실제로는 30차례 정도만 있고, 없는 것이 깔끔하므로 삭제합니다. 그리고 "여래는 설하였으므로"도 같은 형태로 봐서 삭제합니다. 이렇게 되면 "(B)세계 / (C)안-세계 / (D)세계"만 남습니다. "(B)세계 / (C)안-세계 / (D)세계"를 동사 중심의 우리말로 바꾸면, "(B)세계들을 보면서도 / (C)세계들을 실체라

정 본	금강경 13장 ⑨~⑪절

⑨ 부처님

수보리~ 장로님~ 어찌생각 하십니까?
서른둘의 거룩한~ 상호들을 다갖추면
부처라고 말할수가 있다생각 하십니까?

⑩

아닙니다 부처님~ 그리생각 않습니다.
서른둘의 거룩한~ 상호들을 갖췄다고
반드시~ 부처라고 말할수는 없습니다.

⑪

서른둘의 거룩한~ 상호들을 갖추어도
상호들을 갖추었다 생각하지 아니해야
참으로~ 갖추었다 말할수가 있습니다.

고 생각하지 아니해야 / (D)참으로 세계들을 본다고 말할 수가 있습니다.”가 됩니다. 앞의 질문과 연결해서 말하면 “(B)많은 세계들을 보면서도 / (C)세계들을 실체라고 생각하지 아니해야 / (D)참으로 세계들을 본다고 말할 수가 있습니다.”가 됩니다. 다시 한번 더 다듬으면, “(B) 세계들을 보면서도 / (C)실체라고 아니 봐야 / (D)참으로 본다고 말할 수가 있습니다.”가 됩니다.

금강경 13장 ⑨~⑪절

⑨ 부처님

수보리여![1] 그대 생각은 어떠한가?

서른두 가지 신체적 특징을 가지고

여래라고 볼 수 있는가?”[2]

⑩

“없습니다,[3] 세존이시여!

서른두 가지 신체적 특징을 가지고

여래라고 볼 수는 없습니다.[4]

⑪

왜냐하면 여래께서는[5] 서른두 가지 신체적 특징은

신체적 특징이 아니라고 설하셨으므로

서른두 가지 신체적 특징이라고 말씀하셨기 때문입니다.”

---

⑨ 湏菩提 於意云何 可以三十二相 見如來 不
　　수보리　어의운하　가이삼십이상　견여래　부

⑩ 不也 世尊 不可 以三十二相 得見如來
　　불야　세존　불가　이삼십이상　득견여래

⑪ 何以故 如來說 三十二相 卽是非相 是名三十二相
　　하이고　여래설　삼십이상　즉시비상　시명삼십이상

논의1 "수보리여!"라고 하였는데, 이는 우리말답지 않습니다. "수보
리 장로님!"이라고 하는 것이 적절할 것입니다.

논의2 "서른두 가지 신체적 특징을 가지고 여래라고 볼 수 있는가?"
를 우리말로 바꾸면 "서른두 가지 신체적 특징을 가지고 있
으면 그 사람을 여래라고 볼 수 있는가?"입니다. 이 말을 조
금 줄이면 "서른두 가지 신체적 특징을 가지고 여래라고 볼
수 있는가?"가 되는 것이 아니라 "서른두 가지 신체적 특징
을 가지면(갖추면) 여래라고 볼 수 있는가?"가 됩니다. 단어
나열식의 번역을 우리말답게 다듬으면, "서른둘의 거룩한
상호들을 다 가지면(갖추면) 여래라고 볼 수 있는가(말할 수
가 있다고 생각하십니까)?"가 됩니다.

논의3 "여래라고 볼 수 있는가? 혹은 여래라고 말할 수가 있습니
까?"라는 질문에 대해 부정적인 답을 하려면, "여래라고 볼
수 없습니다 혹은 여래라고 말할 수가 없습니다"라고 하거
나 "아닙니다"로 하는 것이 좋을 것 같습니다. "없습니다"는
우리말다운 대답이라고 할 수가 없습니다.

논의4 논의 1~3을 인정하면 대답도 당연히 "서른둘의 거룩한~

상호들을 갖췄다고 반드시 ~ 부처라고 말할 수는 없습니다."라고 할 것입니다.

논의 5 "왜냐하면"은 우리말로 "에 ~" 정도입니다. 그리고 "설하셨으므로 ~ 말씀하셨기"는 이중 표현입니다. 또 "부처님께서 말씀하셨습니다. 수보리가 대답하였습니다. 수보리가 여쭈었습니다." 등은 80여 차례가 필요하나 실제로는 30차례 정도만 있고, 없는 것이 깔끔하므로 삭제합니다. 본문 속의 "여래는 ~ 설하셨으므로 ~ 말씀하셨기 때문"도 같은 형태로 봐서 삭제합니다. 이렇게 되면 "(B)서른두 가지 신체적 특징 / (C)안-신체적 특징 / (D)서른두 가지 신체적 특징"이 남습니다. 이를 문장 혹은 절로 변환시키면, "(B)서른두 가지 신체적 특징을 갖추었으면서도 / (C)서른두 가지 신체적 특징을 갖추었다고 생각하지 않아야 / (D)참으로 서른두 가지 신체적 특징을 갖추었다고 말할 수가 있습니다."가 됩니다. 이를 우리말답게 다듬으면 "(B)서른둘의 거룩한 ~ 상호들을 갖추어도 (C)상호들을 갖추었다 생각하지 아니해야 (D)참으로 ~ 갖추었다 말할 수가 있습니다."가 됩니다.

수보리~ 장로님~ 강가강의 모래만큼

여러차례 자기몸을 보시하는 복보다도

이법문의 사구게를 하나라도 받아지녀

전해주며 짓는복이 훨씬더~ 많습니다.

定本 ─────

須菩提 若有人 以恒河沙等 身命布施 若復有人 於此經中
수 보 리 약 유 인 이 강 가 사 등 신 명 보 시 약 부 유 인 어 차 경 중

乃至 受持 四句偈等 爲他人說 其福甚多 於前福德
내 지 수 지 사 구 게 등 위 타 인 설 기 복 심 다 어 전 복 덕

─────

논의1 "수보리여!"라고 하였는데, 이는 우리말답지 않습니다. "수보리 장로님!"이라고 하는 것이 적절할 것입니다.

논의2 "선남자 선여인 ~ 어떤 사람"은 논리적으로도 맞지 않습니다. 원본으로 사용되고 있는 금강경 10본을 비교·검토하여, 일단 "사람 ~ 사람"으로 수정합니다. 우리말답게 번역하다보니 "사람 ~ 사람"에서의 "사람"도 번역에서는 삭제하였습니다.

논의3 인도 현지인들은 강가라고 말하고, 중국 사람들도 강가라고 쓰고 말합니다. 중국 강가라는 글자를 우리는 항하라고 씁니다. 또 영어권에서는 갠지스라고 합니다. 그래서 강가강이라고 하는 것이 옳다고 생각되어 강가강이라고 합니다.

"수보리여![1] 어떤 선남자 선여인이[2] 항하의[3] 모래 수만큼
목숨을 보시한다고 하자. 또 어떤 사람이 이 경의 사구게
만이라도 받고 지니고 다른 사람을 위해 설해
준다고 하자. 그러면 이 복이 저 복보다 더욱 많으리라."[4]

논의 4 따로 가정법으로 한 후에 '이 복이 저 복보다 많다'라는 건 우
리말답지 않습니다. 단지 우리말답게 다듬었을 뿐입니다.

14장 분별에서 벗어난 적멸

정 본

정 본	금강경 14장 ①절

> 부처님의 법문듣고 감격눈물 흘리면서,
> 수보리~ 장로님이 말씀드리 셨습니다.

定本 ────

爾時 湏菩提 聞說是經 深解義趣 涕淚悲泣 而白佛言
이시 수보리 문설시경 심해의취 체루비읍 이백불언

────

논의 1 "부처님께서 말씀하셨습니다. 수보리가 대답하였습니다. 수
보리가 여쭈었습니다." 등은 80여 차례가 필요하나 실제로
는 30차례 정도만 있고, 없는 것이 깔끔하므로 삭제합니다.
그러나 여기서는 "감격눈물 흘리면서"라는 극적인 장면 설
명이 있어서 삭제하지 않습니다.

정 본	금강경 14장 ②~④절

> ②
> 거룩하신 부처님~ 정말대단 하십니다.
> 부처님은 심오한법 설해주시 었습니다.

그때 수보리가¹⁾ 이 경 설하심을 듣고 뜻을 깊이 이해하여 감격의²⁾ 눈물을 흘리며 부처님께 말씀드렸습니다.

논의 2 그러나 "뜻을 깊이 이해하여"라는 표현은 "객관적 사실을 기록하는 결집 정신"과 부합하지 않습니다. "뜻을 깊이 이해하여"라는 표현을 삭제하지 않으면, 금강경이 "아난 등이 추론하여 쓴 소설"이 되어 버립니다. 산스끄리뜨어(범어)본이나 현장 한문본 등에는 "뜻을 깊이 이해하여"라는 표현은 없습니다. 각묵 스님은 "뜻을 깊이 이해하여 감격의"를 "법력에 (감응되어)"로 간략하게 제시하고 있으며, 현장 스님은 "위력"으로 제시하고 있습니다. 더구나 "뜻을 깊이 깨닫고 감격의"라는 표현은 연구자가 1998년과 2005년에 처음 사용한 것으로 기억하고 있습니다. 죄송합니다.

②③④
"경이롭습니다, 세존이시여!
제가 지금까지 얻은 혜안으로는 부처님께서 이같이 깊

③

부처님의 법문듣고 지혜의눈 떴습니다.

④

이런법문 단한번도 들어본적 없습니다.

定本 ―――――

② 希有 世尊　佛說 如是甚深經典.
　　희유 세존　불설 여시심심경전

③ 我從昔來 所得慧眼.
　　아종석래 소득혜안

④ 未曾得聞 如是之經
　　미증득문 여시지경

―――――――

논의 1 대부분의 우리말 금강경 14장 ②③④절은 유통본 14장 ②
③④절과 비슷합니다. 그런데 이렇게 하면 뜻을 알 수가 없
습니다. 분명히 나누어진 문장임을 강조하기 위해서 ②절
③절 ④절로 구분합니다. 언해본에서부터 이런 식으로 했으
니, 누구를 나무랄 일도 아니지만, 여러 번 지적하였음에도
불구하고 반영되지 않았음에 대해서는, 저의 설득력 부족으
로 생각하여 참회합니다.

다음은 각묵 스님의 번역과 이대성의 종합적 번역(영어로 생
각하는 금강경, 향림출판사, 2004. 235~236쪽)입니다. 이들과
비교하면, 가사체 금강경이 정확하다는 것을 알 수 있을 것

이 있는 경전 설하심을 들은 적이 없습니다.[1]

입니다. 구마라집이 간결하게 번역하다 보니, 세 문장을 한 문장으로 번역하는 상황이 초래된 듯합니다.

각묵 스님	이대성
②	
경이롭습니다. 세존이시여, 최고로 경이롭습니다. 선서시여. 이 법문이 여래에 의해서 설해졌으니까요. 최상승에 굳게 나아가고 중생들의 이익을 위하고, 최수승에 굳게 나아가는 자들의 이익을 위해서입니다.	② 불가사의한 일이옵니다. 세존이시여. 지극히 경탄할 일이옵니다. 선서시여. 여래께서는 법에 관한 이 설법을 참으로 훌륭하게 설하여 주셨나이다.
③	③
이로부터 제게는 세존이시여 지혜가 생겨났습니다.	부처님의 설법을 듣고나서 저에게는 이제 지혜가 생겼나이다.
④	④
저에 의해서 세존이시여 결코 이런 형태의 법문은 전에 들은 적이 없습니다.	법에 관한 부처님의 이와 같은 희유한 설법을 저는 이전에 결코 들어보지 못했나이다.

⑤

거룩하신 부처님 ~ 이법문을 이해하는

사람들이 짓는복은 참으로 ~ 많습니다.

⑥

거룩하신 부처님 ~ 거룩하신 부처님 ~

이법문을 이해하되 이해했다 아니해야

참으로 ~ 이해했다 말할수가 있습니다.

定本

⑤　世尊 若復有人 得聞是經　　　則生實相 當知 是人
　　세 존 약 부 유 인 득 문 시 경　　즉 생 실 상 당 지 시 인

　　成就第一希有功德
　　성 취 제 일 희 유 공 덕

⑥　世尊 是實相者 則是非相 是故 如來說 名實相
　　세 존 시 실 상 자 즉 시 비 상 시 고 여 래 설 명 실 상

논의 1 구마라집 한문본 금강경을 다른 한문 5본(유지본, 진제본, 급다본, 현장본, 의정본), 산스끄리뜨어(범어) 2본(Conze본, Muller본), 티베트어본, 몽골어본 등과 비교·검토하고 수학 논리를 적용하여, "믿음이 청정해지면"을 삭제합니다.

논의 2 "믿음이 청정해지면"이 삭제되면 자동적으로 "궁극적 지혜가

⑤

세존이시여! 만일 어떤 사람이 이 경을 듣고 <u>믿음이 청정</u>
<u>해지면</u>[1] 바로 궁극적 지혜가 일어날 것이니,[2] 이 사람은
가장 경이로운 공덕을 성취할 것임을 알아야 합니다.[3]

⑥

세존이시여!
이 궁극적 지혜라는 것은 궁극적 지혜가 아닌 까닭에
<u>여래께서는</u>[4] 궁극적 지혜라고 <u>말씀하셨습니다.</u>[5]

　　　일어날 것이니"가 조건절인 "궁극적 지혜가 일어나면"이 됩
　　　니다. 또한 앞부분 "이 경을 듣고"와 연결해서 생각하면 "이
　　　경을 듣고 궁극적 지혜가 일어나면"보다는 "이 경을 듣고 제
　　　대로 이해하면"이 더 논리적이고 더 나을 것 같습니다.

논의 3 논의 2를 적용한 후의 문장은 '만일 어떤 사람이 이 경을 듣
　　　고 바로 제대로 이해하면, 이 사람은 가장 경이로운 공덕을
　　　성취할 것임을 알아야 합니다'가 됩니다. 또 "어떤 중생이 ~
　　　한다면 이 사람은"은 " ~ 하는 사람은"으로 표현하는 것이 우
　　　리말답습니다.

논의 4 "부처님께서 말씀하셨습니다. 수보리가 대답하였습니다. 수
　　　보리가 여쭈었습니다." 등은 80여 차례가 필요하나 실제로
　　　는 30차례 정도만 있고, 없는 것이 깔끔하므로 삭제합니다.

같은 맥락에서 본문 속에서의 "여래께서는 ~ 말씀하셨습니다."도 삭제합니다.

논의 5 결국 "(B)이해 / (C)안-이해 / (D)이해"만 남습니다. "(B)이

정 본	금강경 14장 ⑦~⑧절

⑦

거룩하신 부처님 ~ 제가지금 이법문을
이해하고 지니는건 어렵지가 않지마는
후오백년 이법문을 이해하고 받아지녀
독송하고 널리널리 설법하여 전해주는
사람들이 짓는복은 참으로 ~ 많습니다.

⑧

이러한 ~ 사람들은 자기중심 인간중심
중생중심 생명중심 생각않을 것입니다.

定本 ————

⑦ 世尊 我今得聞 如是經典 信解受持 不足爲難 若當來
　　세존　아금득문　여시경전　신해수지　부족위난　약당래

　世 後五百歲 其有衆生 得聞是經 信解受持 讀誦 爲他人
　세　후오백세　기유중생　득문시경　신해수지　독송　위타인

　說 是人 則爲第一希有
　설　시인　즉위제일희유

⑧ 何以故 此人 無我相 人相 衆生相 壽者相
　하이고　차인　무아상　인상　중생상　수자상

해 / (C)안-이해 / (D)이해"를 문장 혹은 절로 변환시키면
"(B)이 법문을 이해하되 (C)이해했다 아니해야 (D)참으로 ~
이해했다 말할 수가 있습니다."가 됩니다.

---

⑦

세존이시여! 제가 지금 이 같은 경전을 듣고서
믿고 이해하고 받고 지니기는 어렵지 않습니다.
그러나 미래 오백년 뒤에도 어떤 중생이 이 경전을
듣고 믿고 이해하고 받고 지닌 ....다면[1]
이 사람은 가장 경이로울 것입니다.[2]

⑧

[3]왜냐하면 이 사람은 자아가 있다는 관념, 개아가 있다
는 관념, 중생이 있다는 관념, 영혼이 있다는 관념이[4] 없
기 때문입니다.

논의1 원본으로 사용되고 있는 금강경 10본을 비교·검토하여, "독
송하고 널리널리 설법하여 전해주는"을 추가합니다.

논의2 "어떤 중생이 ~ 한다면 이 사람은 ~"은 "~ 하는 사람은"으
로 표현하는 것이 우리말답습니다. 금강경에서 '第一希有'
는 제12장 ③절, 제14장 ⑤절에서는 '第一希有功德'으로 나
타났고, 제14장 ⑦절과 ⑪절에서는 '第一希有'로 나타났습

니다. 공덕功德 글자는 없지만 문맥상 같은 의미로 파악하여 '짓는 복은 참으로 ~ 많습니다.'로 해석하였습니다.

논의 3 "왜냐하면"은 우리말로 강하게 번역하면 "왜냐?"이고, 의미를 그대로 번역하면 "에 ~ " 정도의 의미입니다. 그래서 "때문"과 함께 삭제합니다.

정 본	금강경 14장 ⑨~⑪절

⑨

이러한 ~ 사람들은 자기중심 인간중심

중생중심 생명중심 생각들을 보면서도

실체라고 생각하지 아니할 ~ 것입니다.

⑩

모든생각 벗어나서 부처가될 것입니다.

⑪

수보리 ~ 장로님 ~ 참으로 ~ 옳습니다.

이경듣고 놀라거나 두려워 ~ 하지않는

사람들이 짓는복은 참으로 ~ 많습니다.

논의 4 "이 사람은"보다는 "이러한 사람들은"이 더 부드럽고 논리적
이며, 산스끄리뜨어(범어)본에는 복수로 되어 있습니다. "자
기중심 인간중심 중생중심 생명중심 생각"에 대해서는 'Ⅰ
부 3-3. 사상 설명(35쪽)'을 참고하시기 바랍니다.

금강경 14장 ⑨~⑪절	유통본

⑨

그것은[1] 자아가 있다는 관념은 관념이 아니며, 개아가
있다는 관념, 중생이 있다는 관념, 영혼이 있다는 관념은
관념이 아닌 까닭입니다.

⑩

왜냐하면[2] 모든 관념을 떠난 이를 부처님이라 말하기
때문입니다."

⑪

부처님께서[3] 수보리에게 말씀하셨습니다. "그렇다, 그렇다.
만일 어떤 사람이 이 경을 듣고 놀라지도 않고 무서워하
지도 않고 두려워하지도 않는다면 이 사람은 매우 경이
로운 줄 알아야 한다.

定本 ————

⑨ 所以者何 我相 卽是非相 人相 衆生相 壽者相 卽是非相
　　소이자하 아상 즉시비상 인상 중생상 수자상 즉시비상

⑩ 何以故 離一切諸相 則名諸佛
　　하이고 이일체제상 즉명제불

⑪ 　　須菩提 如是如是. 若復有人 得聞是經 不驚 不怖
　　　　수보리 여시여시　약부유인 득문시경 불경 불포

不畏 當知 是人 甚爲希有
불외 당지 시인 심위희유

논의 1 "그것은 ~ 까닭입니다"는 "왜냐하면"의 다른 형태이며 "왜냐
하면"은 우리말로 "에~" 정도입니다. 번역할 필요가 없습니
다. "아상 / 안-상"은 ⑧절과 연결해서 다시 문장 혹은 절로
만들면 "이러한~ 사람들은 (B)자기중심 생각들을 보면서도
(C)실체라고 생각하지 아니할~ 것입니다."가 됩니다. "인상

정 본	금강경 14장 ⑫~⑬절

⑫
수보리~ 장로님~ 바라밀을 매우잘~
수행하되 수행했다 생각하지 아니해야
참으로~ 수행했다 말할수가 있습니다.

⑬
수보리~ 장로님~ 인욕수행 하면서도
인욕수행 하였다고 생각하면 안됩니다.

중생상수자상 / 안-상"은 ⑧절과 연결해서 다시 문장 혹은
절로 만들면 "이러한~ 사람들은 (B)인간중심 중생중심 생명
중심 생각들을 보면서도 (C)실체라고 생각하지 아니할~ 것
입니다."가 됩니다. 전체적으로 "(B)아상인상중생상수자상 /
(C)안-상"을 다시 문장 혹은 절로 만들면 "이러한~ 사람들
은 (B)자기중심 인간중심 중생중심 생명중심 생각들을 보면
서도 (C)실체라고 생각하지 아니할~ 것입니다."가 됩니다.

논의 2 "왜냐하면"은 우리말로 "에 ~ " 정도입니다. 그래서 "왜냐하
면 ~ 때문"을 삭제합니다. ⑧절 ⑨절의 연결 맥락에서 보면
"(이러한 사람들은) 모든 생각 벗어나서 부처가 될 것입니다."
가 됩니다.

논의 3 "부처님께서 말씀하셨습니다. 수보리가 대답하였습니다. 수
보리가 여쭈었습니다." 등은 80여 차례가 필요하나 실제로
는 30차례 정도만 있고, 없는 것이 깔끔하므로 삭제합니다.

금강경 14장 ⑫~⑬절 　　　　　　　　　 유통본

⑫

왜냐하면[1] 수보리여![2] 여래는[3] 최고의 바라밀을

최고의 바라밀이 아니라고 설하였으므로

최고의 바라밀이라 말하기 때문이다.[4]

⑬

수보리여![5] 인욕바라밀을

여래는[6] 인욕바라밀이 아니라고 설하였다.[7]

⑫ 何以故 湏菩提 如來說 第一波羅蜜 非第一波羅蜜 是名
   하 이 고   수 보 리   여 래 설   제 일 바 라 밀   비 제 일 바 라 밀   시 명

   第一波羅蜜
   제 일 바 라 밀

⑬ 湏菩提 忍辱波羅蜜 如來說 非忍辱波羅蜜
   수 보 리   인 욕 바 라 밀   여 래 설   비 인 욕 바 라 밀

─────────

논의1 "왜냐하면"은 우리말로 강하게 번역하면 "왜냐?"이고, 의미
를 그대로 번역하면 "에 ~ " 정도입니다. 그래서 "왜냐하면
~ 때문"을 삭제합니다.

논의2 "수보리여!"라고 하였는데, 이는 우리말답지 않습니다. "수보
리 장로님!"이라고 하는 것이 적절할 것입니다.

논의3 "여래는 ~ 설하였으므로 ~ 말하기 때문이다"라고 하여
"말, 설"이 중첩되어있습니다. 그리고 "부처님께서 말씀하셨
습니다. 수보리가 대답하였습니다. 수보리가 여쭈었습니다."
등은 80여 차례가 필요하나 실제로는 30차례 정도만 있고,
없는 것이 깔끔하므로 삭제합니다. 같은 맥락에서 "여래께
서는 ~ 설하였으므로 ~ 말하기"도 삭제합니다.

논의4 이렇게 하면 "(B)최고의 바라밀 / (C)안-최고의 바라밀 / (D)
최고의 바라밀"이 됩니다. 바라밀은 수행하는 것입니다. 수
행의 차원에서 문장 혹은 절로 만들면 "(B)최고의 바라밀을
수행하되 / (C)최고의 바라밀을 수행했다고 생각하지 아니
해야 / (D)참으로 최고의 바라밀을 수행했다 말할 수가 있
습니다."가 됩니다. 그런데 일반 바라밀과 구분되는 최고의

바라밀이 존재하는 것이 아닙니다. 바라밀을 매우 잘 수행하는 것을 "최고의 바라밀"이라고 한 것입니다. 그래서 다시 한번 수정하면 "(B)바라밀을 매우 잘 수행하되 / (C)바라밀을 매우 잘 수행했다고 생각하지 아니해야 / (D)참으로 바라밀을 매우 잘 수행했다 말할 수가 있습니다."가 됩니다. 우리 말답게 ('바라밀을 매우 잘'의 중첩을 피하여) 정리하면 "(B)바라밀을 매우 잘 수행하되 / (C)수행했다 생각하지 아니해야 / (D)참으로 수행했다 말할 수가 있습니다."가 됩니다. 4-4-4-4조로 다듬으면 "바라밀을 매우 잘 / (B)수행하되 (C)수행했다 생각하지 아니해야 / (D)참으로 수행했다 말할 수가 있습니다."가 됩니다.

논의 5 "수보리여!"라고 하였는데, 이는 우리말답지 않습니다. "수보리 장로님!"이라고 하는 것이 적절할 것입니다.

논의 6 "부처님께서 말씀하셨습니다. 수보리가 대답하였습니다. 수보리가 여쭈었습니다." 등은 80여 차례가 필요하나 실제로는 30차례 정도만 있고, 없는 것이 깔끔하므로 삭제합니다. 같은 맥락에서 "여래는 ~ 설하였다"도 삭제합니다.

논의 7 이렇게 하면 "(B)인욕 바라밀 / (C)안-인욕 바라밀"이 됩니다. 바라밀은 수행하는 것입니다. 수행의 차원에서 문장 혹은 절로 만들면 "(B)인욕 바라밀을 수행하되 / (C)인욕 바라밀을 수행한다 생각하면 안 됩니다."가 됩니다.

⑭

수보리~ 장로님~ 수보리~ 장로님~

가리왕이 여래몸을 베고찢고 할때에~

그때에도 여래는~ 자기중심 인간중심

중생중심 생명중심 생각아니 했습니다.

⑮

여래몸이 마디마디 베이고~ 찢길때에

그때에~ 여래가~ 자기중심 인간중심

중생중심 생명중심 생각들을 했더라면

여래도~ 성을내고 원망했을 것입니다.

定本 ────

⑭ 何以故 湏菩提 如我昔爲歌利王 割截身體 我於爾時 無
　　하 이 고　수 보 리　여 아 석 위 가 리 왕　할 절 신 체　아 어 이 시　무

我相 無人相 無衆生相 無壽者相
아 상　무 인 상　무 중 생 상　무 수 자 상

⑮ 何以故 我於往昔節節支解時 若有我相 人相 衆生相 壽
　　하 이 고　아 어 왕 석 절 절 지 해 시　약 유 아 상　인 상　중 생 상　수

者相 應生瞋恨
자 상　응 생 진 한

────────

논의 1 "왜냐하면"은 우리말로 강하게 번역하면 "왜냐?"이고, 의미

　　　　를 그대로 번역하면 "에~"정도입니다. 그래서 "왜냐하면

⑭

왜냐하면[1] 수보리여![2]

내가 옛적에 가리왕에게 온 몸을 마디마디 잘렸을 때,
나는 자아가 있다는 관념, 개아가 있다는 관념, 중생이
있다는 관념, 영혼이 있다는 관념이[3] 없었기 때문이다.

⑮

왜냐하면[4] 내가 옛날 마디마디 사지가 잘렸을 때,
자아가 있다는 관념, 개아가 있다는 관념,
중생이 있다는 관념, 영혼이 있다는 관념이[5] 있었다면
성내고 원망하는 마음이 생겼을 것이기 때문이다.

~ 때문"을 삭제합니다. 번역할 필요가 없습니다.

논의 2 "수보리여!"라고 하였는데, 이는 우리말답지 않습니다. "수보리 장로님!"이라고 하는 것이 적절할 것입니다.

논의 3 자기중심 인간중심 중생중심 생명중심 생각에 대해서는 'Ⅰ부 3-3. 사상 설명(35쪽)'을 참고하시기 바랍니다.

논의 4 "왜냐하면"은 우리말로 강하게 번역하면 "왜냐?"이고, 의미를 그대로 번역하면 "에 ~ " 정도입니다. 그래서 "왜냐하면 ~ 때문"을 삭제합니다.

논의 5 자기중심 인간중심 중생중심 생명중심 생각에 대해서는 'Ⅰ부 3-3. 사상 설명(35쪽)'을 참고하시기 바랍니다.

수보리~ 장로님~ 수보리~ 장로님~
인욕수행 하고있던 오백생애 동안에~
그때에도 여래는~ 자기중심 인간중심
중생중심 생명중심 생각아니 했습니다.

定本 ─────

濱菩提 又念過去 於五百世 作忍辱仙人 於爾所世 無我相
수보리 우념과거 어오백세 작인욕선인 어이소세 무아상

無人相 無衆生相 無壽者相
무인상 무중생상 무수자상

⑰
수보리~ 장로님~ 온갖생각 벗어나서
최고바른 깨달음을 온전하게 이루려는
큰마음을 보살들은 내야하는 것입니다.

⑱
형상소리 냄새맛촉 현상들에 안걸리는
큰마음을 보살들은 내야하는 것입니다.

수보리여!¹⁾
여래는 과거 오백 생 동안 인욕수행자였는데
그때 자아가 있다는 관념이 없었고, 개아가 있다는 관념
이 없었고, 중생이 있다는 관념이 없었고, 영혼이 있다는
관념이²⁾ 없었다.

논의 1 "수보리여!"라고 하였는데, 이는 우리말답지 않습니다. "수보
리 장로님!"이라고 하는 것이 적절할 것입니다.
논의 2 자기중심 인간중심 중생중심 생명중심 생각에 대해서는 'Ⅰ
부 3-3. 사상 설명(35쪽)'에서 논의하였습니다.

⑰
그러므로 수보리여!¹⁾ 보살은 모든 관념을 떠나
가장 높고 바른 깨달음의 마음을 내어야 한다.

⑱
형색에 집착 없이 마음을 내어야 하며 소리, 냄새, 맛, 감
촉, 마음의 대상에도 집착 없이 마음을 내어야 한다.²⁾

어디에도 안걸리는 큰마음을 내야하며
아주작은 걸림에도 걸리면~ 안됩니다.

定本

⑰ 是故 湏菩提 菩薩 應離一切相 發阿耨多羅三藐三菩提
　시고　수보리　보살　응리일체상　발아누다라삼먁삼보리

心
심

⑱ 不應住色生心 不應住聲香味觸法生心
　불응주색생심　불응주성향미촉법생심

⑲ 應生無所住心. 若心有住 則爲非住
　응생무소주심　약심유주　즉위비주

논의1 "수보리여!"라고 하였는데, 이는 우리말답지 않습니다. "수보
리 장로님!"이라고 하는 것이 적절할 것입니다.

논의2 "형색, 소리, 냄새, 맛, 감촉, 마음의 대상"에 대해 말씀드리겠
습니다. 형색은 낱낱 글자의 의미로 보면 옳습니다. 그러나
지금 대한민국에서 형색이란 사람의 옷이나 겉모습을 의미
하고 있습니다. 눈의 대상을 표현할 때는 불교학자들 대부
분이 표현하는 대로 형상이 적절한 것 같습니다. 감촉도 그
냥 촉으로 하는 것이 더 적절할 것으로 보입니다. 특히 "마음
의 대상"은 문제가 좀 심각합니다. "마음의 대상"으로 한다
면, 앞의 것들도 눈의 대상, 귀의 대상, 코의 대상, 혀의 대상,

⑲

마땅히 집착 없이 마음을 내어야 한다.[3]

마음에 집착이 있다면 그것은 올바른 삶이 아니다.[4]

몸의 대상이 되어야 합니다. 고민하던 중 미산 스님께서 현상으로 하셨기에 '참으로 옳다구나' 하고 따라 한 것입니다. "집착 없이 마음을 내야 한다."와 "안 걸리는 큰마음을 보살들은 내야하는 것입니다." 둘 중에서 선택한다면, 후자를 선택하겠습니다.

논의3 "마땅히 집착 없이 마음을 내어야 한다."보다는 "어디에도 안 걸리는 큰 마음을 내야 하며"를 선택할 것입니다.

논의4 "마음에 집착이 있다면 그것은 올바른 삶이 아니다."에서는 문장의 주어로 '보살의 삶, 올바른 삶'을 추가로 넣은 듯합니다. 원문에는 없습니다. 앞뒤 문맥에서 추론하여 직역하면 "마음에 집착(걸림)이 있다면 그것을 바로 안-집착(걸림)이 되도록 하라"입니다. 이를 조금 다듬으면, "아주 작은 걸림에도 걸리면 안 됩니다."가 됩니다.

⑳

보살들은 형상소리 냄새맛촉 현상들에

안걸리는 보시행을 해야하는 것입니다.

㉑

수보리~ 장로님~ 보살들은 모든중생

이롭게~ 하기위해 보시하는 것입니다.

定本 ────

⑳ 是故 佛說 菩薩 不應住色布施 不應住聲香味觸法布施
　　시고 불설 보살 불응주색보시 불응주성향미촉법보시

㉑ 湏菩提 菩薩 爲利益一切衆生 應如是布施
　　수보리 보살 위이익일체중생 응여시보시

㉒

보시하되 보시했다 생각하면 아니되고

모든중생 위하였다 생각하면 안됩니다.

㉓

수보리~ 장로님~ 여래는~ 당연히~

참된말과 바른말과 옳은말만 말합니다.

속이는말 아니하고 헛된말을 안합니다.

⑳

그러므로 보살은 형색 ⋯⋯⋯⋯ 에[1]

집착 없는 마음으로 보시해야 한다고 여래는 설하였다.

㉑

수보리여![2] 보살은 모든 중생을

이롭게 하기 위해 이와 같이 보시해야 한다.

논의 1　원본으로 사용되고 있는 금강경 10본을 비교·검토하여, "소리, 냄새, 맛, 촉, 현상"을 추가합니다.

논의 2　"수보리여!"라고 하였는데, 이는 우리말답지 않습니다. "수보리 장로님!"이라고 하는 것이 적절할 것입니다.

㉒

여래는[1] 모든 중생이란 관념은 중생이란 관념이 아니라고

설하고, 또 모든 중생도 중생이 아니라고[2] 설한다.

㉓

수보리여![3] 여래는

바른 말을 하는 이고, 참된 말을 하는 이며, 이치에 맞는 말을

하는 이고, 속임 없이 말하는 이며, 사실대로 말하는 이다.[4]

㉔

수보리~ 장로님~ 여래는~ 부처님법
깨닫고도 깨달았다 생각하지 아니하고,
생각하지 않는다는 생각조차 않습니다.

定本 ────────

㉒ 如來說 此衆生相 卽是非相 又說 一切衆生 則非衆生
여래설 차중생상 즉시비상 우설 일체중생 즉비중생

㉓ 湏菩提 如來 是眞語者 實語者 如語者 不誑語者 不異語者
수보리 여래 시진어자 실어자 여어자 불광어자 불이어자

㉔ 湏菩提 如來所得法 此法 無實 無虛
수보리 여래소득법 차법 무실 무허

────────

논의 1 "부처님께서 말씀하셨습니다. 수보리가 대답하였습니다. 수
보리가 여쭈었습니다." 등은 80여 차례가 필요하나 실제로
는 30차례 정도만 있고, 없는 것이 깔끔하므로 삭제합니다.
"여래는 ~ 설한다"도 문장 속에 있으나 같은 형식으로 생각
하여 삭제합니다.

논의 2 그렇게 되면 남는 것이 "(B)일체제상 / (C)안-상", "(B)일체
중생 / (C)안-중생"이 남습니다. 그런데 원본으로 사용되
고 있는 금강경 10본을 비교·검토하여, "차중생상 / 안-상"
"일체중생 / 안-중생"으로 수정합니다. 앞뒤 맥락에서 문장
혹은 절을 만들어야 합니다. "중생상과 중생"을 구분해서 문
장을 생각하면 "상은 보시한다는 상이 되고, 중생은 중생을

수보리여![5] **여래가 얻은 법에는
진실도 없고
거짓도 없다.**[6]

위한다는 상"이 될 수밖에 없습니다. 그래서 절의 내용을 염두에 두면서 "보시하되 보시했다 생각하면 아니 되고 모든 중생 위하였다 생각하면 안 됩니다."로 번역하였습니다.

논의3 "수보리여!"라고 하였는데, 이는 우리말답지 않습니다. "수보리 장로님!"이라고 하는 것이 적절할 것입니다.

논의4 앞의 셋은 산스끄리뜨어(범어)에서도 한문에서도 긍정문입니다. 뒤의 둘은 산스끄리뜨어(범어)에서도 한문에서도 부정문입니다. 뒤의 둘을 문자대로 번역하면 "속임 있는 말을 하지 않으며, 사실 아닌 말을 하지 않습니다"입니다. 그런데 산스끄리뜨어(범어)에서도 한문에서도 긍정문이 먼저 나오지만, 우리말에서는 부정문이 먼저 나옵니다. 그래서 분리하였습니다.

논의5 "수보리여!"라고 하였는데, 이는 우리말답지 않습니다. "수보리 장로님!"이라고 하는 것이 적절할 것입니다.

논의6 "여래가 얻은 법에는 진실도 없고 거짓도 없다."를 세 부분으로 분리해서 생각했습니다. "여래가 얻은 법", "진실도 없고", "거짓도 없다."로 구분했습니다. "(B)여래가 법을 얻었다는 것, 즉 부처님 법을 깨달았다는 것", "(C1)부처님 법을

깨달았다는 사실이 진실이라는 생각도 없고", "(C2)진실이
라는 생각이 없다는 그 생각까지도 없다."로 구분했습니다.
그래서 "(B)여래는~ 부처님법 깨닫고도 (C1)깨달았다 생각

| 정 본 | 금강경 14장 ㉕~㉖절 |

㉕

수보리~ 장로님~ 눈이밝은 사람들도
어두운~ 밤중에는 아무것도 볼수없듯
보시하는 보살들도 걸려있는 마음으론
제대로~ 복덕들을 지을수가 없습니다.

㉖

수보리~ 장로님~ 눈이밝은 사람들도
빛이있는 낮이라야 여러모습 볼수있듯
보시하는 보살들도 마음이~ 안걸려야
참으로~ 복덕들을 지을수가 있습니다.

定本 ————

㉕ 湏菩提 若菩薩 心住於事 而行布施 如人 入闇 則無所見
　　수보리　약보살　심주어사　이행보시　여인　입암　즉무소견

㉖ 湏菩提 若菩薩 心不住事 而行布施 如人有目 日光明照
　　수보리　약보살　심부주사　이행보시　여인유목　일광명조

見種種色
견종종색

하지 아니하고, (C2)생각하지 않는다는 생각조차 않습니다."
로 번역하였습니다.

㉕

수보리여![대칭1] <u>보살이[대칭5-2] 대상에 집착하는 마음으로[대칭6]</u>
<u>보시하는 것은[대칭5-1]</u> (======)[대칭7]
마치 사람이[대칭2] <u>어둠 속에 들어가면[대칭3]</u>
아무것도 볼 수 없는 것과 같고[대칭4]

㉖

(수보리여!)[대칭1] <u>보살이[대칭5-2] 대상에 집착하지 않는 마음</u>
<u>으로[대칭6] 보시하는 것은[대칭5-1]</u> (~~~~~~)[대칭7]
마치 눈 있는 사람에게[대칭2] <u>햇빛이 밝게 비치면[대칭3]</u>
갖가지 모양을 볼 수 있는 것과 같다.[대칭4]

논 의 인도는 논증 방법이 우리와는 좀 다릅니다. 우리는 증거·비
유를 먼저 들고 결론은 나중에 내리는 데 반해, 인도는 결론
을 먼저 내리고 증거·비유는 나중에 듭니다. (=== ~ ~ ~)[대칭
7]에서 보듯이 생략도 많이 합니다. 다른 곳에서도 이런 현상
이 나왔으나, 설명하기가 어려워서 슬쩍 지나쳤습니다. 여기
서는 ㉕절과 ㉖절이 바로 앞뒤로 대비되어 있어, 하나하나

대조하여 말씀드리면서 이 절들의 의미를 충분히 밝히고자 합니다.

유통본에서도 '잘 번역하였다'고는 할 수 있을 것 같습니다. 그런데 ㉕절이 "수보리"로 시작되었듯이 ㉖절에도 "수보리"가 있었습니다.

㉕ 수보리여! 보살이 대상에 집착하는 마음으로 보시하는 것은 마치 사람이 어둠 속에 들어가면 아무것도 볼 수 없는 것과 같고

㉖ 수보리여! 보살이 대상에 집착하지 않는 마음으로 보시하는 것은 마치 눈 있는 사람에게 햇빛이 밝게 비치면 갖가지 모양을 볼 수 있는 것과 같다.

더 멋진 번역을 위해 번호를 부여하면 다음과 같이 됩니다.

㉕ 수보리여![대칭1] 보살이[대칭5-2] 대상에 집착하는 마음으로[대칭6] 보시하는 것은[대칭5-1] 마치 사람이[대칭2] 어둠 속에 들어가면[대칭3] 아무것도 볼 수 없는 것과 같고[대칭4]

㉖ 수보리여![대칭1] 보살이[대칭5-2] 대상에 집착하지 않는 마음으로[대칭6] 보시하는 것은[대칭5-1] 마치 눈 있는 사람에게[대칭2] 햇빛이 밝게 비치면[대칭3] 갖가지 모양을 볼 수 있는 것과 같다.[대칭4]

번호를 따라서 순서를 재배열하면 다음과 같이 됩니다.

㉕ 수보리여![대칭1] 사람이[대칭2] 어둠 속에 들어가면[대칭3] 아무것도 볼 수 없는 것과 같고[대칭4] 보시하는 것은[대칭5-1] 보살이[대칭5-2] 대상에 집착하는 마음으로 마치[대칭6]

㉖ 수보리여!^{대칭1} 눈 있는 사람에게^{대칭2} 햇빛이 밝게 비치면^{대칭3} 갖가지 모양을 볼 수 있는 것과 같다.^{대칭4} 보시하는 것은^{대칭5-1} 보살이^{대칭5-2} 대상에 집착하지 않는 마음으로 마치^{대칭6}

각 대칭에 대해서 말씀드리겠습니다.

대칭 1 "수보리여!"라고 하였는데, 이는 우리말답지 않습니다. "수보리 장로님!"이라고 하는 것이 적절할 것입니다.

대칭 2 "사람이 〈---〉 눈이 있는 사람들에게"는 ㉕절과 ㉖절에서 대칭되며, 내용은 "눈이 밝은 사람들"입니다. 그래서 "눈이 밝은 사람들"로 합니다.

대칭 3 "어둠 속에 들어가면 〈---〉 햇빛이 밝게 비치면"은 ㉕절과 ㉖절에서 대칭되는 내용으로 정리하면 "어두운 밤중에는 〈---〉 빛이 있는 낮이라야"이 됩니다. 그래서 "어두운 밤중에는 〈---〉 빛이 있는 낮이라야"로 합니다.

대칭 4 "아무것도 볼 수 없는 〈---〉 갖가지 모양을 볼 수 있는"은 ㉕절과 ㉖절에서 대칭되며 내용은 "아무것도 볼 수 없듯 〈---〉 여러 모습 볼 수 있듯"입니다. 그래서 "아무것도 볼 수 없듯 〈---〉 여러 모습 볼 수 있듯"으로 합니다.

대칭 5 "보살 ~ 보시하는, 보살 ~ 보시하는"을 "보시하는 보살, 보시하는 보살"로 수정합니다.

대칭 6 "대상에 집착하는 마음으로 〈---〉 대상에 집착하지 않는 마음으로"는 ㉕절과 ㉖절에서 대칭되는 내용입니다. 구마라집의 심주어법心住於法에 있는 법法을 "대상"으로 하였는데, 정본 한문 금강경의 심주어사心住於事에 있는 사事는 "대상"보다는 넓은 의미의 일, 상황, 조건입니다. "조건들에 집착하는 마음으로 〈---〉 조건들에 집착하지 않는 마음으로" 혹은 "조건들에 걸려 있는 마음으론 〈---〉 조건들에 마음이 ~ 안 걸려야"가 되어야 합니다. 그래서 "걸려 있는 마음으론 〈---〉 마음이 ~ 안 걸려야"로 합니다.

대칭 7 또한 인도식은 (지금 연구자가 보기에는) 기분 나는 대로 생략합니다. "제대로 ~ 복덕들을 지을 수가 없습니다. 〈---〉 참으로 ~ 복덕들을 지을 수가 있습니다."는 대칭 1 ~ 7을 고려하여 동사 중심의 우리말답게 동사를 추가한 것입니다.

이렇게 하여 최종 정리한 것이 다음과 같이 되었습니다.

㉕ 수보리 ~ 장로님 ~ ![대칭1] 눈이밝은 사람들도[대칭2] 어두운 ~ 밤중에는[대칭3] 아무것도 볼수없듯[대칭4] 보시하는 보살들도[대칭5] 걸려있는 마음으론[대칭6] 제대로 ~ 복덕들을 지을수가 없습니다.[대칭7]

㉖ 수보리 ~ 장로님 ~ ![대칭1] 눈이밝은 사람들도[대칭2] 빛이있는 낮이라야[대칭3] 여러모습 볼수있듯[대칭4] 보시하는 보살들도[대칭5] 마음이 ~ 안걸려야[대칭6] 참으로 ~ 복덕들을 지을수가 있습니다.[대칭7]

이렇게 정리하고 나니까 ㉕절 안에서도 [대칭2]와 [대칭5]가 대칭이며, [대칭3]과 [대칭6]이 대칭이며, [대칭4]와 [대칭7]이 대칭입니다. ㉕절뿐만 아니라 ㉖절 안에서도 [대칭2]와 [대칭5]가 대칭이며, [대칭3]과 [대칭6]이 대칭이며, [대칭4]와 [대칭7]이 대칭입니다.

㉕	눈이밝은 사람들도	어두운 ~ 밤중에는	아무것도 볼수없듯	
	보시하는 보살들도	걸려있는 마음으론	(제대로 ~ 복덕들을 지을수가 없습니다.)	

㉖	눈이밝은 사람들도	빛이있는 낮이라야	여러모습 볼수있듯	
	보시하는 보살들도	마음이 ~ 안걸려야	(참으로 ~ 복덕들을 지을수가 있습니다.)	

한문본에서도 마찬가지입니다.

대칭 1 ㉕절과 ㉖절은 완전 대칭 문장입니다. 내용이 완전 대칭되는 경우 우리는 되도록 대칭되는 사항을 대칭되는 자리에 두는 것이 좋습니다. 인도 사람들도 그렇고 중국 사람들도 같습니다.

㉕	湏菩提 수보리	若菩薩 약보살	心住於事 심주어사	而行布施 이행보시	如人 여인	入闇 입암	則無所見 즉무소견
	湏菩提 수보리	若菩薩 약보살	心不住事 심부주사	而行布施 이행보시	如人有目 여인유목	日光明照 일광명조	見種種色 견종종색

대칭 2 ㉕절 안에서도 다시 완전 대칭이 보입니다.

若菩薩 약보살	心住於事 而行布施 심주어사 이행보시	(복덕 적음)
如人 여인	入闇 입암	則無所見 즉무소견

대칭 3 ㉖절 안에서도 다시 완전 대칭이 보입니다.

若菩薩 약보살	心不住事 而行布施 심부주사 이행보시	(복덕 많음)
如人有目 여인유목	日光明照 일광명조	見種種色 견종종색

수보리~ 장로님~ 부처님의 지혜로써
여래는~ 모두알고 모두보고 있습니다.
이법문을 받아지녀 독송하며 전해주는
선남자와 선여인이 짓게되는 복덕들은
헤아릴수 없을만큼 한량없이 많습니다.

定本 ————

須菩提　　　若有善男子善女人 能於此經 受持讀誦 爲
수보리　　　약유선남자선여인 능어차경 수지독송 위

他人說 則爲如來 以佛智慧 悉知是人 悉見是人 皆得成就
타인설 즉위여래 이불지혜 실지시인 실견시인 개득성취

無量無邊功德
무량무변공덕

수보리여![1] 미래에[2] 선남자 선여인이
이 경전을 받고 지니고 읽고 외운 ⋯⋯⋯⋯ 다면[3]
여래는 부처의 지혜로
이 사람들이 모두 한량없는 공덕을 성취하게 될 것임을
다 알고 다 본다."

논의 1 "수보리여!"라고 하였는데, 이는 우리말답지 않습니다. "수보리 장로님!"이라고 하는 것이 적절할 것입니다.

논의 2 원본으로 사용되고 있는 금강경 10본을 비교·검토하여, "미래에"를 삭제합니다. 아마도 6장 ①절에 있어야 할 "미래에"가 이곳으로 온 것 같습니다.

논의 3 원본으로 사용되고 있는 금강경 10본을 비교·검토하여, "전해주는"을 추가합니다.

15장 금강경을 받아 지니는 공덕

<table>
<tr><td>정 본</td><td>금강경 15장 ①절</td></tr>
</table>

수보리~ 장로님~ 백천만억 겁동안을

매일매일 아침에도 한낮에도 저녁에도

강가강의 모래만큼 여러차례 자기몸을

보시하는 사람들이 짓게되는 복보다도

이법문을 듣고서~ 비방않는 사람들이

짓게되는 복덕들이 훨씬더~ 많습니다.

定本

須菩提 若有人 初日分 以恒河沙等身布施 中日分 復以恒
수보리 약유인 초일분 이강가사등신보시 중일분 부이강

河沙等身布施 後日分 亦以恒河沙等身布施 如是　　　百千
가사등신보시 후일분 역이강가사등신보시 여시　　　백천

萬億劫 以身布施 若復有人 聞此經典 信心 不謗 其福勝彼
만억겁 이신보시 약부유인 문차경전 신심 불방 기복승피

논의1 "수보리여!"라고 하였는데, 이는 우리말답지 않습니다. "수보
리 장로님!"이라고 하는 것이 적절할 것입니다.

논의2 "선남자 선여인이 ~ 어떤 사람이" 형태인데, 물질 보시자는
"선남자 선여인"이라고 하고 경전과 관련된 사람은 그냥 "어
떤 사람"이라는 것은 논리적으로 맞지 않습니다. 또 구마라
집 한문본 금강경을 다른 한문 5본(유지본, 진제본, 급다본, 현

"수보리여!¹⁾ 선남자 선여인이²⁾ 아침나절에 항하의³⁾ 모래 수만큼 몸을 보시하고 점심나절에 항하의 모래 수만큼 몸을 보시하며 저녁나절에 항하의 모래 수만큼 몸을 보시하여, 이와 같이 한량없는 시간동안⁴⁾ 몸을 보시한다고 하자. 또 어떤 사람이 이 경의 말씀을 듣고 비방하지 않고 믿는다고 하자. 그러면 이 복은 저 복보다 더 뛰어나다.⁵⁾

장본, 의정본), 산스끄리뜨어(범어) 2본(Conze본, Muller본), 티베트어본, 몽골어본 등과 비교·검토하여, "사람 ~ 사람"으로 수정합니다.

논의 3 인도에 있는 큰 강의 이름은 "강가"강입니다. 중국 사람들이 음사하면서 "강가"강이라고 했습니다. 중국 사람들이 음사한 것을 문자로 가지고 오면서 우리나라에서 "항하"강이 되어 버렸습니다. 또 영국 사람들이 음사하면서 "강가"강이라고 했습니다. 그런데 영국으로 문자가 가면서 "갠지스"강이 되어 버렸습니다. 지금 우리나라 사람들은 항하라고 하기도 하고 갠지스라고 하기도 하고 강가라고 하기도 합니다. 지명은 인도식 그대로 "강가"강이라고 하는 것이 옳습니다.

논의 4 아무리 물질 보시와 경전 관련 복덕의 비교이지만, "한량없는 시간 동안 몸을 보시"하는 것이 적다는 것은 논리적으로도 맞지 않고, 원본으로 사용되고 있는 금강경 10본을 비교·검토하여 "백천만억 겁 동안을"이라고 수정합니다.

논의 5 "이 복은 저보다 더 뛰어나다"보다는 " ~ ~하는 사람이 짓게

정 본	금강경 15장 ②~④절

②
하물며 ~ 이법문을 사경하고 받아지녀
독송하고 널리널리 전해주는 복덕이랴!

③
수보리 ~ 장로님 ~ 이법문의 복덕들은
헤아릴수 없을만큼 한량없이 많습니다.

④
이법문은 대승의길 가는사람 위하여서
최상승길 가는사람 위하여서 설합니다.

定本 ————

② 何況書寫 受持讀誦 爲人解說
　하 황 서 사　수 지 독 송　위 인 해 설

③ 須菩提　　　是經有 不可思議 不可稱量　　功德
　수 보 리　　　시 경 유　불 가 사 의　불 가 칭 량　　공 덕

④ 如來 爲發大乘者說 爲發取上乘者說
　여 래　위 발 대 승 자 설　위 발 최 상 승 자 설

되는 복보다 ~ ~하는 사람이 짓게 되는 복이 더 뛰어나다"가
더 우리말답습니다.

②
하물며 이 경전을 베껴 쓰고 받고 지니고
읽고 외우고[1] 다른 이를 위해 설명해 줌이랴!

③
수보리여![2] 간단하게 말하면 이 경에는
생각할 수도 없고 헤아릴 수도 없는 한없는 공덕이 있다.

④
여래는[3] 대승에 나아가는 이를 위해 설하며
최상승에 나아가는 이를 위해 설한다.

논의 1 "사경" "독송" 정도는 한자어를 사용하는 것이 더 우리말답습
니다.

논의 2 "수보리여!"라고 하였는데, 이는 우리말답지 않습니다. "수보
리 장로님!"이라고 하는 것이 적절할 것입니다.

논의 3 문법적으로는 "여래는 ~ 설한다"가 옳지만, 우리말에서는
때로 주어를 생략하는 것이 더 분명할 수도 있습니다. 특히
주어가 자신일 때는 더 그렇습니다. 즉 "이 법문은 ~ 설합
니다"가 우리말답습니다.

⑤

이법문을 받아지녀 독송하며 설해주면

여래는~ 모두알고 모두보고 있습니다.

이런사람 짓는복은 끝도없이 많습니다.

헤아릴수 없을만큼 한량없이 많습니다.

⑥

최고바른 깨달음을 이루게될 것입니다.

定本 ─────

⑤ 若 有人 能受持讀誦 廣爲人說 如來 悉知是人 悉見是
　　약 유인 능수지독송 광위인설 여래 실지시인 실견시

　　人 皆得成就 不可量 不可稱 無有邊 不可思議 功德
　　인 개득성취 불가량 불가칭 무유변 불가사의 공덕

⑥ 如是人等 則爲荷擔 如來阿耨多羅三藐三菩提
　　여시인등 즉위하담 여래아누다라삼먁삼보리

⑤

어떤 사람이 이 경을 받고 지니고 읽고 외워 널리 다른 사람을 위해 설해 준다면[1] 여래는[2]
이 사람들이 헤아릴 수 없고 말할 수 없으며 한없고 생각할 수 없는 공덕을 성취할 것임을 다 알고 다 본다.

⑥

이와 같은 사람들은[3]
여래의 가장 높고 바른 깨달음을 감당하게 될 것이다.

논의1 "어떤 사람이 이 경을 받고 지니고 읽고 외워 널리 다른 사람을 위해 설해 준다면"은 "이 법문을 받아 지녀 독송하며 설해주면"으로 충분합니다. 의미를 손상하지 않고 간단명료하게 표현했다고 봅니다.

논의2 "여래는 ~ 다 알고 다 본다"보다는 "여래는 모두 알고 모두 보고 있습니다. ~ "가 더 우리말답습니다.

논의3 이 문장은 바로 앞 문장의 연결이고 앞 문장에 주어가 있었으므로 이 문장에서는 주어를 생략하는 것이 더 우리말답습니다.

수보리~ 장로님~ 수보리~ 장로님~
믿는마음 부족하여 자기중심 인간중심
중생중심 생명중심 생각하는 사람들은
이법문을 받아지녀 독송하지 못합니다.
널리널리 설법하여 전해주지 못합니다.

定本 ────

何以故 湏菩提 若樂小法者 着我見 人見 衆生見 壽者見 則
하 이 고 수 보 리 약 요 소 법 자 착 아 견 인 견 중 생 견 수 자 견 즉

於此經 不能 聽受讀誦 爲人解說
어 차 경 불 능 청 수 독 송 위 인 해 설

────

논의1 "왜냐하면"은 우리말로 "에~" 정도이므로 번역하지 않음이
옳습니다. 그래서 "왜냐하면 ~ 때문"을 삭제합니다.

논의2 "수보리여!"라고 하였는데, 이는 우리말답지 않습니다. "수보
리 장로님!"이라고 하는 것이 적절할 것입니다.

논의3 각묵 스님은 이 부분을 "참으로 확신이 부족한 중생"이라고
번역하였습니다. "소승법을 좋아하는 자"라고 한 것은 대승
불교와 대비하여 번역했기 때문이라고 보입니다. 금강경의
법문을 조금밖에 믿지 못하는 사람이므로 "믿는 마음 부족
하여"로 번역하는 것이 적절하다고 봅니다. 小(소)는 '대·

왜냐하면[1] 수보리여![2]

소승법을 좋아하는 자가[3] 자아가 있다는 견해, 개아가 있

다는 견해, 중생이 있다는 견해, 영혼이 있다는 견해에[4]

집착한다면

이 경을 듣고 받고 읽고 외우며

다른 사람을 위해 설명해 주지 못하기 때문이다.

중·소'로 구분할 때, 소에 해당하므로 부정적인 의미를 가집
니다.

논의4 논의 'Ⅰ부 3-3. 사상 설명(35쪽)'을 참고하시기 바랍니다. 자
기 생각도 구분하면 3단계로 표현합니다. [1]자기중심 생각, [2]
강한 자기 생각, [3]매우 강한 자기 생각으로 구분합니다. 여
기서는 3단계, 즉 [3]매우 강한 자기 생각을 말합니다. 일반적
으로 "집착한다면"은 좋은 것에 집착하는 것입니다. 여기서
는 [3]매우 강한 자기 생각에 걸려 있는 것을 말합니다.

수보리~ 장로님~ 이법문이 있는곳은
온세상의 하느님과 사람들과 아수라가
부처님의 탑에하듯 공양올릴 것입니다.
예경하며 꽃과향을 올리게될 것입니다.

定本

須菩提 在在處處 若有此經 一切世間 天 人 阿修羅 所應供
수보리 재재처처 약유차경 일체세간 천 인 아수라 소응공

養. 當知 此處 則爲是塔 皆應恭敬 作禮圍繞 以諸華香 而
양　당지 차처 즉위시탑 개응공경 작례위요 이제화향 이

散其處
산 기 처

논의1 "수보리여!"라고 하였는데, 이는 우리말답지 않습니다. "수보
리 장로님!"이라고 하는 것이 적절할 것입니다.

논의2 일반적으로 한문으로는 "천, 천인, 천신"으로 표현하는데, 가
장 많이 사용되는 용어가 "천"입니다. 금강경 본문에서도
"천"입니다. 구태여 "인", "신"을 붙이는 것보다 "천" 그대로,
즉 "하느님"이란 용어가 더 좋다는 생각입니다.

논의3 장소가 공양을 받는다는 좀 그렇습니다. 능동/수동에서 우리
말은 매우 능동형 언어입니다. "하느님과 사람들과 아수라
가 공양 올릴 것입니다."가 적절합니다.

수보리여!¹⁾ 이 경전이 있는 곳은 어디든지
모든 세상의 천신·인간·아수라들에게²⁾
공양을 받을 것이다.³⁾ 이곳은 바로 탑이 되리니⁴⁾
모두가 공경하고 예배하고 돌면서 그곳에 여러 가지 꽃
과 향을 뿌릴 것임을 알아야 한다."

논의4 이 문장도 우리말 같지 않습니다. "이곳은 바로 탑이 되리니"
보다는 "이곳을 바로 탑으로 여겨서"라고 보았습니다.

16장 전생 죄업까지도 씻어냄

정 본	금강경 16장 ①절

수보리~ 장로님~ 이법문을 받아지녀

독송하며 널리널리 전하여~ 주면서도

천대받는 선남자와 선여인이 있습니다.

이들은~ 전생지은 죄업으로 인하여서

다음생에 삼악도에 떨어질~ 사람인데

이생에서 남들에게 약간천대 받음으로

전생죄업 소멸하고 깨달음을 이룹니다.

定本 ————

復次 須菩提 善男子善女人 受持讀誦此經 爲他人說 若爲
부차 수보리 선남자선여인 수지독송차경 위타인설 약위

人輕賤 是人 先世罪業 應墮惡道 以今世人輕賤故 先世罪
인경천 시인 선세죄업 응타악도 이금세인경천고 선세죄

業 則爲消滅 當得阿耨多羅三藐三菩提
업 즉위소멸 당득아누다라삼먁삼보리

————

논의 1 "수보리여!"라고 하였는데, 이는 우리말답지 않습니다. "수보
리 장로님!"이라고 하는 것이 적절할 것입니다.

논의 2 구마라집 한문본 금강경을 다른 한문 5본(유지본, 진제본,

"또한 수보리여![1] 이 경을 받고 지니고
읽고 외우 .... 는[2] 선남자 선여인이
남에게 천대와 멸시를 당한다면
이 사람이 전생에 지은 죄업으로는
악도에 떨어져야 마땅하겠지만,
금생에 다른 사람의 천대와 멸시를 받았기 때문에
전생의 죄업이 소멸되고
반드시 가장 높고 바른 깨달음을 얻게 될 것이다.[3]

급다본, 현장본, 의정본), 산스끄리뜨어(범어) 2본(Conze본,
Muller본), 티베트어본, 몽골어본 등과 비교·검토하여, "널리
널리 전하여 ~ 주면서도"를 추가합니다.

논의 3 전체적으로 대조하며 여러 번 수정하여, 뜻은 완전히 같으면
서도 보다 우리말답도록 교감하였습니다.

수보리~ 장로님~ 수보리~ 장로님~

여래가~ 과거연등 부처님을 모시기전,

여래는~ 백천만억 아승기겁 동안에~

팔만사천 만억나유 부처님을 친견하며

빠짐없이 정성다해 섬겼던일 있습니다.

定本 ─────

須菩提 我念 過去 百千萬億阿僧祇劫 於然燈佛前 得値 八
수보리 아념 과거 백천만억아승기겁 어연등불전 득치 팔

萬四千 萬億那由他諸佛 悉皆供養承事 無空過者
만사천 만억나유타제불 실개공양승사 무공과자

그렇지만 말법세상 이법문을 받아지녀

독송하고 전해주며 짓는복에 비교하면

여래가~ 그모든~ 부처님께 공양하고

예경하여 지은복은 백분의일 천분의일

만억분의 일에조차 미치지~ 못합니다.

숫자로는 비교조차 할수가~ 없습니다.

수보리여!¹⁾

나는 연등부처님을 만나기 전

과거 한량없는 아승기겁 동안

팔백 사천²⁾ 만억 나유타의 여러 부처님을 만나

모두 공양하고 받들어 섬기며

그냥 지나친 적이 없었음을 기억한다.³⁾

논의1 "수보리여!"라고 하였는데, 이는 우리말답지 않습니다. "수보리 장로님!"이라고 하는 것이 적절할 것입니다.

논의2 원본으로 사용되고 있는 금강경 10본을 비교·검토하여, "팔백사천"을 "팔만사천"으로 수정합니다.

논의3 전체적으로 대조하며 여러 번 수정하여, 뜻은 완전히 같으면서도 우리말이라는 느낌이 오도록 교감하였습니다.

만일 어떤 사람이 정법이 쇠퇴할 때 이 경을 잘 받고 지니고 읽고 외워서 .... ¹⁾ 얻은 공덕에 비하면

내가 여러 부처님께 공양한

공덕은 백에 하나에도 미치지 못하고 천에 하나

만에 하나 억에 하나에도 미치지 못하며

더 나아가서 어떤 셈이나 비유로도 미치지 못한다.²⁾

若復有人 於後末世 能受持讀誦此經 爲他人說 所得功德
약 부 유 인　어 후 말 세　능 수 지 독 송 차 경　위 타 인 설　소 득 공 덕

於我所供養諸佛功德 百分 不及一 千萬億分 乃至 筭數譬
어 아 소 공 양 제 불 공 덕　백 분　불 급 일　천 만 억 분　내 지　산 수 비

喩 所不能及
유　소 불 능 급

정 본	금강경 16장 ④~⑤절

④

수보리~ 장로님~ 수보리~ 장로님~

말법세상 이법문을 받아지녀 독송하며

널리널리 전해주는 선남자와 선여인이

짓게되는 복덕들을 여래가~ 다말하면

사람들은 믿지않고 혼란해할 것입니다.

⑤

수보리~ 장로님~ 이법문의 복덕들은

헤아릴수 없을만큼 한량없이 많습니다.

이에따라 생겨나는 이법문의 과보역시

헤아릴수 없을만큼 한량없이 많습니다.

논의 1 원본으로 사용되고 있는 금강경 10본을 비교·검토하여, "전해 주며"를 추가합니다.

논의 2 전체적으로 대조하며 여러 번 수정하여, 뜻은 완전히 같으면서도 우리말이라는 느낌이 오도록 교감하였습니다.

금강경 16장 ④~⑤절	유통본

④

수보리여![1]

선남자 선여인이 정법이 쇠퇴할 때 이 경을 받고 지니고 읽고 외워서 [2]

얻는 공덕을 내가 자세히 말한다면, 아마도 이 말을 듣는 이는 마음이 어지러워서 의심하고 믿지 않을 것이다.[3][4]

⑤

수보리여![5] 이 경은 뜻이

불가사의하며

그 과보도

불가사의함을 알아야 한다.[6]"

④ 湏菩提 若善男子善女人 於後末世 有受持讀誦此經 爲
   수보리 약선남자선여인 어후말세 유수지독송차경 <u>위</u>

   他人說 所得功德 我若具說者 或有人聞 心則狂亂 狐疑
   <u>타인설</u> 소득공덕 아약구설자 혹유인문 심즉광란 호의

   不信
   불신

⑤ 湏菩提 當知 是經義 不可思議 果報 亦 不可思議
   수보리 당지 시경의 불가사의 과보 역 불가사의

————

논의1 "수보리여!"라고 하였는데, 이는 우리말답지 않습니다. "수보리 장로님!"이라고 하는 것이 적절할 것입니다.

논의2 원본으로 사용되고 있는 금강경 10본을 비교·검토하여, "널리널리 전해주는"을 추가합니다.

논의3 우리말은 부정이 긍정보다 먼저 나오는 것이 좋습니다. 즉 "어지러워서 의심하고 믿지 않을 것"은 "믿지 않고 어지러워하고 의심할 것"이 더 우리말답습니다.

논의4 전체적으로 대조하며 여러 번 수정하여, 뜻은 완전히 같으면서도 우리말이라는 느낌이 오도록 교감하였습니다.

논의5 "수보리여!"라고 하였는데, 이는 우리말답지 않습니다. "수보리 장로님!"이라고 하는 것이 적절할 것입니다.

논의6 전체적으로 대조하며 여러 번 수정하여, 뜻은 완전히 같으면서도 우리말이라는 느낌이 오도록 교감하였습니다.

훈민정음 창제 주인

훈민정음 활용 관련 첫째 연표: 왕권 관련

1447. 5. 용비어천가

훈민정음 활용 관련 둘째 연표: 불교 관련

1447. 7. 석보상절	1462 능엄경 언해 목판본
1449 월인천강지곡	1463 반야심경 언해
1456 선종영가집 언해	1463 법화경 언해
1459 월인석보	1464 금강경 언해
1467 몽산법어 언해	1464 아미타경 언해
1461 능엄경 언해 활자본	1465 원각경 언해

훈민정음 활용 관련 셋째 연표: 유교 관련

1585 사서삼경 언해	1588 소학 언해
1588 논어 언해	1590 맹자 언해

숭유억불의 조선에서 창제하고 반포한 훈민정음이 창제 당시 "용비어천가"에 달랑 한 번만 활용하고, 100년이 넘도록 왕권이나 유교와 관련해서 단 한 권의 책도 발간되지 않았습니다. 이는 훈민정음은 완전히 불교인이 창제하였음을 나타냅니다.

17장 자기중심 생각에서 완전히 벗어남

①

거룩하신 부처님~ 거룩하신 부처님~

보살의길 가려하는 선남자와 선여인은

어떻게~ 발원하고 어떻게~ 수행하며

어떻게~ 자기마음 다스려야 하옵니까?

②

수보리~ 장로님~ 수보리~ 장로님~

보살의길 가려하는 선남자와 선여인은

'일체중생 열반으로 내가모두 제도한다'

이와같은 큰발원을 해야하는 것입니다.

③

이리하여 일체중생 열반으로 제도하되

중생제도 하였다고 생각하면 안됩니다.

④

수보리~ 장로님~ 자기중심 인간중심

중생중심 생명중심 생각하는 보살들은

참~된~ 보살이라 말할수가 없습니다.

①

그때 수보리가[1-1] 부처님께 여쭈었습니다. "세존이시여!
가장 높고 바른 깨달음을 얻고자 하는[2-1] 선남자　선여
인은 어떻게 살아야 하며[3-1]　　　[4-1] 어떻게 그 마음을[5-1]
다스려야 합니까?"[6]

②

[1-2]부처님께서 수보리에게 말씀하셨습니다. "가장 높고
바른 깨달음을 얻고자 하는[2-2] 선남자 선여인은 이러한
마음을 일으켜야[3-2] 한다. '나는 일체 중생을 열반에 들
게 하리라.

③

일체 중생을 열반에 들게 하였지만[4-2] 실제로는 아무도
열반을 얻은 중생이 없다.'[5-2] [7]

④

왜냐하면[8-1] 수보리여![9-1] 보살에게[10] 자아가 있다는 관
념, 개아가 있다는 관념, 중생이 있다는 관념, 영혼이 있
다는 관념이[11] 있다면 보살이 아니기 때문이다.

⑤

수보리~ 장로님~ 그런생각 아니해야

참으로~ 보살의길 가고있는 것입니다.

定本 ————

① 世尊 善男子善女人 發菩薩乘 云何應住
　　세 존　선 남 자 선 여 인　발 보 살 승　운 하 응 주

云何修行 云何降伏其心
운 하 수 행　운 하 항 복 기 심

② 　須菩提 善男子善女人 發菩薩乘 　當生如是心 我應
　　수 보 리　선 남 자 선 여 인　발 보 살 승　당 생 여 시 심　아 응

滅度 一切衆生
멸 도　일 체 중 생

③ 滅度一切衆生已 而無有一衆生 實滅度者
멸 도 일 체 중 생 이　이 무 유 일 중 생　실 멸 도 자

④ 何以故 須菩提 若菩薩 有我相 人相 衆生相 壽者相 則
하 이 고　수 보 리　약 보 살　유 아 상　인 상　중 생 상　수 자 상　즉

非菩薩
비 보 살

⑤ 所以者何 須菩提 實無有法 名發菩薩乘者
소 이 자 하　수 보 리　실 무 유 법　명 발 보 살 승 자

————————

논의 1-1 "부처님께서 말씀하셨습니다. 수보리가 대답하였습니다.
수보리가 여쭈었습니다." 등은 80여 차례가 필요하나 실
제로는 30차례 정도만 있고, 없는 것이 깔끔하므로 삭제합
니다.

220 정본 우리말 금강경

⑤

그것은[8-2] 수보리여![9-2] 가장 높고 바른 깨달음에 나아가는[2-3] 자라 할 법이 실제로 없는 까닭이다.[12]

논의 2-1 구마라집 한문본 금강경을 다른 한문 5본(유지본, 진제본, 급다본, 현장본, 의정본), 산스끄리뜨어(범어) 2본(Conze본, Muller본), 티베트어본, 몽골어본 등과 비교·검토하여, "가장 높고 바른 깨달음을 얻고자 하는"을 "보살의 길 가려 하는"으로 수정합니다.

논의 3-1 ①절 "어떻게 살아야 하며"와 ②절 "이러한 마음을 일으켜야"의 관계를 봅시다. 의미상 같은 내용이어야 합니다. 전재성은 ①절 "어떻게 뜻을 세워야 하며"와 ②절 "마음을 일으켜야"로 번역하였고, 각묵 스님은 ①절 "어떻게 머물러야 하고"와 ②절 "마음을 내어야"로 번역하였습니다. 한문본에서는 ①절을 전부 주住로 번역하였습니다. 금강경 전체에서 주住는 거의 전부가 부정적 의미로 사용되었는데, 2장의 주住와 17장 첫 문장의 주住는 "긍정적인 주住"(스타따위양/sthatavyam : 일단 발원하고, 발원한 내용과 잠시도 떨어지지 않고, 꼭 붙어 있어야 한다)입니다. 그래서 "발원"으로 번역하였습니다. 금강경에서의 나머지 주住는 전부가 "부정적인 주住"(쁘라띠스티따/pratisthita : 벗어나야 하는데, 벗어나지 못하고 꼭 붙어 있다)입니다. 그래서 "걸려 있다"로 번역하였습니다. 집착한다라고 번역하는 분들도 있으나, 집착한다라는 표현으로

는 "벗어나야 하는데, 벗어나지 못하고 꼭 붙어 있다."라는
의미를 살릴 수 없습니다. 집착한다라는 말은 "좋은 것에 능
동적으로 집착한다."는 의미가 강하기 때문입니다. 같은 내
용이 3-2에도 있습니다.

논의 4-1 원본으로 사용되고 있는 금강경 10본을 비교·검토하여,
"어떻게 수행하며"를 추가합니다.

논의 5-1 "그 마음"이란 "발원하고 수행하였다는 자기 마음"입니다.
그래서 "자기 마음"으로 합니다. 셋째 질문은 어떻게 자기
마음을 다스려야 하는지입니다. 즉 하심下心에 대한 것입니
다. 비슷한 내용이 논의 5-2에도 있습니다.

논의 6 ①절에서 세 가지 질문을 한 것입니다. ¹⁾발원, ²⁾수행, ³⁾마음
다스리기(하심下心)이라는 세 가지 질문을 하였습니다.

논의 1-2 "부처님께서 말씀하셨습니다. 수보리가 대답하였습니다.
수보리가 여쭈었습니다." 등은 80여 차례가 필요하나 실제
로는 30차례 정도만 있고, 없는 것이 깔끔하므로 삭제합니
다. 논의 1-1에 이어 두 번째이므로 논의 1-2로 합니다.

논의 2-2 원본으로 사용되고 있는 금강경 10본을 비교·검토하여,
"가장 높고 바른 깨달음을 얻고자 하는"을 "보살의 길 가려
하는"으로 수정합니다. 논의 2-1에 이어 두 번째이므로 논
의 2-2로 합니다.

논의 3-2 ②절 "이러한 마음을 일으켜야"에서의 "일으켜야"는 'ut-
pādayitavyaṃ(utpādayati)'의 번역으로 'to produce, gener-
ate'의 의미입니다. 자세하게 의미를 살피면 "발원해야 하며,
발원한 후에는 절대로 놓치지 않고 항상 같이 있어야 한다"
가 될 것입니다. 핵심은 유통본에서와 같이 '마음을 일으키

는 것'입니다. 그래서 발원으로 합니다.

논의 4-2 "어떻게 수행하며"라는 질문에 대한 답입니다. 따라서 "일
체 중생을 열반에 들도록" 제도하여야 합니다. 이것이 "수
행", 즉 행동으로 실천하는 것입니다.

논의 5-2 "어떻게 자기 마음 다스려야 하는지"라는 질문에 대한 답
입니다. 질문을 염두에 둔다면, "실제로는 아무도 열반을 얻
은 중생이 없다"라기보다는 "일체 중생들을 열반에 들도록
제도하였다는 생각을 조금도 하지 않아야 됩니다."가 되어
야 합니다.

논의 7 세 가지 질문에 대한 세 가지 답입니다. 따라서 인용 닫음 부
호는 이 자리에 있으면 안 됩니다. 마음을 일으키는 것, 즉
발원은 ②절까지이므로, ②절 마지막에 인용 닫음 부호가
있어야 합니다. ③절 전반부는 수행에 대한 답이며, ③절 후
반부는 마음 다스리기, 즉 하심下心에 대한 답입니다. 질문이
세 가지이므로 답도 당연히 세 가지이어야 하는데, 단 하나
로 하였습니다.

첫째로는 뜻을 세우고(마음을 일으키고), 둘째로는 수행하고,
셋째로는 마음을 다스려야 하는데, 마음을 일으키는 데(발
원) 이 세 가지를 인용 부호로 표시하면서 통합시켰습니다.
그 결과 3가지 질문과 3가지 답변이라는 금강경 3대 질문이
의미하는 뜻이 통하지 않게 만들어 버렸습니다. "일체중생
을 열반에 들게 하여야 한다"가 둘째 과제입니다. 마지막 셋
째 과제는 "(둘째 과제를 하였지만) "일체 중생을 열반에 들게
하였다는 생각"을 갖지 않도록 마음을 다스려야 하는 것, 즉
하심下心입니다.

논의 8-1 "왜냐하면 ~ 때문"은 지금의 우리말로는 "에 ~ "정도이므로 번역하지 않는 것이 타당하다고 봅니다.

논의 9-1 "수보리여!"라고 하였는데, 이는 우리말답지 않습니다. "수보리 장로님!"이라고 하는 것이 적절할 것입니다.

논의 10 "보살에게 ~ 면 보살이 아니다"라는 표현은 우리말답지 않습니다. "보살에게 ~ 면 참된 보살이 아니다"라고 하든지, "~ 보살은 참된 보살이 아니다"라고 해야 우리말답습니다.

논의 11 내용 면에서도 "자아가 있다는 관념이 있으면 보살이 아니다?"도 말이 안 됩니다. '자아가 있다는 관념, 개아가 있다는 관념, 중생이 있다는 관념, 영혼이 있다는 관념'이 없어야 한다는 말이 됩니다. "고정불변 실체로서의 자아가 있다는 관념이 있으면 참된 보살이 아니다"를 표현하려고 한 것 같습니다. 여기에 대해서는 'Ⅰ부 3-3. 사상 설명(35쪽)'에서 다루었습니다.

정 본	금강경 17장 ⑥~⑩절

⑥

수보리 ~ 장로님 ~ 어찌생각 하십니까?

과거연등 부처님을 모시고 ~ 있을때에

'다음생에 최고바른 깨달음을 이룰거라'

여래가 ~ 생각했다 말할수가 있습니까?

논의8-2 "그것은 ~ 까닭"은 우리말로 "에 ~ "정도이므로 번역하지 않고 생략합니다. 논의 8-1에 이어 두 번째이므로 논의 8-2 로 합니다.

논의9-2 "수보리여!"라고 하였는데, 이는 우리말답지 않습니다. "수 보리 장로님!"이라고 하는 것이 적절할 것입니다. 논의 9-1 에 이어 두 번째이므로 논의 9-2로 합니다.

논의2-3 원본으로 사용되고 있는 금강경 10본을 비교 검토하여, "가 장 높고 바른 깨달음에 나아가는"을 "보살의 길 가려 하는" 으로 수정합니다.

논의12 금강경 공부의 ABC에 부가된 부연 설명으로 봐야 할 것입 니다. 앞뒤가 바뀌었습니다. "(C)실제로 법이 없어야", 즉 "그러한 생각이 전혀 없어야" "(D)참으로 보살의 길을 가고 있다고 말할 수가 있는 것"입니다.

금강경 17장 ⑥~⑩절　　유통본

⑥

수보리여!¹⁻¹⁾ 그대 생각은 어떠한가? 여래가 연등부처님 처소에서²⁻¹⁾ 가장 높고 바른 깨달음이라 할 법이³⁻¹⁾ 있었 는가?"⁴⁻¹⁾

---

⑦

아닙니다. 부처님 ~ 그리생각 않습니다.

제가지금 부처님의 말씀이해 하기로는

과거연등 부처님을 모시고 ~ 계실때에

'다음생에 최고바른 깨달음을 이룰거라'

부처님은 그렇게 ~ 생각않으 셨습니다.

⑧

수보리 ~ 장로님 ~ 참으로 ~ 옳습니다.

'다음생에 최고바른 깨달음을 이룰거라'

여래는 ~ 그렇게 ~ 생각아니 했습니다.

⑨

수보리 ~ 장로님 ~ 수보리 ~ 장로님 ~

'다음생에 최고바른 깨달음을 이룰거라'

여래가 ~ 그렇게 ~ 생각을 ~ 했더라면

과거연등 부처님이 여래에게 그당시에

"다음생에 석가모니 부처가될 것입니다"

이러한 ~ 수기를 ~ 안주셨을 것입니다.

⑩

'다음생에 최고바른 깨달음을 이룰거라'

여래가 ~ 그렇게 ~ 생각하지 않았기에

과거연등 부처님이 여래에게 그당시에

⑦

"아닙니다, 세존이시여! 제가 부처님께서 말씀하신 뜻을 이해하기로는 부처님께서 연등부처님 처소에서[2-2] 얻으신 가장 높고 바른 깨달음이라 할 법이[3-2] 없습니다."[4-2]

⑧

부처님께서 말씀하셨습니다.[5] "그렇다, 그렇다. 수보리여![1-2] 여래가 가장 높고 바른 깨달음을 얻은 법이[3-3] 실제로 없다.[4-3]

⑨

수보리여![1-3] 여래가 가장 높고 바른 깨달음을 얻은 법이[3-4] 있었다면[4-4] 연등부처님께서 내게 '그대는 내세에 석가모니라는 이름의 부처가 될 것이다.'라고 수기하지 않았을 것이다.[6-1]

⑩

가장 높고 바른 깨달음을 얻은 법이[3-5] 실제로 없었으므로[4-5] 연등부처님께서 내게 '그대는 내세에는 반드시 석가모니라는 이름의 부처가 될 것이다.'라고 수기하셨던

> "다음생에 석가모니 부처가될 것입니다"
> 이러한~ 수기를~ 주시었던 것입니다.

定本 ───────

⑥ 須菩提 於意云何 如來 於然燈佛所 有法 得阿耨多羅三
　　수보리 어의운하 여래 어연등불소 유법 득아누다라삼

　　藐三菩提 不
　　먁삼보리 부

⑦ 不也 世尊 如我解佛所說義 佛 於然燈佛所 無有法 得
　　불야 세존 여아해불소설의 불 어연등불소 무유법 득

　　阿耨多羅三藐三菩提
　　아누다라삼먁삼보리

⑧　　如是如是 須菩提 實無有法 如來得 阿耨多羅三藐三
　　　　여시여시 수보리 실무유법 여래득 아누다라삼먁삼

　　菩提
　　보리

⑨ 須菩提 若有法 如來得 阿耨多羅三藐三菩提者 然燈佛
　　수보리 약유법 여래득 아누다라삼먁삼보리자 연등불

　　則不與我受記 汝於來世 當得作佛 號釋迦牟尼
　　즉불여아수기 여어래세 당득작불 호석가모니

⑩ 以實無有法 得阿耨多羅三藐三菩提 是故 然燈佛 與我
　　이실무유법 득아누다라삼먁삼보리 시고 연등불 여아

　　受記 作是言 汝於來世 當得作佛 號釋迦牟尼
　　수기 작시언 여어래세 당득작불 호석가모니

논의 1-1 "수보리여!"라고 하였는데, 이는 우리말답지 않습니다. "수
　　보리 장로님!"이라고 하는 것이 적절할 것입니다.

논의 2-1 "처소"라는 말은 사적인 공간을 말합니다. 따라서 "연등 부

것이다.[6-2) 7)]

처님을 모시고 있을 때"라고 하는 것이 옳습니다.

논의3-1 논의 3-1, 논의 3-2, 논의 3-3, 논의 3-4, 논의 3-5는 같은 내용이어야 합니다. 즉 "~이라할 법", "~을 얻은 법"을 "~을 이루었다는 생각이 여래에게"로 통일되어야 합니다. 논의 7에 답이 있습니다.

논의4-1 ⑥절 "있었는가?", ⑦절 "없습니다", ⑧절 "없다", ⑨절 "있었다면", ⑩절 "없었으므로"에 관한 것입니다. 우선 시제가 맞지 않습니다. 연등 부처님 처소에서의 사건이므로, 시제만 봤을 때는 ⑥절, ⑨절, ⑩절뿐만 아니라 ⑦절, ⑧절도 과거 시제가 되어야 옳을 것입니다. 따라서 논의 4-1, 4-2, 4-3, 4-4, 4-5는 전부 과거형이어야 합니다.

논의2-2 "처소"라는 말은 사적인 공간을 말합니다. 따라서 "연등 부처님을 모시고 있을 때"라고 하는 것이 옳습니다.

논의3-2 논의 3-1, 논의 3-2, 논의 3-3, 논의 3-4, 논의 3-5는 같은 내용이어야 합니다. 즉 "~이라할 법", "~을 얻은 법"을 "~을 이루었다는 생각이 여래에게"로 통일되어야 합니다. 논의 7에 답이 있습니다.

논의4-2 ⑥절 "있었는가?", ⑦절 "없습니다", ⑧절 "없다", ⑨절 "있었다면", ⑩절 "없었으므로"에 관한 것입니다. 우선 시제가 맞지 않습니다. 연등 부처님 처소에서의 사건이므로, 시제만 봤을 때는 ⑥절, ⑨절, ⑩절뿐만 아니라 ⑦절, ⑧절도 과거 시제가 되어야 옳을 것입니다. 따라서 논의 4-1, 4-2, 4-3, 4-4, 4-5는 전부 과거형이어야 합니다.

논의 5 "부처님께서 말씀하셨습니다. 수보리가 대답하였습니다. 수보리가 여쭈었습니다." 등은 80여 차례가 필요하나 실제로는 30차례 정도만 있고, 없는 것이 깔끔하므로 삭제합니다.

논의 1-2 "수보리여!"라고 하였는데, 이는 우리말답지 않습니다. "수보리 장로님!"이라고 하는 것이 적절할 것입니다.

논의 3-3 논의 3-1, 논의 3-2, 논의 3-3, 논의 3-4, 논의 3-5는 같은 내용이어야 합니다. 즉 "～이라할 법", "～을 얻은 법"을 "～을 이루었다는 생각이 여래에게"로 통일되어야 합니다. 논의 7에 답이 있습니다.

논의 4-3 ⑥절 "있었는가?", ⑦절 "없습니다", ⑧절 "없다", ⑨절 "있었다면", ⑩절 "없었으므로"에 관한 것입니다. 우선 시제가 맞지 않습니다. 연등 부처님 처소에서의 사건이므로, 시제만 봤을 때는 ⑥절, ⑨절, ⑩절뿐만 아니라 ⑦절, ⑧절도 과거 시제가 되어야 옳을 것입니다. 따라서 논의 4-1, 4-2, 4-3, 4-4, 4-5는 전부 과거형이어야 합니다.

논의 1-3 "수보리여!"라고 하였는데, 이는 우리말답지 않습니다. "수보리 장로님!"이라고 하는 것이 적절할 것입니다.

논의 3-4 논의 3-1, 논의 3-2, 논의 3-3, 논의 3-4, 논의 3-5는 같은 내용이어야 합니다. 즉 "～이라할 법", "～을 얻은 법"으로 "～을 이루었다는 생각이 여래에게"로 통일되어야 합니다. 논의 7에 답이 있습니다.

논의 4-4 ⑥절 "있었는가?", ⑦절 "없습니다", ⑧절 "없다", ⑨절 "있었다면", ⑩절 "없었으므로"에 관한 것입니다. 우선 시제가 맞지 않습니다. 연등 부처님 처소에서의 사건이므로, 시제만 봤을 때는 ⑥절, ⑨절, ⑩절뿐만 아니라 ⑦절, ⑧절도 과거 시제가 되어야 옳을 것입니다. 따라서 논의 4-1, 4-2, 4-3, 4-4, 4-5는 전부 과거형이어야 합니다.

논의 6-1, 논의 6-2 ⑨절 ⑩절에 관한 것입니다. 의미상 아래 도표처럼 이해됩니다.

⑨	제1 조건절: 여래에게 '다음 생에 최고 바른 깨달음을 이룰 거라는 생각'이 있었다면	제1 주절: 내게 '그대는 내세에 석가모니라는 이름의 부처가 될 것이다.'라고 수기하지 않았을 것이다.
⑩	제2 조건절: 여래에게 '다음 생에 최고 바른 깨달음을 이룰 거라는 생각'이 없었으므로	제2 주절: 내게 '그대는 내세에 석가모니라는 이름의 부처가 될 것이다.'라고 수기하셨던 것이다.

이렇게 도표를 만들어 놓고 보면 아주 잘 보입니다. 제1 주절과 제2 주절이 대칭되는 내용입니다. 주절들을 대조하면, 조건절에 어떤 내용이 있어야 하는 것은 분명합니다. 연등 부처님께서는 내게 그렇게 수기하셨지만, 나는 그렇게 생각하지 않았다가 있어야 합니다. 즉 조건절은 사실적 기술이 아니라, "나에게 그러한 생각이 있었다면, 나에게 그러한 생각이 없었으므로"가 되어야 할 것입니다.

논의 3-5 논의 3-1, 논의 3-2, 논의 3-3, 논의 3-4, 논의 3-5는 같은 내용이어야 합니다. 즉 "~이라할 법", "~을 얻은 법"으로 "~을 이루었다는 생각이 여래에게"로 통일되어야 합니다.

논의 7에 답이 있습니다.

논의 4-5 ⑥절 "있었는가?", ⑦절 "없습니다", ⑧절 "없다", ⑨절 "있었다면", ⑩절 "없었으므로"에 관한 것입니다. 우선 시제가 맞지 않습니다. 연등 부처님 처소에서의 사건이므로, 시제만 봤을 때는 ⑥절, ⑨절, ⑩절뿐만 아니라 ⑦절, ⑧절도 과거 시제가 되어야 옳을 것입니다. 따라서 논의 4-1, 4-2, 4-3, 4-4, 4-5는 전부 과거형이어야 합니다.

논의 6-2 논의 6-1에서 논의한 것과 같습니다.

정 본	금강경 17장 ⑪~⑮절

⑪

수보리~ 장로님~ 부처라고 하는말은
모든것에 대하여서 여여하다 뜻입니다.

⑫

수보리~ 장로님~ 수보리~ 장로님~
'최고바른 깨달음을 온전하게 이루었다'
여래가~ 이런생각 한다하는 사람들은
여래를~ 근거없이 비방하는 것입니다.

⑬

수보리~ 장로님~ 수보리~ 장로님~
'최고바른 깨달음을 온전하게 이루었다'
여래는~ 이런생각 조금도~ 않습니다.

논의 7 그렇다면, ⑥절의 질문도 "나에게 그러한 생각이 있었겠느냐?"가 되어야 할 것입니다. 다른 질문에서는 ⑨절, ⑩절의 답이 나올 수가 없습니다. ⑦절도 당연히 "'(내생에) 다음 생에 최고 바른 깨달음을 이룰 것이다'라는 생각을 하지 않으셨습니다."가 되어야 합니다. ⑧절도 당연히 "'(내생에) 다음 생에 최고 바른 깨달음을 이룰 것이다'라는 생각을 전혀 하지 않았습니다."가 되어야 합니다.

금강경 17장 ⑪~⑮절	유통본

⑪

왜냐하면[1)] .... [2-1)] 여래는 모든 존재의 진실한 모습을 의미하기[3)] 때문이다.

⑫

.... [2-2)] 어떤 사람이 여래가 가장 높고 바른 깨달음을 얻었다고 .... [5)] 말한다면, ... [4)]

⑬

수보리여![2-3)] 여래가 가장 높고 바른 깨달음을 얻은 법이 실제로 없다.[6-1)]

⑭

수보리~ 장로님~ 여래는~ 깨달음을

이루고도 이루었다 생각하지 아니하고,

생각하지 않는다는 생각조차 아니하여

모든법을 깨달았다 말할수가 있습니다.

부처님법 깨달았다 말할수가 있습니다.

⑮

수보리~ 장로님~ 일체모든 법들을~

깨닫고도 깨달았다 생각하지 아니해야

참으로~ 깨달았다 말할수가 있습니다.

定本 ────────

⑪　　　須菩提 如來者 卽諸法如義
　　　　수보리　여래자 즉제법여의

⑫　須菩提 若有人言 有法 如來得 阿耨多羅三藐三菩提 卽
　　수보리　약유인언 유법 여래득 아누다라삼먁삼보리 즉

　爲謗我 爲非善取
　위방아 위비선취

⑬　須菩提 實無有法 如來得 阿耨多羅三藐三菩提
　　수보리　실무유법 여래득 아누다라삼먁삼보리

⑭　須菩提 如來所得 阿耨多羅三藐三菩提 於是中 無實 無
　　수보리　여래소득 아누다라삼먁삼보리 어시중 무실 무

　虛 是故 如來說 一切法 皆是佛法
　허 시고 여래설 일체법 개시불법

⑭

수보리여!²⁻ ⁴⁾ 여래가 얻은 가장 높고 바른 깨달음에는 진실도 없고⁶⁻²⁾ 거짓도 없다.⁶⁻³⁾ 그러므로 여래는⁷⁾ '일체법이⁸⁾ 모두 불법이다.⁹⁾'라고 설한다.

⑮

수보리여!²⁻⁵⁾ 일체법이라 말한 것은 일체법이 아닌 까닭에 일체법이라 말한다.¹⁰⁾

⑮ 湏菩提 所言 一切法者 卽非一切法 是故名一切法
   수보리 소언 일체법자 즉비일체법 시고명일체법

논의 1 ⑪절의 앞부분에 있는 '왜냐하면 ~ 때문'은 우리말 '에 ~' 정도에 해당됩니다. 그래서 삭제합니다.

논의 2-1 원본으로 사용되고 있는 금강경 10본을 비교·검토하여, "수보리 장로님!"을 추가합니다.

논의 3 앞뒤 문맥에서 추론하면, '모든 존재의 진실한 모습을 의미' 한다기보다는 '모든 존재에 대하여 흔들림 없이 여여하다의 의미'로 볼 수 있습니다.

논의 2-2 원본으로 사용되고 있는 금강경 10본을 비교·검토하여,

"수보리 장로님!"을 추가합니다.

논의 4 원본으로 사용되고 있는 금강경 10본을 비교·검토하여, "여래를 근거없이 비방하는 것입니다"를 추가합니다. 구마라집의 21장 ③절에서 卽爲誇我 爲非善取를 가지고 왔습니다.

논의 5 ⑫절의 주 문장을 복원하고 나니 ⑫절의 부문장, 즉 조건 문장은 "어떤 사람이 여래가 ~ 얻었다고 말한다면"보다는 "어떤 사람이 여래가 ~ 얻었다고 생각한다고 말한다면"이 될 수밖에 없습니다.

논의 2-3 "수보리여!"라고 하였는데, 이는 우리말답지 않습니다. "수보리 장로님!"이라고 하는 것이 적절할 것입니다.

논의 6-1 ⑬절이 ⑫절 다음에 나온다는 점을 고려한다면, "'최고 바른 깨달음을 온전하게 이루었다' 여래는 이런 생각 조금도 않습니다."라는 말 외에는 올 수 있는 말이 없습니다.

논의 2-4 "수보리여!"라고 하였는데, 이는 우리말답지 않습니다. "수보리 장로님!"이라고 하는 것이 적절할 것입니다.

논의 6-2 ⑭절이 ⑬절 뒤에 나온다는 점을 고려한다면, "'최고 바른 깨달음을 온전하게 이루었다' 여래는 이런 생각 조금도 아니하고"라는 말 외에는 올 수 있는 말이 없습니다.

논의 6-3 또한 이어서 나오므로 "아니한다는 생각조차도 없습니다"라는 말 외에는 올 수 있는 말이 없습니다.

논의 7 "부처님께서 말씀하셨습니다. 수보리가 대답하였습니다. 수보리가 여쭈었습니다." 등은 80여 차례가 필요하나 실제로는 30차례 정도만 있고, 없는 것이 깔끔하므로 삭제합니다. 그리고 "여래는 ~ 설하다"도 본문 속의 이런 형태로 봐서 삭제합니다. 또한 석가모니 부처님께서 스스로를 지칭할 때는 원칙적으로 "여래"라고 하는 것 같습니다.

논의 8 "부처님법"과 따로 존재하는 것, 즉 독자적인 것으로 봐서 "일체법을 깨달았다 말할 수가 있습니다."로 합니다.

논의 9 "일체법"과 따로 존재하는 병렬 관계로 봐서 "부처님법 깨달았다 말할 수가 있습니다."로 합니다.

논의 2-5 "수보리여!"라고 하였는데, 이는 우리말답지 않습니다. "수보리 장로님!"이라고 하는 것이 적절할 것입니다.

논의 10 한문본이나 범본이나 모두 "(B)일체법 / (C)안-일체법 / (D)명-일체법"의 형태입니다. 이를 문장 혹은 절의 형태로 변환하면 "(B)일체법을 깨닫고도 (C)일체법을 깨달았다 생각하지 아니해야 (D)참으로 일체법을 깨달았다 말할 수가 있습니다."가 됩니다. 이를 다시 우리말답게 다듬으면, "(B)일체 모든 법들을 깨닫고도 (C)깨달았다 생각하지 아니해야 (D)참으로 깨달았다 말할 수가 있습니다."가 됩니다. 금강경 전체 논리와도 일치합니다.

논의 전체 ⑭절 일차 결론도 같은 식으로 추론할 수 있습니다. 금강경 전체 논리에서 "일체 모든 법들을 깨닫고도 깨달았다 생각하지 아니해야 참으로 깨달았다 말할 수가 있습니다."가 되어야 합니다. 또한 일차 결론에 이어서 한 번 더 강조한다면, 다음과 같이 추론할 수 있습니다. "(D)모든 법을 깨달았다 말할 수가 있습니다. (D)부처님법 깨달았다 말할 수가 있습니다." 외의 다른 추론은 불가능합니다.

⑯
수보리~ 장로님~ 수보리~ 장로님~
존귀함에 대하여서 말씀하여 보십시오.

⑰
거룩하신 부처님~ 거룩하신 부처님~
존귀하되 존귀하다 생각하지 아니해야
참으로~ 존귀하다 말할수가 있습니다.

⑱
수보리~ 장로님~ 보살들도 같습니다.
중생제도 하였다고 말을하는 보살들은
참~된~ 보살이라 말할수가 없습니다.

⑲ 부처님
수보리~ 장로님~ 어찌생각 하십니까?
'나는이제 보살경지 온전하게 이루었다'
보살이~ 이런생각 한다할수 있습니까?

⑳ 수보리
아닙니다 부처님~ 그런생각 아니해야
참~된~ 보살이라 말할수가 있습니다.

⑯

수보리여!<u></u>¹⁻¹⁾ 예컨대 사람의 몸이 매우 큰 것과 같다."²⁾

⑰

<u>수보리가 말하였습니다.</u>³⁾ "세존이시여! 여래께서⁴⁾ 사람 의 몸이 매우 크다는 것은 큰 몸이 아니라고 <u>설하셨으므 로</u> 큰 몸이라 <u>말씀하셨습니다.</u>"

⑱

"<u>수보리여!</u>¹⁻²⁾ 보살도 역시 그러하다. '나는 반드시 한량없는 중생을 <u>제도하리라.</u>'⁵⁾ 말한다면 보살이라 할 수 없다.

⑲

<u>왜냐하면</u>⁶⁾ <u>수보리여!</u>¹⁻³⁾ ....⁷⁾

⑳

............⁸⁾ 보살이라 할 만한 법이 실제로 없기 때문이다.⁹⁾

⑯ 須菩提 譬如 人身長大
   수 보 리 비 여 인 신 장 대

⑰   世尊 如來說 人身長大 則爲非大身 是名大身
        세 존 여 래 설 인 신 장 대 즉 위 비 대 신 시 명 대 신

⑱ 須菩提 菩薩 亦如是 若作是言 我當滅度 無量衆生 則
   수 보 리 보 살 역 여 시 약 작 시 언 아 당 멸 도 무 량 중 생 즉

   不名菩薩
   불 명 보 살

⑲   須菩提 於意云何 頗有實法 名爲菩薩
        수 보 리 어 의 운 하 파 유 실 법 명 위 보 살

⑳ (須菩提言) 不也 世尊 實無有法 名爲菩薩
            불 야 세 존 실 무 유 법 명 위 보 살

────────────

논의 1-1 "수보리여!"라고 하였는데, 이는 우리말답지 않습니다. "수
보리 장로님!"이라고 하는 것이 적절할 것입니다.

논의 2 이 문장은 다음 절을 이끄는 문장입니다. 다음 절을 논의한
후에 이 문장의 내용을 결정해야 할 것입니다. 논의 9 다음
에 논의 전체가 있습니다.

논의 3 "부처님께서 말씀하셨습니다. 수보리가 대답하였습니다. 수
보리가 여쭈었습니다." 등은 80여 차례가 필요하나 실제로
는 30차례 정도만 있고, 없는 것이 깔끔하므로 삭제합니다.

논의 4 "부처님께서 말씀하셨습니다. 수보리가 대답하였습니다. 수
보리가 여쭈었습니다." 등은 80여 차례가 필요하나 실제로는
30차례 정도만 있고, 없는 것이 깔끔하므로 삭제합니다. "여
래께서 ~ 설하셨으므로 ~ 말씀하셨습니다"도 본문 속의 이
런 유형으로 봐서 삭제합니다. 그리고 "~ 설하셨으므로 ~ 말

씀하셨습니다."도 중첩되어 있습니다. 남은 것은 "(B)큰 몸 / (C)안-큰 몸 / (D)큰 몸"입니다. 여기서 "큰 몸"의 의미를 살펴야 합니다. 10장 ⑥절에서 "수미산과 같은 사람 어찌 생각하십니까? 큰 몸이라 할 수 있습니까?"라는 말이 나옵니다. 토론하여 큰 몸을 존귀하다로 결정하였습니다. 그래서 "(B)큰 몸 / (C)안-큰 몸 / (D)큰 몸"을 문장 혹은 절 형태로 변환하면서, "(B)존귀하되 / (C)존귀하다 생각하지 아니해야 / (D)참으로 존귀하다 말할 수가 있습니다."로 하였습니다.

논의 1-2 "수보리여!"라고 하였는데, 이는 우리말답지 않습니다. "수보리 장로님!"이라고 하는 것이 적절할 것입니다.

논의 5 시제가 잘못되었습니다. 미래형으로 하면 안 됩니다. 과거형이 되어야 합니다.

논의 6 원본으로 사용되고 있는 금강경 10본을 비교·검토하여, "왜냐하면"을 삭제합니다.

논의 1-3 "수보리여!"라고 하였는데, 이는 우리말답지 않습니다. "수보리 장로님!"이라고 하는 것이 적절할 것입니다.

논의 7 원본으로 사용되고 있는 금강경 10본을 비교·검토하여, "어찌 생각하십니까? '나는 이제 보살경지 온전하게 이루었다' 보살이 이런 생각 한다 할 수 있습니까?"를 추가합니다.

논의 8 부처님의 말씀이 아니고 수보리 장로님의 말씀입니다. 원본으로 사용되고 있는 금강경 10본을 비교·검토하여, "아닙니다, 부처님 ~ "을 추가합니다.

논의 9 질문의 내용을 고려하면 "보살이라 할 만한 법이 실제로 없기 때문이다."는 순서가 바뀌었습니다. "법이 실제로 없기 때문에 (그런 생각이 없어야) 보살이라 말할 수가 있습니다."입니다. 다듬으면 "그런 생각 아니해야 참~된~ 보살이라 말할 수가 있습니다."가 됩니다.

논의 전체 ⑲절이 질문형이 되고, ⑳절에 "아닙니다, 부처님"이 들어감으로서 '부처님 말씀처럼 보였던 ⑳절이 수보리 장로님의 말씀이 되어 "그런 생각 아니해야 참된 보살이라 말할 수가 있습니다."가 됩니다. 이에 따라, ⑱절에서 "'중생을 제도하리라' 한다면 보살이라 할 수 없는 것"이 아닙니다. 보살의 길 가려 하는 사람은 반드시 '중생을 제도하리라' 발원해야 합니다. 발원을 하고 수행도 하되, 수행한 다음에는 '수행했다고 생각하면 참된 보살이라 할 수 없다'가 옳습니다. 중

정 본	금강경 17장 ㉑~㉕절

㉑ 부처님

수보리~ 장로님~ 중생제도 하고서도
중생제도 하였다고 생각하지 아니해야
참으로~ 제도했다 말할수가 있습니다.

㉒ 부처님

어떠한~ 경우라도 자기중심 인간중심
중생중심 생명중심 생각하면 안됩니다.

㉓

수보리~ 장로님~ 수보리~ 장로님~
불국토를 장엄했다 말을하는 보살들은
참~된~ 보살이라 말할수가 없습니다.

생제도 하였다고 생각하면 참된 보살이라고 말할 수가 없습니다. ⑯절은 부처님께서 말머리를 바꾸시는 장면입니다. 그리고 이어서 ⑰절에서 수보리 장로님의 대답이 나옵니다. ⑰절의 내용은 10장 ⑦절의 내용과 거의 같은 내용입니다. 단지 크다기보다 "크고 웅장하고 아름답고 거룩하고 멋진 몸을 가지게 되었으되, 그러한 몸을 가졌다는 차별적 생각을 하지 않아야 참으로 존귀하다고 말할 수 있습니다."라고 보는 것이 옳을 것입니다. 그렇다면, ⑯절은 존귀라고 의역을 하는 것이 옳다고 봅니다. 이와 같은 논의는 10개 본을 원본으로 하여 교감하였기에 가능하였습니다.

금강경 17장 ㉑~㉕절	유통본

㉑

.... 1)

㉒

그러므로 여래는²⁻¹⁾ 모든 법에 자아도 없고, 개아도 없고, 중생도 없고, 영혼도 없다고³⁾ 설한 것이다.

㉓

수보리여!⁴⁻¹⁾ 보살이⁵⁾ '나는 반드시 불국토를 장엄하리라.'⁶⁾ 말한다면 이는 보살이라 할 수 없다.

㉔

불국토를 장엄하되 장엄했다 아니해야

참으로~ 장엄했다 말할수가 있습니다.

㉕

수보리~ 장로님~ 수보리~ 장로님~

자기중심 생각들을 조금도~ 아니해야

참~된~ 보살이라 말할수가 있습니다.

定本 ─────

㉑ 湏菩提 衆生者 非衆生 是名衆生
　　수보리 중생자 비중생 시명중생

㉒ 是故 佛說 一切法 無我 無人 無衆生 無壽者
　　시고 불설 일체법 무아 무인 무중생 무수자

㉓ 湏菩提 若菩薩 作是言 我當莊嚴佛土 是不名菩薩
　　수보리 약보살 작시언 아당장엄불토 시불명보살

㉔ 何以故 如來說 莊嚴佛土者 卽非莊嚴 是名莊嚴
　　하이고 여래설 장엄불토자 즉비장엄 시명장엄

㉕ 湏菩提 若菩薩 通達無我法者 如來說 名眞是菩薩
　　수보리 약보살 통달무아법자 여래설 명진시보살

──────────

논의1 원본으로 사용되고 있는 금강경 10본을 비교·검토하여, "(B)
중생제도 하고서도 (C)중생제도 하였다고 생각하지 아니해
야 (D)참으로 중생제도 하였다고 말할 수가 있습니다."를 추
가합니다. "(B)중생제도 하고서도 (C)중생제도 하였다고 생

㉔
왜냐하면[7] 여래는[2-2] 불국토를 장엄한다는 것은 장엄하는 것이 아니라고 설하였으므로 장엄한다고[8] 말하기 때문이다.

㉕
수보리여![4-2] 보살이 무아의 법에 통달한다면 여래는[2-3] 이런 이를 진정한 보살이라 부른다."

각하지 아니해야 (D)참으로 중생제도 하였다고 말할 수가 있습니다."를 약간 다듬으면 "중생제도 하고서도 중생제도 하였다고 생각하지 아니해야 참으로 제도했다 말할 수가 있습니다."가 됩니다.

논의 2-1 "부처님께서 말씀하셨습니다. 수보리가 대답하였습니다. 수보리가 여쭈었습니다." 등은 80여 차례가 필요하나 실제로는 30차례 정도만 있고, 없는 것이 깔끔하므로 삭제합니다. "여래는 ~ 설한 것이다"도 본문 속의 이런 유형으로 봐서 삭제합니다.

논의 3 자아, 개아, 중생, 영혼에 대해서 "있다. 없다"라는 말을 하는 순간, 편견에 빠진 것이 됩니다. '아상, 인상, 중생상, 수자상'은 30여 차례 반복되므로 매번 설명하지 않고 'Ⅰ부 3-3. 사상 설명(35쪽)'에서 설명하였습니다. 이를 참고하시기 바랍니다.

논의4-1 "수보리여!"라고 하였는데, 이는 우리말답지 않습니다. "수보리 장로님!"이라고 하는 것이 적절할 것입니다.

논의5 "보살이 ~ 한다면 이는 보살이라 할 수 없다"라는 표현은 우리말답지 않습니다. " ~ 하는 보살은 참된 보살이라 할 수 없다" 혹은 " ~ 하는 보살은 참된 보살이라 말할 수가 없습니다"가 우리말답습니다.

논의6 ㉓절에서 '장엄하리라' 하면 제대로 발원하는 것입니다. 물론 수행과 마음 다스리기가 연결되어야 하지만, '장엄하리라' 하면 (참된) 보살이라고 할 수 없다는 것은 논리적으로 옳지 않습니다. '장엄하였다' 하면 (참된) 보살이라고 할 수 없다는 말은 옳습니다.

논의7 '왜냐하면 ~ 때문'은 우리말 '에 ~' 정도의 내용입니다. 그래서 삭제합니다.

논의2-2 "부처님께서 말씀하셨습니다. 수보리가 대답하였습니다. 수보리가 여쭈었습니다." 등은 80여 차례가 필요하나 실제로는 30차례 정도만 있고, 없는 것이 깔끔하므로 삭제합니다. "여래는 ~ 말하기"도 본문 속의 이런 유형으로 봐서 삭제합니다.

논의8 남은 것은 "(B)장엄불토 / (C)안-장엄 / (D)장엄"입니다. 이를 문장 혹은 절의 형태로 변환하면, "(B)불국토를 장엄하되 / (C)장엄했다 아니해야 / (D)참으로 장엄했다 말할 수가 있습니다."가 됩니다.

논의4-2 "수보리여!"라고 하였는데, 이는 우리말답지 않습니다. "수보리 장로님!"이라고 하는 것이 적절할 것입니다.

논의 2-3 "부처님께서 말씀하셨습니다. 수보리가 대답하였습니다. 수보리가 여쭈었습니다." 등은 80여 차례가 필요하나 실제로는 30차례 정도만 있고, 없는 것이 깔끔하므로 삭제합니다. "여래는 ~ 부른다"도 본문 속의 이런 유형으로 봐서 삭제합니다.

18장 빠짐없이 두루 관찰함

정 본 | 금강경 18장 ①~②절

①

수보리 ~ 장로님 ~ 어찌생각 하십니까?

여래는 ~ 육신의눈 가지고 ~ 있습니까?

②

거룩하신 부처님 ~ 가지고 ~ 계십니다.

부처님은 육신의눈 가지고 ~ 계십니다.

定本 ————

① 須菩提 於意云何 如來有肉眼 不
　　수 보 리　어 의 운 하　여 래 유 육 안　부

② 如是 世尊. 如來有肉眼
　　여 시　세 존　여 래 유 육 안

논의 1 "수보리여!"라고 하였는데, 이는 우리말답지 않습니다. "수보
리 장로님!"이라고 하는 것이 적절할 것입니다.

논의 2 우리말의 기본형은 능동형입니다. "여래에게 육안이 있는
가?"보다는 "여래는 ~ 육신의 눈 가지고 ~ 있습니까?"가 더
우리말답습니다.

논의 3 우리말은 조동사보다는 본동사를 선호합니다. "그렇습니다."
보다는 "가지고 계십니다."가 더 우리말답습니다.

①
"수보리여!¹⁾ 그대 생각은 어떠한가?
여래에게 육안이 있는가?"²⁾

②
"그렇습니다,³⁾ 세존이시여!
여래에게는 육안이 있습니다."⁴⁾⁵⁾

논의 4 우리말의 기본형은 능동형입니다. "여래에게는 육안이 있습니다."보다는 "부처님은 육신의 눈 가지고~ 계십니다."가 더 우리말답습니다. 더구나 부처님을 2인칭으로 부를 때에는 "여래"보다는 "부처님"이 적절하고, "있습니다."보다는 "가지고 계십니다."가 적절합니다.

논의 5 이하 ③~⑩절은 같은 형태이므로 별도의 논의를 하지 않습니다.

③

수보리~ 장로님~ 어찌생각 하십니까?

여래는~ 하늘의눈 가지고~ 있습니까?

④

거룩하신 부처님~ 가지고~ 계십니다.

부처님은 하늘의눈 가지고~ 계십니다.

⑤

수보리~ 장로님~ 어찌생각 하십니까?

여래는~ 지혜의눈 가지고~ 있습니까?

⑥

거룩하신 부처님~ 가지고~ 계십니다.

부처님은 지혜의눈 가지고~ 계십니다.

⑦

수보리~ 장로님~ 어찌생각 하십니까?

여래는~ 법의눈을 가지고~ 있습니까?

⑧

거룩하신 부처님~ 가지고~ 계십니다.

부처님은 법의눈을 가지고~ 계십니다.

③

"수보리여! 그대 생각은 어떠한가?
여래에게 천안이 있는가?"

④

"그렇습니다, 세존이시여!
여래에게는 천안이 있습니다."

⑤

"수보리여! 그대 생각은 어떠한가?
여래에게 혜안이 있는가?"

⑥

"그렇습니다, 세존이시여!
여래에게는 혜안이 있습니다."

⑦

"수보리여! 그대 생각은 어떠한가?
여래에게 법안이 있는가?"

⑧

"그렇습니다, 세존이시여!
여래에게는 법안이 있습니다."

③ 湏菩提 於意云何 如來有天眼 不
　　수보리　어의운하　여래유천안　부

④ 如是 世尊. 如來有天眼
　　여시　세존　여래유천안

⑤ 湏菩提 於意云何 如來有慧眼 不
　　수보리　어의운하　여래유혜안　부

정 본	금강경 18장 ⑨~⑩절

⑨

수보리~ 장로님~ 어찌생각 하십니까?

여래는~ 부처의눈 가지고~ 있습니까?

⑩

거룩하신 부처님~ 가지고~ 계십니다.

부처님은 부처의눈 가지고~ 계십니다.

定本 ─────

⑨ 湏菩提 於意云何 如來有佛眼 不
　　수보리　어의운하　여래유불안　부

⑩ 如是 世尊. 如來有佛眼
　　여시　세존　여래유불안

────────

논의 1 "부처의 눈"을 한자 없이 우리말로 "불안"이라고 하는 것은
　　　　조금 이상합니다.

논의 2 육신의 눈, 하늘의 눈, 지혜의 눈, 법의 눈, 부처의 눈에 대해

⑥ 如是 世尊. 如來有慧眼
여시 세존 여래유혜안

⑦ 湏菩提 於意云何 如來有法眼 不
수보리 어의운하 여래유법안 부

⑧ 如是 世尊. 如來有法眼
여시 세존 여래유법안

금강경 18장 ⑨~⑩절 | **유통본**

⑨
"수보리여! 그대 생각은 어떠한가?
여래에게 불안이[1] 있는가?"

⑩
"그렇습니다, 세존이시여!
여래에게는 불안이 있습니다."[2]

설명해 달라는 요청도 있었습니다만, 이는 번역의 수준이 아니고 설법의 수준이어서 이 책의 목적과는 부합하지 않습니다. 또한 육신의 눈도 가지가지입니다. 육신의 눈은 우리 보통 인간들의 눈입니다. 보통 인간들의 눈도 시력에서도 차이가 나고 같은 강물을 보면서도 아름답게 볼 수도 있고 우울하게 볼 수도 있습니다. 하늘의 눈도 시공간을 초월하는 정도의 가벼운(?) 하늘의 눈도 있지만 물을 연꽃밭으로 보는 하늘의 눈도 있습니다. 지혜의 눈은 지식을 초월하여 인과를

볼 수 있는 눈을 말합니다. 법의 눈은 설명 불가입니다. 지금
의 현상을 보고 과거와의 인과까지도 훤히 보는 눈입니다.

⑪

수보리 ~ 장로님 ~ 어찌생각 하십니까?

"강가강에 있는모든 모래알과 같은수 ~ "

여래가 ~ 이런말을 했던적이 있습니까?

⑫

거룩하신 부처님 ~ 하신적이 있습니다.

부처님은 그런말씀 하신적이 있습니다.

定本 ──────

⑪ 湏菩提 於意云何 恒河中所有沙 佛說是沙 不
　　수 보 리　어 의 운 하　강 가 중 소 유 사　불 설 시 사　부

⑫ 如是 世尊. 如來說是沙
　　여 시　세 존　여 래 설 시 사

──────────

논의1 "수보리여!"라고 하였는데, 이는 우리말답지 않습니다. "수보
리 장로님!"이라고 하는 것이 적절할 것입니다.

논의2 인도에 있는 큰 강의 이름이 "강가"강입니다. 중국 사람들은
음사하면서 "강가"강이라고 했습니다. 중국 사람들이 음사
한 것을 문자로 가지고 오면서 우리나라에서는 "항하"강이

설마 더 이상의 설명을 기대하지는 않으시지요?

<table>
<tr><td colspan="2">금강경 18장 ⑪~⑫절</td><td>유통본</td></tr>
</table>

⑪

"수보리여![1] 그대 생각은 어떠한가?

여래는 항하의[2] 모래에 대해서

설하였는가?"

⑫

"그렇습니다,[3] 세존이시여!

여래는 이 모래에 대해 설하셨습니다."[4]

되어버렸습니다. 또 영국 사람들이 음사하면서 "강가"강이
라고 했습니다. 그런데 영국 본국으로 문자가 가면서 "갠지
스"강이 되어버렸습니다. 최근에 우리나라 사람들은 항하라
고 하기도 하고 갠지스라고 하기도 하고 강가라고 하기도 합
니다. 지명은 인도식 그대로 "강가"강이라고 하는 것이 옳습
니다.

논의 3 "그렇습니다."보다는 "하신 적이 있습니다."가 더 우리말답습
니다.

논의 4 "여래는 '이 모래에 대해' 설하셨습니다."보다는 "부처님은
'그런 말씀' 하신 적이 있습니다."가 더 우리말답습니다.

⑬

수보리 ~ 장로님 ~ 어찌생각 하십니까?

강가강에 있는모든 모래알과 같은수의

강가강의 모래수의 세계들은 많습니까?

⑭

많습니다 부처님 ~ 매우매우 많습니다.

定本 ────

⑬ 須菩提 於意云何 如一恒河中所有沙 有如是等恒河
    수 보 리 어 의 운 하 여 일 강 가 중 소 유 사 유 여 시 등 강 가

    是諸恒河 所有沙數   世界 如是 寧爲多 不
    시 제 강 가 소 유 사 수   <u>세 계</u> 여 시 영 위 다 부

⑭ 甚多 世尊
    심 다 세 존

────────────

논의 1 "수보리여!"라고 하였는데, 이는 우리말답지 않습니다. "수보
리 장로님!"이라고 하는 것이 적절할 것입니다.

논의 2 인도에 있는 큰 강의 이름이 "강가"강입니다. 중국 사람들은
음사하면서 "강가"강이라고 했습니다. 중국사람들이 음사한
것을 문자로 가지고 오면서 우리나라에서 "항하"강이 되어버
렸습니다. 또 영국 사람들이 음사하면서 "강가"강이라고 했
습니다. 그런데 본부인 영국으로 문자가 가면서 "갠지스"강

⑬

"수보리여!¹⁾ 그대 생각은 어떠한가?
한 항하의²⁾ 모래와 같이 이런 모래만큼의 항하가 있고
이 여러 항하의 모래 수만큼 부처님 세계가³⁾ 그만큼 있다면
진정 많다고 하겠는가?"⁴⁾

⑭

"매우 많습니다, 세존이시여!"

이 되어버렸습니다. 최근에 우리나라 사람들은 항하라고 하기도 하고 갠지스라고 하기도 하고 강가라고 하기도 합니다. 지명은 인도식 그대로 "강가"강이라고 하는 것이 옳습니다.

논의 3 구마라집 한문본 금강경을 다른 한문 5본(유지본, 진제본, 급다본, 현장본, 의정본), 산스끄리뜨어(범어) 2본(Conze본, Muller본), 티베트어본, 몽골어본 등과 비교·검토하여, "부처님 세계"를 "세계"로 수정합니다.

논의 4 "한 항하의 모래와 같이 이런 모래만큼의 항하가 있고, 이 여러 항하의 모래 수만큼 부처님 세계가 그만큼 있다면 진정 많다고 하겠는가?"보다는 "강가강에 있는 모든 모래알과 같은 수의 강가강의 모래수의 세계들은 많습니까?"가 더 우리말답습니다. 우리나라 식은 서울시 종로구로 이어지는데, 영어식에서는 종로구 서울시로 이어집니다. 인도식도 영어식과 같습니다. 그래서 표현이 조금 이상하게 보일 수도 있습니다.

⑮

수보리~ 장로님~ 그모든~ 세계안의

모든중생 모든마음 여래는~ 다압니다.

⑯

마음들을 알면서도 실체라고 아니해야

참으로~ 안다고~ 말할수가 있습니다.

定本 ───────

⑮　　　須菩提 爾所國土中 所有衆生 若干種心 如來悉知
　　　수보리　이소국토중　소유중생　약간종심　여래실지

⑯　何以故 如來說 諸心 皆爲非心 是名爲心
　하이고　여래설　제심　개위비심　시명위심

───────

논의1 "부처님께서 말씀하셨습니다. 수보리가 대답하였습니다. 수
보리가 여쭈었습니다." 등은 80여 차례가 필요하나 실제로
는 30차례 정도만 있고, 없는 것이 깔끔하므로 삭제합니다.

논의2 "왜냐하면"은 우리말로는 "에~" 정도의 내용입니다. 그래서
"때문"과 함께 삭제합니다.

논의3 "여래는 ~ 설하였으므로 ~ 말하기"라고 하여 설하였다가
중첩되어 있습니다. 또한 "부처님께서 말씀하셨습니다. 수보
리가 대답하였습니다. 수보리가 여쭈었습니다." 등은 80여
차례가 필요하나 실제로는 30차례 정도만 있고, 없는 것이

⑮

부처님께서[1] 수보리에게 말씀하셨습니다. "그 국토에 있는 중생의 여러 가지 마음을 여래는 다 안다.

⑯

왜냐하면[2] 여래는[3] 여러 가지 마음이 모두 다 마음이 아니라 설하였으므로 마음이라 말하기 때문이다.[4]

깔끔하므로 삭제합니다. "여래는 ~ 설하였으므로 ~ 말하기"도 본문 속의 또 다른 이런 형태로 보이므로, 삭제합니다.

논의 4 논의 3을 반영하고 나니 "마음 / 안-마음 / 시명위-마음"이 남습니다. 앞뒤 맥락을 고려하여 "마음 / 안-마음 / 시명위-마음"을 문장 혹은 절로 만들어야 합니다. 바로 앞에 마음을 안다고 했으니 일단 "마음을 알면서도, 마음을 안다는 생각에 걸려들지 않아야, 참으로 마음을 안다고 말할 수가 있습니다."가 가장 유력한 후보였습니다. 의미를 살려서 "마음을 알면서도, 마음을 제대로 안다는 생각(내가 아는 마음이 실체라는 생각)에 걸려들지 않아야, 참으로 안다고 말할 수가 있습니다."로 정리하였습니다. 최종적으로 "마음을 알면서도, 실체라고 아니해야, 참으로 안다고 말할 수가 있습니다".로 결정했습니다.

수보리~ 장로님~ 수보리~ 장로님~

과거의~ 마음에도 걸리면~ 아니되고

미래의~ 마음에도 걸리면~ 아니되며

현재의~ 마음에도 걸리면~ 안됩니다.

定本 ————

所以者何 湏菩提 過去心不可得 未來心不可得 現在心不可
소 이 자 하 수 보 리 과 거 심 불 가 득 미 래 심 불 가 득 현 재 심 불 가

得
득

논의 1 "그것은 ~ 까닭"은 우리말로 "에 ~ "하는 정도입니다. 따라
서 번역하지 않습니다.

그것은[1] 수보리여![2]

과거의[3] 마음도 얻을 수 없고[4]

현재의 마음도 얻을 수 없고

미래의 마음도 얻을 수 없는 까닭이다.

논의2 "수보리여!"라고 하였는데, 이는 우리말답지 않습니다. "수보리 장로님!"이라고 하는 것이 적절할 것입니다.

논의3 원본으로 사용되고 있는 금강경 10본을 비교·검토하여, "과거 / 현재 / 미래"를 "과거 / 미래 / 현재"로 수정합니다.

논의4 바로 앞에서 언급하였듯이, 자신의 인식에 비추어진 과거의 마음을 실체라고 생각하여 그 마음에 걸려들면 안 된다는 의미입니다.

19장 복덕에 걸리지 않음

정 본 | 금강경 19장 ①~④절

①

수보리 ~ 장로님 ~ 어찌생각 하십니까?

삼천대천 세계만큼 금은보화 보시하는

사람들이 짓게되는 복덕들은 많습니까?

②

많습니다 부처님 ~ 매우매우 많습니다.

③

수보리 ~ 장로님 ~ 수보리 ~ 장로님 ~

많은복을 짓더라도 지었다고 생각하면

제대로 ~ 지었다고 말할수가 없습니다.

④

복짓고도 지었다고 생각하지 아니해야

참으로 ~ 지었다고 말할수가 있습니다.

定本 ————

① 湏菩提 於意云何 若有人 滿三千大千世界七寶 以用布
　 수보리 어의운하 약유인 만삼천대천세계칠보 이용보

　 施 是人 以是因緣 得福多 不
　 시 시인　이시인연 득복다 부

①

"수보리여!1) 그대 생각은 어떠한가?

어떤 사람이 삼천대천세계에 칠보를 가득 채워 보시한다

면 이 사람이 이러한 인연으로 많은 복덕을 얻겠는가?"2)

②

"그렇습니다,3) 세존이시여! 그 사람이 이러한 인연으로

매우 많은 복덕을 얻을 것입니다."4)

③

"수보리여!5)

복덕이 실로 있는 것이라면

여래는6) 많은 복덕을 얻는다고 말하지 않았을 것이다.7)

④

복덕이 없기 때문에

여래는8) 많은 복덕을 얻는다고 말한 것이다."9)

② 如是 世尊 此人 以是因緣 得福 甚多
　　여시 세존 차인 이시인연 득복 심다

③ 湏菩提 若 福德有實 如來不說 得福德多
　　수보리 약 복덕유실 여래불설 득복덕 다

④ 以福德 無故 如來說 得福德多
　　이복덕 무고 여래설 득복덕 다

논의1 "수보리여!"라고 하였는데, 이는 우리말답지 않습니다. "수보리 장로님!"이라고 하는 것이 적절할 것입니다.

논의2 "어떤 사람이 삼천대천세계에 칠보를 가득 채워 보시한다면 이 사람이 이러한 인연으로 많은 복덕을 얻겠는가?"보다는 "삼천대천세계만큼 금은보화 보시하는 사람들이 짓게 되는 복덕들은 많습니까?"가 더 우리말답습니다.

논의3 "많습니까?"라는 질문에 대한 답으로서는 "그렇습니다."보다는 구체적 내용이 있는 말 "많습니다."가 우리말답습니다.

논의4 "그 사람이 이러한 인연으로 매우 많은 복덕을 얻을 것입니다."보다는 "매우매우 많습니다."가 우리말답습니다.

논의5 "수보리여!"라고 하였는데, 이는 우리말답지 않습니다. "수보리 장로님!"이라고 하는 것이 적절할 것입니다.

논의6 "부처님께서 말씀하셨습니다. 수보리가 대답하였습니다. 수보리가 여쭈었습니다." 등은 80여 차례가 필요하나 실제로는 30차례 정도만 있고, 없는 것이 깔끔하므로 삭제합니다. 이와 같은 형식으로 봐서 "여래는 ~ 말하지"를 삭제합니다.

논의7 그렇게 되면 "(B)복덕 / (C)실로 있음 / (D)안-많은 복덕"이 남습니다. "(B)복덕 / (C)실로 있음 / (D)안-많은 복덕"을 문장 혹은 절의 형태로 변환시키면 "(많은) 복덕을 짓더라도 / 실제로 많은 복덕을 지은 것이 있다고 생각하면 / 참으로 많은 복덕을 지었다고 말할 수가 없습니다."가 됩니다. 이를 다시 동사 중심의 우리말로 수정하면 "많은 복을 짓더라도 지었다고 생각하면 제대로 ~ 지었다고 말할 수가 없습니다."가 됩니다.

논의 8 "부처님께서 말씀하셨습니다. 수보리가 대답하였습니다. 수보리가 여쭈었습니다." 등은 80여 차례가 필요하나 실제로는 30차례 정도만 있고, 없는 것이 깔끔하므로 삭제합니다. 이와 같은 형식으로 봐서 "여래는 ~ 말한 것"을 삭제합니다.

논의 9 그렇게 되면 "(B)복덕 / (C)없기 / (D)많은 복덕"이 남습니다. "(B)복덕 / (C)없기 / (D)많은 복덕"을 문장 혹은 절의 형태로 변환시키면 "(많은) 복덕을 짓더라도 / 많은 복덕을 지었다고 생각하지 않아야 / 참으로 많은 복덕을 지었다고 말할 수가 있습니다."가 됩니다. 이를 다시 동사 중심의 우리말로 수정하면 "많은 복을 짓더라도 지었다고 아니해야 참으로 ~ 지었다고 말할 수가 있습니다."가 됩니다.

20장 모습에 걸리지 않음

①

수보리~ 장로님~ 어찌생각 하십니까?

부처님의 거룩한~ 형상들을 다갖추면

부처라고 말할수가 있다생각 하십니까?

②

아닙니다 부처님~ 부처형상 갖췄다고

반드시~ 부처라고 말할수는 없습니다.

③

부처형상 갖추고도 갖추었다 아니해야

참으로~ 갖추었다 말할수가 있습니다.

定本 ─────

① 須菩提 於意云何 如來 可以具足色身 見 不
   수보리 어의운하 여래 가이구족색신 견 부

② 不也 世尊. 如來 不應 以具足色身 見
   불야 세존 여래 불응 이구족색신 견

③ 何以故 如來說 具足色身 卽非具足色身 是名具足色身
   하이고 여래설 구족색신 즉비구족색신 시명구족색신

①

"수보리여![1] 그대 생각은 어떠한가?
신체적 특징을 원만하게 갖추었다고
여래라고 볼 수 있겠는가?"[2]

②

"아닙니다,[3] 세존이시여! 신체적 특징을 원만하게 갖추었다고
여래라고 볼 수는 없습니다.

③

왜냐하면[4] 여래께서는[5] 원만한 신체를 갖춘다는 것은
원만한 신체를 갖춘 것이 아니라고 설하셨으므로
원만한 신체를 갖춘 것이라고 말씀하셨기 때문입니다."[6]

논의1 "수보리여!"라고 하였는데, 이는 우리말답지 않습니다. "수보
리 장로님!"이라고 하는 것이 적절할 것입니다.

논의2 20장 ①절 질문을 표준 유통본에서는 "신체적 특징을 (원만
하게) 갖추었다고 여래라고 볼 수 있는가?"라고 하였습니다.
다음 도표의 20장 ④절 질문은 "신체적 특징을 ('원만하게'
없이) 갖추었다고 여래라고 볼 수 있는가?"라고 하였습니다.
그런데 한문이든 산스끄리뜨어(범어)든 간에 차이는 '원만하

게'에 있지 않고, 색신-제상에 있었습니다. 즉 ①절 질문에
서는 "구족색신했다고 해서"이고 ④절 질문에서는 "구족제
상했다고 해서"입니다. 색신-제상을 염두에 두고 번역하면,
형상-상호라고 할 수밖에 없습니다. 즉 형상은 부처님의 거
룩한 모습 중에서 시각적 특징이고, 상호는 여러 특징이라고
볼 수 있습니다.

그렇다면 ①절 질문은 "부처님의 거룩한 형상(상호)들을 원
만하게 다 갖추었다고 여래라고 볼 수 있는가?"라는 말이 됩
니다. 이 말은 다시 "부처님의 거룩한 형상(상호)들을 원만하
게 다 갖추면 그 사람을 부처라고 볼 수 있는가?"라는 말이
됩니다. 다시 "부처님의 거룩한 형상(상호)들을 원만하게 다
갖추면 부처라고 말할 수가 있다 생각하십니까?"라고 해도
전혀 문제가 될 것이 없습니다.

논의 3 여기서 "아닙니다."는 자연스럽게 잘 번역되었습니다. 물론
"여래(부처)라고 볼 수가 없습니다."로 대답해도 될 것입니다.

논의 4 "왜냐하면"은 우리말로는 "에 ~ " 정도의 내용입니다. 그래서
"왜냐하면 ~ 때문"을 삭제합니다.

논의 5 "여래께서는 설하셨으므로 / 말씀하셨기"라고 하여 중첩시
켰습니다. 어찌 되었든 "부처님께서 말씀하셨습니다. 수보리
가 대답하였습니다. 수보리가 여쭈었습니다." 등은 80여 차
례가 필요하나 실제로는 30차례 정도만 있고, 없는 것이 깔
끔하므로 삭제합니다. 이와 같은 형식으로 봐서 "여래께서
는 설하셨으므로 / 말씀하셨기"를 삭제합니다.

논의 6 지금까지의 논의를 반영하면 "(B)형상(상호) / (C)안-형상
(상호) / (D)형상(상호)"이 됩니다. 이를 문장 혹은 절로 표

현하면 "부처님의 거룩한 형상(상호)들을 다 갖추고도 부처님의 거룩한 형상(상호)들을 다 갖추었다고 생각하지 아니해야 참으로~ 부처님의 거룩한 형상(상호)들을 다 갖추었다고 말할 수가 있습니다."가 됩니다. 다시 이를 최대한 우리 말답게, 즉 동사 중심 문장으로 수정하고 또 수정하면 "부처 형상(상호) 갖추고도 갖추었다 아니해야 참으로~ 갖추었다 말할 수가 있습니다."가 됩니다. ④~⑥절은 완전히 반복되는 형태이므로 별도의 논의를 하지 않습니다.

④

수보리~ 장로님~ 어찌생각 하십니까?

부처님의 거룩한~ 상호들을 다갖추면

부처라고 말할수가 있다생각 하십니까?

⑤

아닙니다 부처님~ 부처상호 갖췄다고

반드시~ 부처라고 말할수는 없습니다.

⑥

부처상호 갖추고도 갖추었다 아니해야

참으로~ 갖추었다 말할수가 있습니다.

定本 ───────

④ 湏菩提 於意云何 如來 可以具足諸相 見 不
　　수보리 어의운하 여래 가이구족제상 견 부

⑤ 不也 世尊 如來 不應 以具足諸相 見
　　불야 세존 여래 불응 이구족제상 견

⑥ 何以故 如來說 諸相具足 卽非具足 是名諸相具足
　　하이고 여래설 제상구족 즉비구족 시명제상구족

④

"수보리여! 그대 생각은 어떠한가?

신체적 특징을 갖추었다고

여래라고 볼 수 있겠는가?

⑤

"아닙니다, 세존이시여! 신체적 특징을 갖추었다고

여래라고 볼 수는 없습니다.

⑥

왜냐하면 여래께서는 신체적 특징을 갖추었다는 것이

신체적 특징을 갖춘 것이 아니라고 설하셨으므로

신체적 특징을 갖춘 것이라고 말씀하셨기 때문입니다."

21장 설법에 걸리지 않음

정 본	금강경 21장 ①~③절

① 부처님

수보리~ 장로님~ 어찌생각 하십니까?

'부처님의 거룩한법 널리전해 주었다'고

여래가~ 생각한다 말할수가 있습니까?

② 수보리

아닙니다 부처님~ 그리생각 않습니다.

③ 부처님

수보리~ 장로님~ 참으로~ 옳습니다.

'부처님의 거룩한법 널리전해 주었다'고

여래가~ 생각한다 말을하는 사람들은

여래를~ 근거없이 비방하는 것입니다 .

定本 ————

① 湏菩提 於意云何 如來作是念 我當有所說法 不
　수보리 어의운하 여래작시념 아당유소설법 부

② 不也 世尊
　불야 세존

③ 　　　湏菩提 若人言 如來有所說法 即爲謗我 爲非善取
　　　수보리 약인언 여래유소설법 즉위방아 위비선취

————

논의 1 구마라집 한문본 금강경을 다른 한문 5본(유지본, 진제본,

　　　급다본, 현장본, 의정본), 산스끄리뜨어(범어) 2본(Conze본,

① 부처님[1]

"수보리여![2]

그대는 여래가 '나는 설한 법이 있다.'는

생각을 한다고 말하지 말라.

② 부처님

이런 생각을 하지 말라.

③ 부처님

왜냐하면[3]

'여래께서 설하신 법이 있다.'고 말한다면, 이 사람은

여래를 비방하는 것이니,

내가 설한 것을 이해하지 못했기 때문이다.

Muller본), 티베트어본, 몽골어본 등과 비교·검토하여, 21장 ① ② ③절을 "전체적으로" 수정합니다. 21장 ①절은 부처님의 질문이고, ②절은 수보리 장로님의 대답이며, ③절은 다시 부처님의 말씀입니다.

논의2 "수보리여!"라고 하였는데, 이는 우리말답지 않습니다. "수보리 장로님!"이라고 하는 것이 적절할 것입니다.

논의3 "왜냐하면"은 우리말로는 "에~" 정도의 내용입니다. 그래서 "왜냐하면 ~때문"을 삭제합니다.

④

수보리~ 장로님~ 부처님의 법을널리

전하고도 전하였다 생각하지 아니해야

참으로~ 전하였다 말할수가 있습니다.

⑤

거룩하신 부처님~ 거룩하신 부처님~

미래에도 이법문을 믿을중생 있습니까?

定本 ────

④ 須菩提 說法者 無法可說 是名說法
　　수보리 설법자 무법가설 시명설법

⑤　　　　　　　世尊 頗有衆生 於未來世 聞說是法
　　　　　　　　세존 파유중생 어미래세 문설시법

　生信心 不
　생신심 부

────────

논의1 "수보리여!"라고 하였는데, 이는 우리말답지 않습니다. "수보
리 장로님!"이라고 하는 것이 적절할 것입니다.

논의2 문장 전체가 "(B)설법 / (C)설할 법이 없음 / (D)설법"입니
다. 이를 문장 혹은 절의 형태로 변형시키면 "설법하되 / 설
법하였다는 생각을 하지 않아야 / 참으로 설법했다 말할 수

④

수보리여!¹⁾ 설법이라는 것은
설할 만한 법이 없는 것이므로
설법이라고 말한다.”²⁾

⑤

그때 수보리 장로가³⁾ 부처님께 여쭈었습니다.
“세존이시여! 미래에 이 법 설하심을 듣고
신심을 낼 중생이 조금이라도 있겠습니까?”

가 있습니다.”가 됩니다. 설법을 “부처님의 법을 널리 전하는 것”으로 하였습니다. 여기서는 법이 뚜렷하기 때문입니다. “부처님의 법을 널리 전하고도 / 부처님의 법을 널리 전하였다고 생각하지 아니해야 / 참으로 부처님의 법을 널리 전하였다고 말할 수가 있습니다.”가 됩니다. 이를 우리말답게 수정하고 또 수정하면, “(B)부처님의 법을 널리 전하고도 / (C)전하였다고 생각하지 아니해야 / (D)참으로 전하였다 말할 수가 있습니다.”가 됩니다.

논의 3 “부처님께서 말씀하셨습니다. 수보리가 대답하였습니다. 수보리가 여쭈었습니다.” 등은 80여 차례가 필요하나 실제로는 30차례 정도만 있고, 없는 것이 깔끔하므로 삭제합니다.

⑥

수보리~ 장로님~ 수보리~ 장로님~

이법문을 아니믿는 중생들을 보면서도

아니믿는 중생이라 생각하면 안됩니다.

⑦

수보리~ 장로님~ 중생들을 보면서도

중생들을 실체라고 생각하지 아니해야

참으로~ 본다고~ 말할수가 있습니다.

定本

⑥　　濵菩提 彼非衆生 非不衆生
　　　수 보 리 　 피 비 중 생 　 비 불 중 생

⑦　何以故 濵菩提 衆生衆生者 如來說 非衆生 是名衆生
　　하 이 고 　 수 보 리 　 중 생 중 생 자 　 여 래 설 　 비 중 생 　 시 명 중 생

논의 1 "부처님께서 말씀하셨습니다. 수보리가 대답하였습니다. 수보리가 여쭈었습니다." 등은 80여 차례가 필요하나 실제로는 30차례 정도만 있고, 없는 것이 깔끔하므로 삭제합니다.

논의 2 "수보리여!"라고 하였는데, 이는 우리말답지 않습니다. "수보리 장로님!"이라고 하는 것이 적절할 것입니다.

논의 3 문장 전체가 "(B)저들 즉 안-중생 / (C)안-안-중생"입니다. 여기서 "저들"이란 "이 법문을 아니 믿는 중생"입니다. "저

⑥

부처님께서 말씀하셨습니다.[1] "수보리여![2]
저들은 중생이 아니요
중생이 아닌 것도 아니다.[3]

⑦

왜냐하면[4] 수보리여! 중생 중생이라 하는 것은
여래가[5] 중생이 아니라고 설하였으므로
중생이라[6] 말하기 때문이다."

들 즉 안-중생 / 안-안-중생"을 문장 혹은 절로 변형시키면
"이 법문을 아니 믿는 중생 / (안)-이 법문을 아니 믿는 중
생"이 됩니다. 우리말식으로 동사를 만들어 넣으면 "이 법문
을 아니 믿는 중생을 보면서도 / 이 법문을 아니 믿는 중생
이라 생각하면 안 됩니다."가 됩니다. 약간 더 우리말답게 수
정하면 "이 법문을 아니 믿는 중생을 보면서도 / 아니 믿는
중생이라 생각하면 안 됩니다."가 됩니다. "(B) 수행 / (C) 마
음 다스리기"의 맥락에서 볼 때는, 중생을 보는 것이 수행입
니다. 중생들을 고통 없고 행복 가득한 무여열반 이루도록
하는 과정에서 만나고 대화하는 것이, "중생을 보는 것"이
라 할 수 있습니다(B). 그리고 아니 믿는 중생들을 보고 생활
하면서 중생들의 불성을 의심하지 않고 공양하고 대우하며

"아니 믿는 중생이라 생각하지 않는 것"은 (C)에 해당한다 할 수 있습니다.

논의4 "왜냐하면"은 우리말로는 "에 ~ " 정도의 내용입니다. 그래서 "왜냐하면 ~ 때문"을 삭제합니다.

논의5 "여래가 설하였으므로 / 말하기"라고 하여 중첩시켰습니다. 어찌 되었든 "부처님께서 말씀하셨습니다. 수보리가 대답하였습니다. 수보리가 여쭈었습니다." 등은 80여 차례가 필요하나 실제로는 30차례 정도만 있고, 없는 것이 깔끔하므로 삭제합니다. 이와 같은 형식으로 봐서 "여래가 설하였으므로 / 말하기"를 삭제합니다.

논의6 논의 5를 적용하면 "(B)중생 / (C)안-중생 / (D)중생"이 됩니다. 여기서 다시 문장 혹은 절의 형태로 바꾸면 "중생들을 보면서도 / 불변의, 항상의 중생이라고 생각하지 아니해야 / 참으로 중생을 제대로 본다고 말할 수가 있습니다."가 됩니다. 이를 다시 우리말답게 동사 중심으로 수정하고 또 수정하면, "중생들을 보면서도 / 중생들을 실체라고 생각하지 아니해야 / 참으로 본다고 말할 수가 있습니다."가 됩니다.

부모님의 열 가지 은혜(요약)

① 잉태하여 품어주신 크나큰은혜
　세세생생 인연들이 매우두터워
　금생에서 어머니에 몸을의탁해
　달이지나 오장들이 생기어나고
　점차점차 육정들이 자라게됐네.
② 낳으실때 수고하신 크나큰은혜
③ 낳으시고 기뻐하신 크나큰은혜
④ 좋은음식 먹여주신 크나큰은혜
⑤ 마른자리 뉘어주신 크나큰은혜
⑥ 품에안고 길러주신 크나큰은혜
⑦ 깨끗하게 씻겨주신 크나큰은혜
⑧ 먼길떠난 자식걱정 크나큰은혜
⑨ 자식고통 대신받은 크나큰은혜
⑩ 한량없이 아껴주신 크나큰은혜
　부모님의 보살핌은 깊고깊어서
　잠시라도 끊어지지 아니하시고
　서있거나 앉았거나 걱정하시고
　가까이나 멀리서나 생각하시네.

출처: 가사체 불교경전, 부모은중경

22장 깨달음에 걸리지 않음

①

수보리~ 장로님~ 어찌생각 하십니까?

'최고바른 깨달음을 온전하게 이루었다'

여래가~ 이런생각 한다할수 있습니까?

②

아닙니다 부처님~ 그리생각 않습니다.

'최고바른 깨달음을 온전하게 이루었다'

부처님은 그런생각 조금도~ 않습니다.

③

수보리~ 장로님~ 참으로~ 옳습니다.

'최고바른 깨달음을 온전하게 이루었다'

여래는~ 이런생각 조금도~ 아니해서

참으로~ 이루었다 말할수가 있습니다.

定本 ————

① 須菩提, 於意云何 有法 如來得 阿耨多羅三藐三菩提 不
  수보리   어의운하 유법 여래득 아누다라삼먁삼보리 부

①

....

....

...........................[1)]

②

수보리가 부처님께 여쭈었습니다.[2)]

"　...........................[3)] 세존이시여!

부처님께서 가장 높고 바른 깨달음을 얻은 것은

법이 없는 것입니까?"[4)]

③

부처님께서 말씀하셨습니다.[5)] "그렇다, 그렇다. 수보리여!

내가 가장 높고 바른 깨달음에서

조그마한 법조차도 얻을 만한 것이 없었으므로

가장 높고 바른 깨달음이라 말한다."[6)]

② 　　　　　不也 世尊 無有少法 佛得 阿耨多羅三藐三
　　　　　불야 세존 무유소법 불득 아 누 다 라 삼 먁 삼

　　菩提
　　보 리

③　　　如是如是. 湏菩提 我於阿耨多羅三藐三菩提 乃至
　　　　여시여시　수보리　아어아누다라삼먁삼보리　내지

無有少法可得 是名阿耨多羅三藐三菩提
무유소법가득　시명아누다라삼먁삼보리

논의 1 구마라집 한문본 금강경을 다른 한문 5본(유지본, 진제본,
급다본, 현장본, 의정본), 산스끄리뜨어(범어) 2본(Conze본,
Muller본), 티베트어본, 몽골어본 등과 비교·검토하여, "수보
리~ 장로님~ 어찌 생각 하십니까?" "최고 바른 깨달음을
온전하게 이루었다' 여래가~ 이런 생각 한다 할 수 있습니
까?"를 추가합니다.

논의 2 논의 1을 반영하면 논의 2는 "수보리가 부처님께 여쭈었습니
다"가 아니고 "수보리가 부처님께 대답하시었습니다"가 되
어야 합니다. 또한 "부처님께서 말씀하셨습니다. 수보리가
대답하였습니다. 수보리가 여쭈었습니다." 등은 80여 차례
가 필요하나 실제로는 30차례 정도만 있고, 없는 것이 깔끔
하므로 삭제합니다.

논의 3 ①, ②절은 뒤죽박죽이기는 하지만 대충 그 자리에 "아닙니
다, 부처님, 그리 생각 않습니다."가 있습니다. 원본으로 사
용되고 있는 금강경 10본을 비교·검토하여, "아닙니다."를
추가합니다.

논의 4 질문이 아니라 대답, 즉 서술문으로 되어 있습니다.

논의 5 "부처님께서 말씀하셨습니다. 수보리가 대답하였습니다. 수
보리가 여쭈었습니다." 등은 80여 차례가 필요하나 실제로
는 30차례 정도만 있고, 없는 것이 깔끔하므로 삭제합니다.

논의 6 ①, ②절의 질문과 답을 염두에 두고 번역해야 합니다. 즉 "수보리 ~ 장로님 ~ 참으로 ~ 옳습니다."라고 하신 다음에 ①, ②절의 내용을 통합하여 다시 정리하신 것입니다.

23장 깨끗한 마음으로 법을 잘 닦음

정 본	금강경 23장 ①~③절

①

수보리~ 장로님~ 수보리~ 장로님~

차별하지 아니하고 평등하게 생각해야

최고바른 깨달음을 이룰수가 있습니다.

②

수보리~ 장로님~ 자기중심 인간중심

중생중심 생명중심 생각하지 아니하고

일체모든 법들을~ 온전하게 닦았어야

최고바른 깨달음을 이룰수가 있습니다.

③

수보리~ 장로님~ 수보리~ 장로님~

법들을잘 닦았어도 닦았다고 아니해야

참으로~ 닦았다고 말할수가 있습니다.

定本 ─────

① 復次 須菩提 是法平等無有高下 是名阿耨多羅三藐三菩提
　　부차 수보리 시법평등무유고하 시명아누다라삼막삼보리

② 以無我 無人 無衆生 無壽者 修一切善法 則得阿耨多羅
　　이무아 무인 무중생 무수자 수일체선법 즉득아누다라

①

"또한 수보리여!¹⁾

이 법은 평등하여 높고 낮은 것이 없으니,

이것을 가장 높고 바른 깨달음이라 말한다.²⁾

②

자아도 없고, 개아도 없고,

중생도 없고, 영혼도 없이³⁾

온갖 선법을⁴⁾ 닦음으로써

가장 높고 바른 깨달음을 얻게 된다.

③

수보리여!⁵⁾

선법이라는 것은 선법이 아니라고 여래는 설하였으므로⁶⁾

선법이라⁷⁾ 말한다."

三藐三菩提
삼 막 삼 보 리

③ 須菩提 所言 善法者 如來說 卽非善法⁸⁾ 是名善法
수보리 소언 선법자 여래설 즉비선법 시명선법

논의 1 "수보리여!"라고 하였는데, 이는 우리말답지 않습니다. "수보리 장로님!"이라고 하는 것이 적절할 것입니다.

논의 2 "이 법은 평등하여 높고 낮은 것이 없으니, 이것을 가장 높고 바른 깨달음이라 말한다."를 한문본과 비교하면서 분해하면 "생각에서 높다 낮다 차별이 없고 평등해야"라는 전반부 다음에 나오는 "이것을"은 없습니다. 한문 "시명"은 "시고명"과 같이 결론을 말할 때의 표현입니다. 따라서 후반부 결론은 "최고 바른 깨달음을 이룰 수가 있습니다."가 됩니다. 또한 우리말은 원칙적으로 부정문이 긍정문보다 먼저 나와야 혼란이 없습니다. "생각에서 높다 낮다의 차별이 없고 평등해야" 다음에 결론이 나오는 것입니다.

논의 3 아상, 인상, 중생상, 수자상에 대한 논의는 'Ⅰ부 3-3. 사상 설명(35쪽)'을 참고하시기 바랍니다.

논의 4 "선법"이라는 게 따로 없습니다. "선법"을 문장으로 만들면 "법을 온전하게 잘 닦는다"가 됩니다. "선법"은 외도의 법과 구분하여 열반해탈로 바르게 인도하는 법이라고 할 수 있으나, 금강경에 나오는 "법"은 모두 선법에 해당하므로 "선법" 용어를 채용하지 않았습니다.

논의 5 "수보리여!"라고 하였는데, 이는 우리말답지 않습니다. "수보리 장로님!"이라고 하는 것이 적절할 것입니다.

논의 6 "부처님께서 말씀하셨습니다. 수보리가 대답하였습니다. 수보리가 여쭈었습니다." 등은 80여 차례가 필요하나 실제로는 30차례 정도만 있고, 없는 것이 깔끔하므로 삭제합니다. 이와 같은 형식으로 봐서 "여래는 설하였으므로"를 삭제합니다.

논의 7 논의 6을 반영하고 나면 "(B)선법 / (C)안-선법 / (D)선법"이 남습니다. 앞뒤 관계를 고려하여, 이를 문장 혹은 절의 형태로 변환하면 "법들을 잘 닦았어도 / 법들을 잘 닦았다고 생각하지 아니해야 / 참으로~ 법들을 잘 닦았다고 말할 수가 있습니다."가 됩니다. 다시 동사 중심의 우리말답게 다듬으면 "(B)법들을 잘 닦았어도 (C)닦았다고 아니해야 (D)참으로~ 닦았다고 말할 수가 있습니다."가 됩니다.

논의 8 고려대장경 구마라집본에는 非善法인데, 돈황본 유공권서에는 卽非善法으로 표기하고 있습니다. 문장으로 보아 적절하다고 판단되어 卽非善法을 채용합니다.

24장 비교할 수 없이 큰 복덕

정 본	금강경 24장 ①절

수보리~ 장로님~ 삼천대천 세계안의

가장큰산 수미산을 전부합친 것만큼의

금은보화 보시하는 사람들이 짓는복은

이법문의 사구게를 하나라도 받아지녀

독송하며 널리널리 전해주는 사람들이

짓는복에 비교하면 백분의일 천분의일

만억분의 일에조차 미치지~ 못합니다.

숫자로는 비교조차 할수가~ 없습니다.

定本

漉菩提 若三千大千世界中 所有諸漉彌山王 如是等七寶聚
수보리 약삼천대천세계중 소유제수미산왕 여시등칠보취

有人 持用布施 若人 以此般若波羅蜜經 乃至 四句偈等 受
유인 지용보시 약인 이차반야바라밀경 내지 사구게등 수

持讀誦 爲他人說 前說福德 於此福德 百分不及一 千萬億
지독송 위타인설 전설복덕 어차복덕 백분불급일 천만억

分 乃至 筭數譬喩 所不能及
분 내지 산수비유 소불능급

논의 1 "수보리 장로님!"이라고 하는 것이 우리말답습니다.

논의 2 "칠보 무더기를 가지고 보시하는 사람"이라는 표현보다는

"수보리여![1] 삼천대천세계에 있는

산들의 왕 수미산만큼의

칠보 무더기를 가지고 보시하는 사람이[2] 있다고 하자.

또 이 반야바라밀경의 사구게만이라도 받고 지니고

읽고 외워 다른 사람을 위해 설해 주는 사람이 있다고 하자.

그러면 앞의 복덕은 뒤의 복덕에 비해 백에 하나에도 미치

지 못하고[3] 천에 하나 만에 하나 억에 하나에도 미치지 못

하며 더 나아가서 어떤 셈이나 비유로도 미치지 못한다."

"금은보화 보시하는 사람"이 지금의 우리말답습니다.

논의 3 "앞의 복덕은 뒤의 복덕에 비해 백에 하나에도 미치지 못하
고"라고 하였는데, 구마라집 한문에는 없는 내용입니다. 구
마라집 한문본을 다른 9본과 비교해, "앞의 복덕은 뒤의 복
덕에 비해 백에 하나에도 미치지 못하고"라고 수정합니다.
이 부분에서 "갑이 있고, 을이 있다고 하자, 앞의 복덕은 뒤
의 복덕에 비해 백에 하나에도 미치지 못한다."보다는 "갑
의 복덕은 을의 복덕에 비교하면 백분의 일에도 미치지 못한
다."가 낫다고 봅니다. 다듬으면 "갑이 짓는 복은 을이 짓는
복에 비교하면 백분의 일에도 미치지 못한다."가 됩니다.

25장 중생해탈에 걸리지 않음

①

수보리~ 장로님~ 어찌생각 하십니까?

"중생해탈 시켰다고 여래가~ 생각한다"

이렇게~ 말할수가 있다생각 하십니까?

수보리~ 장로님~ 그리생각 마십시오.

여래는~ 그런생각 조금도~ 않습니다.

②

중생해탈 시켰다고 여래가~ 생각하면

여래도~ 자기중심 인간중심 중생중심

생명중심 생각들을 하고있는 것입니다.

定本 ────────

① 湏菩提 於意云何　　如來作是念 我當度衆生 湏
　 수보리 어의운하　　여래작시념 아당도중생 수

　 菩提 莫作是念 何以故　實無有衆生 如來度者
　 보리 막작시념 하이고　실무유중생 여래도자

② 若有衆生 如來度者 如來 則有我人衆生壽者
　 약유중생 여래도자 여래 즉유아인중생수자

────────

논의 1 "수보리여!"라고 하였는데, 이는 우리말답지 않습니다. "수보

①

"수보리여![1] 그대 생각은 어떠한가?

그대들은 여래가 '나는 중생을 제도하리라.'는[2]

생각을 한다고 말하지 말라.[3][4]

수보리여![5] 이런 생각을 하지 말라.[6]

왜냐하면 여래가 제도한 중생이 실제로 없기 때문이다.[7]

②

만일 여래가 제도한 중생이 있다면,

여래에게도 자아·개아·중생·

영혼이 있다는 집착이 있는 것이다.[8]

리 장로님!"이라고 하는 것이 적절할 것입니다.

논의 2 "나는 중생을 제도하리라."라고 하였는데, 두 가지 문제가 있습니다. 첫째 문제; 3장에서의 제도와는 전혀 다른 단어입니다. 구마라집 스님께서는 3장과 여기에서 각각 "멸도/도"라고 하였습니다. 현장스님께서는 3장과 여기에서 "멸도/도탈"이라고 하였습니다. 각묵 스님께서는 3장에서는 "열반에 들게 하였다"라고 하고 여기 25장에서는 "해탈"이라는 용어를 사용합니다. 따라서 3장과 구분하여 해탈이라는 용어를 사용합니다. 둘째 문제; 시제도 문제입니다. "'하리라'라는 미래에 대한 발원"은 문제가 되지 않습니다. "해탈시켰다라는 과거 사건에 대한 교만한 생각"이라야 문제가 됩니다. 그래서 과거 시제로 수정합니다.

논의 3 구마라집 한문본 금강경을 다른 한문 5본(유지본, 진제본, 급다본, 현장본, 의정본), 산스끄리뜨어(범어) 2본(Conze본, Muller본), 티베트어본, 몽골어본 등과 비교·검토하여, "말하지 말라"를 삭제합니다.

논의 4 논리적으로, 논의 3을 적용하면 더욱이 이 문장은 질문형입니다. 원본으로 사용되고 있는 금강경 10본을 비교·검토하여, "질문형"으로 수정합니다.

논의 5 "수보리여!"라고 하였는데, 이는 우리말답지 않습니다. "수보

정 본	금강경 25장 ③~④절

③

수보리 ~ 장로님 ~ 자기중심 생각보되
그생각을 실체라고 생각하면 안됩니다.
범부들만 그렇게 ~ 생각하는 것입니다.

④

수보리 ~ 장로님 ~ 범부들을 보면서도
범부들을 실체라고 생각하지 아니해야
참으로 ~ 본다고 ~ 말할수가 있습니다.

리 장로님!"이라고 하는 것이 적절할 것입니다.

논의 6 앞 문장과의 관계를 보면 "그리 생각 마십시오."가 옳습니다.

논의 7 내용을 파악하면, "에 ~ 여래에게는 '중생을 해탈하였다'는 생각이 조금도 없습니다."입니다. "에 ~ "에 해당하는 "왜냐하면 ~ 때문"은 삭제하고, 앞 문장을 중복하는 것이 번잡하므로 "여래는 그런 생각 조금도 않습니다."로 결정합니다.

논의 8 전제와 결론이 연결되지 않습니다. "여래가 제도한 중생이 있다면"은 전제가 될 수 없습니다. "여래가 제도한 중생이 있다고 생각한다면"이 되어야 전제가 될 수 있습니다. 한문 아인중생수자에 대해서는 'Ⅰ부 3-3. 사상 설명(35쪽)'을 참고하시기 바랍니다.

금강경 25장 ③~④절	유통본

③

수보리여![1] 자아가 있다는 집착은
자아가 있다는 집착이 아니라고 여래는 설하였다.[2][3]
그렇지만 범부들이 자아가 있다고 집착한다.[4]

④

수보리여![5] 범부라는 것도
여래는 범부가 아니라고 설하였다.[6][7]

          "[8]
....

③ 須菩提 如來說 有我者 則非有我 而凡夫之人 以爲有我
　　수보리　여래설　유아자　즉비유아　이범부지인　이위유아

④ 須菩提 凡夫者 如來說 則非凡夫 是名凡夫
　　수보리　범부자　여래설　즉비범부　시명범부

────────────

논의 1 "수보리여!"라고 하였는데, 이는 우리말답지 않습니다. "수보
리 장로님!"이라고 하는 것이 적절할 것입니다.

논의 2 "부처님께서 말씀하셨습니다. 수보리가 대답하였습니다. 수
보리가 여쭈었습니다." 등은 80여 차례가 필요하나 실제로
는 30차례 정도만 있고, 없는 것이 깔끔하므로 삭제합니다.
"여래는 설하였다."도 본문 속의 또 다른 이런 형태로 보아
서 삭제합니다.

논의 3 논의 2로 인하여, 이 문장은 "(B)자기중심 생각 / (C)안-자기
중심 생각"만 남습니다. 여기서 "자기중심 생각"을 문장으로
만들어야 하는데, 앞 문장과 뒤 문장을 보면, 이 문장은 "자
기중심 생각보되 그 생각을 실체라고 생각하면 안 됩니다."
가 됩니다.

논의 4 이어서 나오는 문장은 "범부들만 자기중심 생각이 실체라
고 생각하는 것입니다."가 됩니다. 이를 지금의 우리말로 다
듬으면 "(D)범부들만 그렇게 ~ 생각하는 것입니다."가 됩
니다.

논의 5 "수보리여!"라고 하였는데, 이는 우리말답지 않습니다. "수보
리 장로님!"이라고 하는 것이 적절할 것입니다.

논의 6 "부처님께서 말씀하셨습니다. 수보리가 대답하였습니다. 수

보리가 여쭈었습니다." 등은 80여 차례가 필요하나 실제로
는 30차례 정도만 있고, 없는 것이 깔끔하므로 삭제합니다.
같은 차원에서 "여래는 ~ 설하였다"도 본문 속에서의 이런
표현으로 봐서 삭제합니다.

논의 7 논의 6으로 인하여, 이 문장은 "범부 / 안-범부"만 남습니다.

논의 8 원본으로 사용되고 있는 금강경 10본을 비교·검토하여, "범
부"를 추가합니다. 결국 전체 문장은 "(B)범부 / (C)안-범부
/ (D)범부"가 됩니다. 여기서 "(B)범부 / (C)안-범부 / (D)범
부"를 문장으로 만들어야 하는데, 전체 문맥에서 "(B)범부들
을 보면서도 (C)범부들을 실체라고 생각하지 아니해야 (D)
참으로 ~ 본다고 ~ 말할 수가 있습니다."가 될 수밖에 없습
니다.

26장 법신에 걸리지 않음

정 본 | 금강경 26장 ①~③절

① 부처님

수보리~ 장로님~ 어찌생각 하십니까?

부처님의 거룩한~ 상호들을 다갖추면

부처라고 말할수가 있다생각 하십니까?

② 수보리

아닙니다 부처님~ 부처상호 갖췄다고

반드시~ 부처라고 말할수는 없습니다.

③ 부처님

수보리~ 장로님~ 참으로~ 옳습니다

장로님의 말씀대로 부처상호 갖췄다고

반드시~ 부처라고 말할수는 없습니다.

定本 ─────

① 須菩提 於意云何 可以具足相 觀如來 不
   수 보 리 어 의 운 하 가 이 구 족 상 관 여 래 부

② 　　　　　 不也 世尊 不應 以具足相 觀如來
   　　　　　 불 야 세 존 불 응 이 구 족 상 관 여 래

③ 如是如是 須菩提 　如汝所說 不應 以具足相 觀如來
   여 시 여 시 수 보 리 여 여 소 설 불 응 이 구 족 상 관 여 래

① 부처님

"수보리여!¹⁾ 그대 생각은 어떠한가?

서른두 가지 신체적 특징으로²⁾

여래라고 볼 수 있는가?"

② 수보리

수보리가 대답하였습니다.

.........................³⁾

③ 수보리

"그렇습니다, 그렇습니다.⁴⁾

서른두 가지 신체적 특징으로도

여래라고 볼 수 있습니다."⁵⁾

논의 1 "수보리여!"라고 하였는데, 이는 우리말답지 않습니다. "수보리 장로님!"이라고 하는 것이 적절할 것입니다.

논의 2 구마라집 한문본 금강경을 다른 한문 5본(유지본, 진제본, 급다본, 현장본, 의정본), 산스끄리뜨어(범어) 2본(Conze본, Muller본), 티베트어본, 몽골어본 등과 비교·검토하여, "서른두 가지 신체적 특징"을 "부처님의 거룩한 상호, 부처 상호"

로 수정합니다. 즉 "부처님의 거룩한 상호로 여래라고 볼 수 있는가?"가 됩니다. 조금만 새겨들으면 "부처님의 거룩한 상호를 갖추고 있으면 그 사람을 여래라고 볼 수 있는가?"가 됩니다. 조금 더 다듬으면 "부처님의 거룩한~ 상호들을 다 갖추면 부처라고 말할 수가 있다 생각하십니까?"가 됩니다.

논의 3 원본으로 사용되고 있는 금강경 10본을 비교·검토하여, "수

정 본	금강경 26장 ④~⑤절

④ 부처님 계속

부처상호 갖췄다고 부처라고 말한다면
전륜왕도 부처라고 하여야할 것입니다.

⑤

거룩하신 부처님~ "부처상호 갖췄다고
반드시~ 부처라고 말할수는 없다"라는
부처님의 말씀더잘 이해하게 됐습니다.

定本 ────

④　若以具足相 觀如來者 轉輪聖王 則是如來
　　약 이 구 족 상　관 여 래 자　전 륜 성 왕　즉 시 여 래

⑤　　世尊 如我解佛所說義 不應 以具足相 觀如
　　　세 존　여 아 해 불 소 설 의　불 응　이 구 족 상　관 여

　來.
　래

보리 장로님의 대답 내용"을 추가합니다.

논의 4 ②절에 수보리 장로님의 대답이 들어갔으니, 이 부분, 즉 ③절은 당연히 부처님의 말씀입니다.

논의 5 마찬가지로 수보리 장로님의 말씀이 아니라 부처님의 말씀입니다. 또 원본으로 사용되고 있는 금강경 10본을 비교·검토하여, "볼 수 있습니다."를 "볼 수 없습니다."로 수정합니다.

금강경 26장 ④~⑤절 | **유통본**

④

부처님께서 말씀하셨습니다.[1] "수보리여![2]

서른두 가지 신체적 특징으로도[3] 여래라고 볼 수 있다면

전륜성왕도 여래겠구나!"

⑤

수보리가[4] 부처님께 말씀드렸습니다. "세존이시여!

제가 부처님께서 말씀하신 뜻을 이해하기로는, 서른두

가지 신체적 특징을 가지고는 여래를 볼 수 없습니다."[5]

논의 1 다른 부분에서와 마찬가지로 "부처님께서 말씀하셨습니다. 수보리가 대답하였습니다. 수보리가 여쭈었습니다." 등은 80여 차례가 필요하나 실제로는 30차례 정도만 있고, 없는 것이 깔끔하므로 삭제합니다.

논의 2 "수보리여!"라고 하였는데, 이는 우리말답지 않습니다. "수보

리 장로님!"이라고 하는 것이 적절할 것입니다. '수보리여!'
는 ③절 앞부분으로 이동합니다.

논의3 원본으로 사용되고 있는 금강경 10본을 비교·검토하여, "서
른두 가지 신체적 특징"을 "부처 상호"로 수정합니다.

논의4 "부처님께서 말씀하셨습니다. 수보리가 대답하였습니다. 수
보리가 여쭈었습니다." 등은 80여 차례가 필요하나 실제로
는 30차례 정도만 있고, 없는 것이 깔끔하므로 삭제합니다.

정 본	금강경 26장 ⑥~⑦절

⑥

이때에 ~ 부처님이 게송부르 셨습니다.

형상으로 부처님을 보려하거나

음성으로 부처님을 찾으려하면

옳지않은 길을가고 있기때문에

부처님을 만나뵐수 없게됩니다.

⑦

부처님은 법성으로 봐야합니다.

부처님은 법신으로 나타납니다.

부처님을 인식으로 찾으려하면

부처님을 찾을수가 없게됩니다.

논의5 원본으로 사용되고 있는 금강경 10본을 비교·검토하여, "서른두 가지 신체적 특징"을 "부처 상호"로 수정합니다. 앞부분과 뒷부분의 번역이 순서가 바뀌었습니다. 즉 "이해가기로는 ~ ~ ~"라기보다는 " ~ ~ ~ 이해하게 되었습니다."이며, " ~ ~ ~ 을 더 잘 이해하게 됐습니다."가 보다 지금의 우리말답습니다.

---

⑥

그때 세존께서 게송으로 말씀하셨습니다.[1]

"형색으로[2] 나를[3] 보거나

　음성으로 나를 찾으면

　삿된 길 걸을 뿐

　여래 볼 수 없으리."

⑦

....

....

....

............................[4)

---

⑥ 爾時 世尊 而說偈言 若以色見我 以音聲求我 是人行邪
　　이 시　세 존　이 설 게 언　약 이 색 견 아　이 음 성 구 아　시 인 행 사

　　道 不能見如來
　　도　불 능 견 여 래

⑦ 應觀佛法性 即導師法身 法性非所識 故彼不能了
　　응 관 불 법 성　즉 도 사 법 신　법 성 비 소 식　고 피 불 능 료

───────────

논의1 "부처님께서 말씀하셨습니다. 수보리가 대답하였습니다. 수
보리가 여쭈었습니다." 등은 80여 차례가 필요하나 실제로
는 30차례 정도만 있고, 없는 것이 깔끔하므로 삭제합니다.
그러나 여기서는 "게송으로"라는 말이 있어서 살려둡니다.

논의2 "형색"은 사람 모습에 대한 조금은 부정적 표현입니다. 시각
적 모습이라는 차원에서 "형상"이 적절합니다.

논의3 여기서 "나"는 일반적인 부처님을 의미합니다. 산스끄리뜨어
에서는 "나/나/나"였었는데, 구마라집이 절묘하게 "나/나/
여래"라고 표현하여 앞의 '나'를 여래의 일반 명사 '부처님'
으로 표현하고 있습니다. 추가되는 ⑦절에서 더욱 분명해집
니다.

논의4 또 원본으로 사용되고 있는 금강경 10본을 비교 검토하여,
"26장 ⑦절"을 추가합니다.

화엄경 제1 사구게

若人慾了知　三世一切佛
약 인 욕 료 지　삼 세 일 체 불

應觀法界性　一體唯心造
응 관 법 계 성　일 체 유 심 조

과거현재 미래세상 모든세계의

일체모든 부처님을 알고자하면

온누리의 모든것이 일체유심조

내마음이 만든것을 봐야합니다.

출처: 화엄경 제20품 야마천궁게찬

27장 단절과 소멸을 초월함

정 본 | 금강경 27장 ①~②절

①

수보리~ 장로님~ 어찌생각 하십니까?

"여래는~부처상호 다갖추고 있으니까

최고바른 깨달음을 온전하게 이루었다"

그렇게~ 말할수가 있다생각 하십니까?

②

수보리~ 장로님~ 그리생각 마십시오.

"여래는~부처상호 다갖추고 있으니까

최고바른 깨달음을 온전하게 이루었다"

누구도~ 그렇게~ 말할수가 없습니다.

定本 ─────

① 須菩提 於意云何 如來 可 以具足相 故得阿耨多羅三藐
수 보 리 어 의 운 하 여래 가 이 구 족 상 고 득 아 누 다 라 삼 먁

三菩提 不
삼 보 리 부

② 須菩提 莫作是念 如來 不 以具足相 故得阿耨多羅三藐
수 보 리 막 작 시 념 여래 불 이 구 족 상 고 득 아 누 다 라 삼 먁

三菩提
삼 보 리

①

"수보리여![1] 그대가[2]
'여래는 신체적 특징을 원만하게 갖추지
않았기 때문에 가장 높고 바른 깨달음을 얻은 것이다.'라고
생각한다면,

②

수보리여![3]
'여래는 신체적 특징을 원만하게 갖추지 않았기 때문에
가장 높고 바른 깨달음을 얻은 것이다.'라고
생각하지 말라.[4]

논의 1 "수보리 장로님!"이라고 하는 것이 우리말답습니다.

논의 2 구마라집 한문본 금강경을 다른 9본과 비교·검토하여, "어찌 생각하십니까?"로 시작하는 질문임을 확인하였습니다. 또한 "不 以具足相"이 아니라 "可 以具足相"임도 확인하였습니다.

논의 3 "수보리여!"라고 하였는데, 이는 우리말답지 않습니다. "수보리 장로님!"이라고 하는 것이 적절할 것입니다.

논의 4 ①절 질문에 따른 답으로 봐야 바른 번역이 됩니다. 질문이 없었기 때문에 두 가지 오류가 발생하였습니다. 첫째 오류;

"생각하지 말라"가 앞으로 나가서 독자적인 문장을 형성해야 합니다. 특히 "그렇게 생각하지 말라", "그런 생각하지 말라"라고 되어 있는 점을 소홀히 한 것입니다. 둘째 오류; "여래는 ~ 않았기 때문에 ~얻은 것이다."가 아니고, "하였기

정 본	금강경 27장 ③~④절

③

수보리 ~ 장로님 ~ 수보리 ~ 장로님 ~
보살의길 가고있는 사람들도 생각들이
끊어지고 없어질수 있다생각 마십시오.

④

보살의길 가고있는 사람들은 생각들이
끊어지지 아니하고 없어지지 않습니다.

定本 ─────

③ 須菩提 汝若作是念 發菩薩乘者 說諸法斷滅相 莫作是念
   수보리 여약작시념 발보살승자 설제법단멸상 막작시념

④ 何以故 發菩薩乘者 於法不說斷滅相
   하이고 발보살승자 어법불설단멸상

────────────

논의1 "수보리 장로님!"이라고 하는 것이 우리말답습니다.

때문에 ~ 얻은 것이 아니다."입니다. 즉 부정의 위치가 잘
못된 것입니다. 또 지독한 수동형의 복문이라는 데 유의하여
번역해야 합니다.

금강경 27장 ③~④절	유통본

③

수보리여![1)]

그대가[2)] '가장 높고 바른 깨달음의 마음을 낸 자는[3)] 모
든 법이 단절되고 소멸되어 버림을 주장한다.'고
생각한다면, 이런 생각을 하지 말라.

④

왜냐하면[4)] 가장 높고 바른 깨달음의 마음을 낸 자는[5)] 법에
대하여 단절되고 소멸된다는 관념을 말하지 않기 때문이다."

논의2 "그대가 ~ 생각한다면, 이런 생각을 하지 말라."는 우리말
같지 않습니다. 일단 우리말에는 주어가 생략되는 것이 좋
을 때가 많습니다. " ~ 생각 마십시오"라고 충분합니다.

논의3 원본으로 사용되고 있는 금강경 10본을 비교·검토하여,
"가장 높고 바른 깨달음의 마음을 낸 자"를 "보살의 길 가
고 있는 사람들"로 수정합니다.

논의4 "왜냐하면"은 우리말로는 "에 ~ " 정도의 내용입니다. 그래

서 "왜냐하면 ~ 때문"을 삭제합니다.

논의 5 원본으로 사용되고 있는 금강경 10본을 비교·검토하여, "가
장 높고 바른 깨달음의 마음을 낸 자"를 "보살의 길 가고 있
는 사람들"로 수정합니다. 그리고 ③절에는 "법이"라고 되어
있고, ④절에는 "법에 대하여"라고 되어 있는데, 정확한 논
리적 표현으로는 "법이"가 옳습니다. 법의 내용은 ③절과 관
련시켜 판단할 때 막작시념莫作是念의 념에 해당하여 "생각"
이 됩니다.

도성제 팔정도(요약)

1) 바른 견해 고성제와 집성제와 멸성제와 도성제를
　　　　　아는지혜 바른견해 라고하는 것입니다

2) 바른 사유 감각욕망 미움분노 공격해침 탐진치를
　　　　　떠난사유 바른사유 라고하는 것입니다

3) 바른 말 　거짓말~ 이간말~ 거친말~ 꾸임말을
　　　　　하지않음 바른말~ 이라하는 것입니다

4) 바른 행동 살생이나 도둑질~ 삿된음행 하나라도
　　　　　하지않음 바른행동 이라하는 것입니다

5) 바른 생계 살아가기 위하여서 옳지않은 수단들에
　　　　　의지않음 바른생계 라고하는 것입니다

6) 바른 정진 삿된생각 안생기게, 삿된생각 끊어내려
　　　　　선한생각 생겨나게, 선한생각 크게하려
　　　　　노력함을 바른정진 이라하는 것입니다

7) 바른 사띠 신념처~ 수념처~ 심념처~ 법념처~
　　　　　신수심법 사띠함을 정념이라 말합니다

8) 바른 삼매 감각욕망 나쁜생각 벗어나서 즐겁지만
　　　　　미세사유 순간순간 거친사유 첫째선정
　　　　　거친사유 미세사유 가라앉아 안팎으로
　　　　　사유없는 삼매기쁨 누리게된 둘째선정
　　　　　평정상태 머무르며 온전하게 사띠하고
　　　　　'온몸체험 평정사띠 즐거움'의 셋째선정
　　　　　기쁨고통 사라져서 기쁨고통 전혀없어
　　　　　'온전하게 청정한~ 평정사띠' 넷째선정

(출처: 초전법륜경)

28장 보답에 걸리지 않음

정 본   금강경 28장 ①~②절

①

수보리~ 장로님~ 수보리~ 장로님~

강가강의 모래수와 같은세계 채울만큼

금은보화 보시하는 사람짓는 복보다도

자기중심 생각에서 완전하게 벗어나신

보살들이 짓는복이 훨씬더~ 많습니다.

②

수보리~ 장로님~ 참~된~ 보살들은

지은복을 누리려고 생각하지 않습니다.

定本 ————

① 須菩提 若有人 以滿恒河沙等世界七寶 持用布施[7] 若有
　　수보리 약유인 이만강가사등세계칠보 지용보시 약유

　 菩薩 於一切法無我 得成於忍 此功德 勝前所得功德
　　보살 어일체법무아 득성어인 차공덕 승전소득공덕

② 須菩提 　　　菩薩 不受福德故
　　수보리 　　　보살 불수복덕고

①

"수보리여!¹⁾

보살이²⁾ 항하의³⁾ 모래 수만큼 세계에 칠보를 가득 채워
보시한다고 하자.

또 어떤 사람이 모든 법이 무아임을 알아 인욕을 성취한
다고 하자. 그러면 이 보살의 공덕은 앞의 보살이 얻은
공덕보다 더 뛰어나다.⁴⁾

②

수보리여!⁵⁾ 모든 보살들은
복덕을 누리지 않기 때문이다."⁶⁾

논의 1 "수보리여!"라고 하였는데, 이는 우리말답지 않습니다. "수보
리 장로님!"이라고 하는 것이 적절할 것입니다.

논의 2 문장 전체 구조가 "보살 ~ 어떤 사람 ~ / 이 보살 ~ 앞의
보살"로 되어있어서 혼란스럽습니다. 그래서 칠보를 보시
하는 "사람"으로 하고 법이 무아임을 아는 "보살"로 정리합
니다.

논의 3 인도에 있는 큰 강의 이름이 "강가"강입니다. 중국 사람들은
음사하면서 "강가"강이라고 했습니다. 중국 사람들이 음사

한 강 이름을 문자로 가지고 오면서 우리나라에서는 "항하" 강이 되어버렸습니다. 또 영국 사람들이 음사하면서 "강가" 강이라고 했습니다. 그런데 본국인 영국으로 문자가 가면서 "갠지스"강이 되어버렸습니다. 최근에 우리나라 사람들은 항하라고 하기도 하고 갠지스라고 하기도 하고 강가라고 하기도 합니다. 지명은 인도식 그대로 "강가"강이라고 하는 것이 옳다고 생각합니다.

논의 4 "보살이 ~ 한다고 하자, 사람이 ~ 한다고 하자, 이 보살의 공덕은 ~ 앞의 보살이 얻은 공덕보다 더 뛰어나다."에서는 "보살과 사람"이 혼란스럽습니다. " ~ 하는 사람 짓는 복보다도 ~ 하는 보살들이 짓는 복이 훨씬 더 많습니다."가 우리말답습니다. 그리고 뜻은 완전히 같습니다. "모든 법이 무아임을 알아 인욕을 성취한다"는 당시 인도 사회에서 유아

정 본	금강경 28장 ③~④절

③
거룩하신 부처님 ~ 어떻게 ~ 하는것이
지은복을 누리려고 생각않는 것입니까?

④
수보리 ~ 장로님 ~ 수보리 ~ 장로님 ~
복짓고도 지었다고 생각하지 아니해야
지은복을 누리려고 생각않는 것입니다.

를 주장하는 무수한 사람들이 비판과 비난을 하는 것을 인욕하면서 무아를 실천하는 것이므로 "자기중심 생각에서 완전하게 벗어나신"으로 풀이합니다.

논의 5 "수보리여!"라고 하였는데, 이는 우리말답지 않습니다. "수보리 장로님!"이라고 하는 것이 적절할 것입니다.

논의 6 여기에서의 보살은 "무아임을 알게 된 보살"입니다. 따라서 "참된 보살"이라고 하는 것이 더 정확합니다. 또한 "누리지 않기"보다는 "누리려고 생각하지 않는 것"이 옳습니다. 실제로 보살들은 복덕을 누리고 있습니다.

논의 7 고려대장경에는 "布施"로 표기되어 있으나, 유공권서에는 "持用布施"로 되어 있어 정본定本에서도 "持用布施"로 표기합니다.

금강경 28장 ③~④절	유통본

③
수보리가 부처님께 여쭈었습니다.[1] "세존이시여! 어찌하여 보살이 복덕을 누리지 않습니까?"[2]

④
"수보리여!"[3] 보살은
지은 복덕에 탐욕을 내거나 집착하지 않아야 하기 때문에 복덕을 누리지 않는다고 설한 것이다."[4]

③　　　　　世尊 云何 菩薩 不受福德
　　　　　　세 존　운 하　보 살　불 수 복 덕

④　須菩提 菩薩 所作福德 不應貪着 是故說 不受福德
　　수 보 리　보 살　소 작 복 덕　불 응 탐 착　시 고 설　불 수 복 덕

────────────

논의 1 "부처님께서 말씀하셨습니다. 수보리가 대답하였습니다. 수
보리가 여쭈었습니다." 등은 80여 차례가 필요하나 실제로
는 30차례 정도만 있고, 없는 것이 깔끔하므로 삭제합니다.

논의 2 이 문장에서도 두 가지 오류가 보입니다. 첫째 오류; 보살은
'복덕을 누리지 않는 것'이 아니고 '누리려고 하는 생각을 하
지 않는 것'입니다. 둘째 오류; '복을 누리려고 하지 않는 이
유'를 묻는 것이 아니고 '복을 누리려고 하지 않는 생각/동
작', 즉 '어떻게 하는 것'을 묻는 것입니다.

논의 3 "수보리여!"라고 하였는데, 이는 우리말답지 않습니다. "수보
리 장로님!"이라고 하는 것이 적절할 것입니다.

논의 4 앞의 ②절에서 "참된 보살의 행동"을 서술하였습니다. ③~
④절에서는 보살들의 복덕과 관련하여 일반 명제로 서술합
니다. 한문본에서는 주어가 있지만, 우리말에서는 주어가 없
는 것이 명제답습니다.

여래 10호

불교를 조금만 아는 사람도 여래 10호를 달달 암송하고 있습니다. 그런데, 시공 불교사전에는 (여래) 십호라는 항목에 ① 여래, ② 아라한, ③ 정변지, ④ 명행족, ⑤ 선서, ⑥ 세간해, ⑦ 무상사, ⑧ 조어장부, ⑨ 천인사, ⑩ 불, ⑪ 세존이라고 되어 있습니다. 10호라고 하고서는 ⑪ 까지의 번호가 있습니다. 한영불교대사전(운주사)나 한영불교사전(불광사) 등 대개의 책에서는 ⑩ 항이 불세존입니다.

그런데 이건 말이 안 됩니다. 10호라고 하고서는 11번까지 번호를 붙이는 것도 말이 안 되고, 불·세존을 붙이는 것도 말이 안 됩니다. 호라는 말은 본 직함(명) 외에 붙이는 별호를 의미합니다. 따라서 여래를 본직함(명)으로 하고, 별호가 10이라는 의미입니다.

如來 여래 (tathāgata) 'Thus-Come'을 본 직함으로 하고, ① 應供 응공 (arhat) 'Worthy of Respect', ② 正等覺 정등각 'Correctly Enlightened', ③ 明行足 명행족 'Percted in Wisdom and Action', ④ 善逝 선서 'Well-Gone', ⑤ 世間解 세간해 'Knower of the Secular World', ⑥ 無上士 무상사 'Unsurpassed', ⑦ 調御丈夫 조어장부 'Tamer', ⑧ 天人師 천인사 'Teacher of Gods and Men', ⑨ 佛 불 'Buddha', ⑩ 世尊 세존 'World Honored One' 등을 별호로 하는 것입니다.

29장 고요하고 평화로운 부처님 모습

①

수보리~ 장로님~ 수보리~ 장로님~

"부처님은 스스로~ '와서있다 가서있다

멈춰있다 앉아있다 누워있다' 생각한다"

이런말을 하는사람 여래가~ 하는말을

제대로~ 이해한다 말할수가 없습니다

②

와있다는 생각에도 걸리지~ 아니하고

가있다는 생각에도 걸리지~ 아니해야

참~된~ 부처라고 말할수가 있습니다.

定本

① 湏菩提 若有人言 如來 若來 若去 若住 若坐 若臥 是人
　 수보리 약유인언 여래 약래 약거 약주 약좌 약와 시인

　 不解 我所說義
　 불해 아소설 의

② 何以故 如來者 無所從來 亦無所去 故名如來
　 하이고 여래자 무소종래 역무소거 고명여래

①

"수보리여![1] 어떤 사람이
'여래는 오기도 하고 가기도 하며
.................[2] 앉기도 하고 눕기도 한다.'고
말한다면, 그 사람은 내가 설한 뜻을
이해하지 못한 것이다.

②

왜냐하면[3] 여래란 오는 것도 없고
가는 것도 없으므로
여래라고 말하기 때문이다."[4]

논의 1 "수보리 장로님!"이라고 하는 것이 우리말답습니다.

논의 2 구마라집 한문본 금강경을 다른 9본과 비교·검토하여, "멈춰 있다"를 추가합니다.

논의 3 "왜냐하면"은 우리말로는 "에 ~ " 정도의 내용입니다. 그래서 "왜냐하면 ~ 때문"을 삭제합니다.

논의 4 문자대로 번역하면 "여래는 도착해서 와 있다는 생각도 없고, 도착해서 돌아가지 않는다는 생각도 없어야 그 여래를 참된 여래라고 할 수 있다"라는 의미입니다.

이 말의 의미는 "(부처님을 포함하여 새롭게 부처님이 되실) 부처님은 자신이 '부처로서 이 세상에 와서 있다, 해탈 세상에 가서 있다, 다른 중생들은 고통 세상에 있는데 자신은 해탈 세상에서 편하게 멈춰서 쉬거나 앉아 있거나 누워 있다.' 즉 '나는 부처가 되어 편안한 세상(해탈 세상)에 있다. 열반 해탈 세계에 나는 부처가 되어 가서 있다.'는 생각을 하지 않습니다."로 이해됩니다.

가사체 (의상대사 화엄일승) 법계도 / 무비·조현춘

```
는 언 을 움 로 이 라 따 룻 그 마 한 심 발 음 처 다 된 분 구
다 리 이 상 계 가 따 없 은 음 히 머 과 금 고 낱 낱 로 티 게
네 진 드 없 로 한 고 들 은 이 란 과 있 간 다 각 각 무 끝 하
이 본 러 짐 오 넓 하 생 바 스 출 고 세 세 이 각 다 량 뚜 렷
러 근 다 빠 매 고 나 중 른 고 세 긴 세 월 접 마 접 없 고 고
하 다 한 루 삼 깊 이 이 깨 를 간 긴 찰 찰 는 다 는 우 연 하
니 한 보 게 이 은 니 부 침 주 서 이 고 이 없 온 없 주 정 연
수 합 살 든 인 해 불 처 때 우 로 없 긴 찰 량 우 량 란 이 정
행 화 비 모 해 야 처 님 문 온 함 라 구 찰 품 주 품 혼 없 이
자 로 가 살 보 현 하 늘 이 은 께 구 었 에 도 하 도 곧 가 체
는 서 상 중 현 보 계 계 경 끝 하 었 울 나 하 곧 혼 생 일 일
근 상 항 계 보 경 반 열 경 티 다 나 어 두 생 ← 품 에 고 이
본 으 결 자 아 루 이 전 심 ◯법 의 성 품 원 융 하 고 두 생
에 국 로 재 하 면 궁 보 을 따 연 인 고 않 짐 에 도 품 체 에
는 대 한 문 법 음 보 리 쉬 라 에 도 모 모 습 게 어 성 안 일
진 음 량 얻 음 일 리 열 지 나 도 참 된 알 된 아 엔 기 걸 고
여 마 없 음 세 의 열 엄 않 투 다 성 아 을 것 보 를 자 리 일
법 편 는 름 이 쏨 반 성 곤 운 없 품 보 것 든 는 혜 여 니 곧
성 방 보 거 밀 이 성 취 얻 다 지 은 는 모 모 야 려 하 모 가
중 은 배 밀 하 말 장 취 길 하 그 깊 참 야 미 여 하 묘 든 나
도 좋 의 로 온 법 를 이 기 나 미 고 여 묘 하 동 법 하 어
자 의 연 무 법 계 달 돌 이 안 요 일 일 안 이 있 어
리 연 달 서 네 부 자 리 돌 아 에 체 고 체 에 하 나
깨 달 아 서 부 동 자 리 돌 아 일 체 있 고 일 체 안 에 하 나
```

출처: 가사체 불교경전, 335쪽

30장 대상에 걸리지 않음

| 정 본 | 금강경 30장 ①~②절 |

①
수보리~ 장로님~ 선남자와 선여인이
삼천대천 세계부숴 티끌로~ 만든다면
어찌생각 하십니까 티끌수는 많습니까?

②
많습니다 부처님~ 그렇지만 말씀하신
티끌들을 보더라도 실체라고 생각하면
제대로~ 본다고~ 말할수가 없습니다.

定本 ────

① 湏菩提 若善男子善女人 以三千大千世界 碎爲微塵 於
　　수보리　약선남자선여인　이삼천대천세계　쇄위미진　어

　　意云何 是微塵衆 寧爲多 不
　　의운하　시미진중　영위다　부

② 甚多 世尊 何以故 若是微塵衆 實有者 佛則不說 是微
　　심다　세존　하이고　약시미진중　실유자　불즉불설　시미

　　塵衆
　　진중

────────

논의 1 "수보리여!"라고 하였는데, 이는 우리말답지 않습니다. "수보

①

"수보리여!¹⁾ 선남자 선여인이

삼천대천세계를 부수어 가는 티끌을 만든다면,

그대 생각은 어떠한가? 이 티끌들이 진정 많겠는가?"

②

"매우 많습니다, 세존이시여! 왜냐하면²⁾

티끌들이 실제로 있는 것이라면 여래께서는³⁾

티끌들이라고 말씀하지 않으셨을 것이기 때문입니다.⁴⁾

(왜냐하면 : 여기에서의 뜻은 '그러나'입니다)

리 장로님!"이라고 하는 것이 적절할 것입니다.

논의 2 "왜냐하면"은 우리말로는 "에 ~ " 정도의 내용입니다. 그래서 "왜냐하면 ~ 때문"을 삭제합니다. 그러나 내용 흐름으로 추론하면 "그렇지만 말씀하신"이 들어가는 것이 좋습니다.

논의 3 "부처님께서 말씀하셨습니다. 수보리가 대답하였습니다. 수보리가 여쭈었습니다." 등은 80여 차례가 필요하나 실제로는 30차례 정도만 있고, 없는 것이 깔끔하므로 삭제합니다. 같은 차원에서 본문 속에서의 이런 표현도 모두 삭제합니다. 그래서 "여래께서는 ~ 말씀하지"를 삭제합니다.

논의 4 논의 3을 반영하면 이 부분은 "(B)티끌 / (C)실제로 있는 것 / (D)안-티끌"이 됩니다. "(B)티끌 / (C)실제로 있는 것 / (D)안-티끌"을 문장 혹은 절로 변환시키면 "(B)티끌들을 본다 / (C)'티끌들이 실제로 있는 것이다, 실제로 있는 티끌들을 나는 제대로 보고 있다, 내가 보는 티끌은 항상한 실체이다'라고 생각한다. / (D)티끌들을 제대로 본다고 할 수 없

정 본	금강경 30장 ③~⑤절

③

티끌들을 보면서도 실체라고 아니봐야
참으로~ 본다고~ 말할수가 있습니다.

④

거룩하신 부처님~ 거룩하신 부처님~
삼천대천 세계보되 실체라고 아니봐야
참으로~ 본다고~ 말할수가 있습니다.

⑤

삼천대천 세계들을 실체라고 생각하면
일합상에 걸려있다 말할수가 있습니다.

定本 ───

③ 所以者何 佛說 微塵衆 則非微塵衆 是名微塵衆
　소이자하 불설 미진중 즉비미진중 시명미진중

다."가 됩니다. 이를 다시 연결하여 정리하면 "티끌들을 보더라도 / 실체라고 생각하면 / 티끌들을 제대로 본다고 말할 수가 없습니다."가 됩니다. 한 번 더 다듬으면 "티끌들을 보더라도 / 실체라고 생각하면 / 제대로 본다고 말할 수가 없습니다."가 됩니다.

금강경 30장 ③~⑤절	유통본

③

그것은[1] 여래께서[2] 티끌들은 티끌들이 아니라고 설하셨으므로 티끌들이라고 말씀하신 까닭입니다.[3]

④

세존이시여!

여래께서 말씀하신[4] 삼천대천세계는 세계가 아니므로 세계라 말씀하십니다.[5]

⑤

왜냐하면[6] 세계가 실제로 있는 것이라면 한 덩어리로 뭉쳐진 것이겠지만,[7]

---

④ 世尊 如來所說 三千大千世界 則非世界 是名世界
　　세존　여래소설　삼천대천세계　즉비세계　시명세계

⑤ 何以故 若世界實有者 則是一合相
　　하이고　약세계실유자　즉시일합상

논의1 "그것은 ~ 까닭입니다"는 우리말로는 "에 ~ " 정도의 내용입니다. 그래서 삭제합니다.

논의2 "여래께서 ~ 설하셨으므로 ~ 티끌들이라고 말씀하신"에서 보면 "설, 말씀"이 중첩되어 있습니다. 그리고 "부처님께서 말씀하셨습니다. 수보리가 대답하였습니다. 수보리가 여쭈었습니다." 등은 80여 차례가 필요하나 실제로는 30차례 정도만 있고, 없는 것이 깔끔하므로 삭제합니다. 같은 차원에서 본문 속에서의 이런 표현도 모두 삭제합니다. 그래서 "여래께서 ~ 설하셨으므로 ~ 말씀하신"을 삭제합니다.

논의3 논의 2를 수용하여 정리하면 이 부분은 "(B)티끌 / (C)안-티끌 / (D)티끌"이 됩니다. "(B)티끌 / (C)안-티끌 / (D)티끌"을 문장 혹은 절로 변환시키면 "(B)티끌들을 본다. / (C)'티끌들이 실제로 있다, 실제로 있는 티끌들을 나는 제대로 보고 있다, 내가 보는 티끌은 항상한 실체이다'라고 생각하지 않는다. / (D)티끌들을 제대로 본다고 할 수 있다."가 됩니다. 이를 다시 연결하여 정리하면 "(B)티끌들을 보면서도 / (C)실체라고 생각하지 아니해야 / (D)참으로 티끌들을 제대로 본다고 말할 수가 있습니다."가 됩니다. 한 번 더 다듬으면 "티끌들을 보면서도 / 실체라고 아니해야 / 참으로 본다고 말할 수가 있습니다."가 됩니다.

논의4 여기서도 "여래께서 말씀하신 삼천대천세계는 세계가 아니므로 세계라 말씀"에서 보면 "말씀, 말씀"이 중첩되어 있습니다. 그리고 "부처님께서 말씀하셨습니다. 수보리가 대답하였습니다. 수보리가 여쭈었습니다." 등은 80여 차례가 필요하나 실제로는 30차례 정도만 있고, 없는 것이 깔끔하므로 삭제합니다. 같은 차원에서 본문 속에서의 이런 표현도 모두 삭제합니다. 그래서 "여래께서 말씀하신 ~ 말씀"을 삭제합니다.

논의 5 논의 4를 수용하여 정리하면 이 부분은 "(B)삼천대천세계 / (C)안-세계 / (D)세계"가 됩니다. 이를 문장 혹은 절로 변환시키면 "(B)삼천대천세계를 본다. / (C)'세계가 실제로 있다, 실제로 있는 세계를 나는 제대로 보고 있다, 내가 보는 세계는 항상한 실체이다'라고 생각하지 않는다. / (D)세계를 제대로 본다고 할 수 있다."가 됩니다. 이를 다시 연결하여 정리하면 "(B)삼천대천 세계를 보면서도 / (C)실체라고 생각하지 아니해야 / (D)참으로 세계들을 제대로 본다고 말할 수가 있습니다."가 됩니다. 다시 한 번 더 다듬으면 "(B)삼천대천세계를 보되 / (C)실체라고 아니 봐야 / (D)참으로 본다고 말할 수가 있습니다."가 됩니다.

논의 6 "왜냐하면"은 우리말로는 "에~" 정도의 내용입니다. 그래서 아래 ⑥절의 "때문"과 함께 "왜냐하면~때문"은 삭제합니다.

논의 7 논의 6을 수용하여 정리하면 이 부분은 전체적으로 "(B)세계(삼천대천세계) / (C)실제로 있는 것(실체로서 존재하는 것) / (D)일합상(한 덩어리로 뭉쳐진 것)"입니다. 이를 문장 혹은 절로 변환시키면 "(B)삼천대천세계들을 보더라도 / (C)삼천대천세계들을 실체라고 생각하면/ (D)일합상에 걸려 있다 말할 수가 있습니다."가 됩니다. 앞 문장과의 연결이므로 "(B)삼천대천세계들을 (C)실체라고 생각하면/ (D)일합상에 걸려 있다 말할 수가 있습니다."로 충분합니다.

⑥

일합상을 보면서도 실체라고 아니봐야

참으로~ 본다고~ 말할수가 있습니다.

⑦

수보리~ 장로님~ 수보리~ 장로님~

일합상을 실체라고 생각하면 안됩니다.

범부들만 그렇게~ 생각하는 것입니다.

定本 ──────

⑥ 如來說 一合相 則非一合相 是名一合相
   여 래 설 일 합 상 즉 비 일 합 상 시 명 일 합 상

⑦ 須菩提 一合相者 則是不可說 但凡夫之人 貪着其事
   수 보 리 일 합 상 자 즉 시 불 가 설 단 범 부 지 인 탐 착 기 사

──────────

논의 1 앞의 ③절 관련해서 설명한 것과 같은 이유에서 "여래께서
~ 설하셨으므로 ~ 말씀하셨기"를 삭제합니다.

논의 2 논의 1을 수용하면 이 부분은 "(B)일합상(한 덩어리로 뭉쳐진
것) / (C)안-일합상 / (D)일합상"이 됩니다. 이를 문장 혹은
절로 변환시키면 "(B)일합상을 보면서도 / (C)일합상을 실
체라고 생각하지 아니해야/ (D)참으로 일합상을 제대로 본
다고 말할 수가 있습니다."가 됩니다. 다시 우리말답게 한 번

⑥

여래께서[1] 한 덩어리로 뭉쳐진 것은 한 덩어리로 뭉쳐진
것이 아니라고 설하셨으므로
한 덩어리로 뭉쳐진 것이라[2] 말씀하셨기 때문입니다."

⑦

"수보리여![3]
한 덩어리로 뭉쳐진 것은 말할 수가 없는 것인데[4]
범부들이 그것을 탐내고 집착할 따름이다."[5]

더 다듬으면 "(B)일합상을 보면서도 / (C)실체라고 아니 봐
야/ (D)참으로 본다고 말할 수가 있습니다."가 됩니다.

논의 3 ""수보리 장로님!"이라고 하는 것이 우리말답습니다.

논의 4 이 부분 "한 덩어리로 뭉쳐진 것은 말할 수가 없는 것인데"는
직역하면 "일합상은 실체라고 말할 수가 없습니다."입니다.
앞의 내용과 뒤의 내용을 연결시켜서 보면 "말할 수가 없습
니다."는 "생각하면 안 됩니다."로 하는 것이 좋습니다.

논의 5 정상적으로는 그렇게 생각하면 안 되는데 '어리석은 범부 중
생들은 실체라고 탐착한다'는 의미입니다. 탐착을 분리해서
"탐내고 집착"이라고 하는 것은 다소 강합니다. 오히려 "그
렇게 생각하는 것입니다."로 가볍게 번역하는 것이 더 나을
듯합니다.

31장 지견을 내지 않음

①

수보리~ 장로님~ '자기중심 인간중심

중생중심 생명중심 편견에서 벗어나라

설법하여 주었다고 여래가~ 생각한다'

이런말을 하는사람 어찌생각 하십니까?

옳은말을 하고있다 말할수가 있습니까?

②

아닙니다 부처님~ 그리생각 않습니다.

옳은말을 하고있다 말할수가 없습니다.

定本 ────

① 須菩提 若人言 佛說 我見 人見 衆生見 壽者見
   수보리 약인언 불설 아견 인견 중생견 수자견

   於意云何 是人所說 爲正語 不
   어의운하 시인소설 위정어 부

② 不也 世尊 是人所說 不爲正語
   불야 세존 시인소설 불위정어

────────

논의 1 "수보리여!"라고 하였는데, 이는 우리말답지 않습니다. "수보
리 장로님!"이라고 하는 것이 적절할 것입니다.

①

"수보리여![1) 어떤 사람이[2) 여래가 '자아가 있다는 견해,
개아가 있다는 견해, 중생이 있다는 견해, 영혼이 있다는
견해를 설했다.'고[3)
말한다면, 수보리여! 그대 생각은 어떠한가? 이 사람이
내가 설한 뜻을 알았다[4) 하겠는가?"

②

"아닙니다, 세존이시여!
그 사람은 여래께서 설한 뜻을 알지[5) 못한 것입니다.

논의 2 "어떤 사람이 여래가 ' ~ (아견인견중생견수자견) ~ 설했다'라
고 말한다면, (수보리여!) 그대 생각은 어떠한가? 이 사람이"
는 "' ~ 설법하여 주었다고 여래가 ~ 생각한다' 이런 말을
하는 사람 어찌 생각하십니까?"라고 약간 순서를 바꾸고 다
듬을 수 있을 것입니다.

논의 3 지금까지의 "아상, 인상, 중생상, 수자상"과는 달리 "아견, 인
견, 중생견, 수자견"을 말합니다. 즉 "자기중심편견, 인간중
심편견, 중생중심편견, 생명중심편견"이 나옵니다. "자기중
심편견, 인간중심편견, 중생중심편견, 생명중심편견"의 의미

를 풀어서 "자기중심편견똥덩어리, 인간중심편견똥덩어리, 중생중심편견똥덩어리, 생명중심편견똥덩어리" 정도로 이해하시면 됩니다. 그러니까 자동적으로 "벗어나라고 설법하는 것"이 뒤따릅니다. 산스끄리뜨어(범어)와 한문의 지독한 수동형의 복문장을 볼 수 있어야 이런 의미가 보입니다.

논의 4 구마라집 한문본 금강경을 다른 한문 5본(유지본, 진제본, 급다본, 현장본, 의정본), 산스끄리뜨어(범어) 2본(Conze본,

정 본	금강경 31장 ③절

자기중심 인간중심 중생중심 생명중심
편견에서 벗어나라 부처님은 설법하되
설법하여 주었다고 생각하지 아니하여

참으로~ 설법했다 말할수가 있습니다.

定本 ————

③ 何以故 世尊說 我見 人見 衆生見 壽者見 卽非我見 人
　　하이고 세존설 아견 인견 중생견 수자견 즉비아견 인

　　見 衆生見 壽者見 是名 我見 人見 衆生見 壽者見
　　견 중생견 수자견 시명 아견 인견 중생견 수자견

————

논의 1 "왜냐하면"은 우리말로는 "에~" 정도의 내용입니다. 그래서

Muller본), 티베트어본, 몽골어본 등과 비교·검토하여, "내가 설한 뜻을 알았다"를 "옳은 말을 하고 있다"로 수정합니다.

논의 5 "그 사람"은 문맥상 생략하여도 충분히 이해되므로 삭제합니다. 원본으로 사용되고 있는 10본의 금강경을 비교·검토하여, "여래께서 설한 뜻을 알지"를 "옳은 말을 하고 있다"로 수정합니다.

금강경 31장 ③절   **유통본**

왜냐하면[1] 세존께서는[2] 자아가 있다는 견해, 개아가 있다는 견해, 중생이 있다는 견해, 영혼이 있다는 견해가 자아가 있다는 견해, 개아가 있다는 견해, 중생이 있다는 견해, 영혼이 있다는 견해가 아니라고 설하셨으므로 자아가 있다는 견해, 개아가 있다는 견해, 중생이 있다는 견해, 영혼이 있다는 견해라고[3] 말씀하셨기 때문입니다."

"왜냐하면 ~ 때문"을 삭제합니다.

논의 2 "세존께서는 ~ 설하셨으므로 ~ 말씀하셨기"에서 "설"과 "말씀"이 중첩되고 있습니다. 그리고 "부처님께서 말씀하셨습니다. 수보리가 대답하였습니다. 수보리가 여쭈었습니다." 등은 80여 차례가 필요하나 실제로는 30차례 정도만 있고, 없는 것이 깔끔하므로 삭제합니다. 같은 차원에서 본문 속에서의 이런 표현도 모두 삭제합니다. 그래서 "세존께서는 ~ 설하셨으므로 ~ 말씀하셨기"를 삭제합니다.

논의3 논의 2를 수용하여 정리하면 이 부분은 " ~ 견해 / 안- ~ 견해 / ~ 견해"가 됩니다. 이를 문장 혹은 절로 변환시키면 "(B) ~ 편견에서 벗어나라 부처님은 설법하되 / (C) ~ 편견에서 벗어나라 설법하여 주었다고 생각하지 아니하여 / (D)참으로

정 본	금강경 31장 ④~⑤절

④

수보리 ~ 장로님 ~ 수보리 ~ 장로님 ~
참으로 ~ 보살의길 가려하는 사람들은
모든것을 있는대로 온전하게 알고보며
있는대로 믿고이해 해야하는 것입니다.
법중심 ~ 생각에도 걸리면 ~ 안됩니다.

⑤

수보리 ~ 장로님 ~ 수보리 ~ 장로님 ~
법중심 ~ 생각보되 실체라고 아니봐야
참으로 ~ 본다고 ~ 말할수가 있습니다.

~ 편견에서 벗어나라 설법하여 주었다고 말할 수가 있습니다."가 됩니다. 다시 우리말답게 한 번 더 다듬으면 " ~ 편견에서 벗어나라 부처님은 설법하되 / 설법하여 주었다고 생각하지 아니하여 / 참으로 설법했다 말할 수가 있습니다."가 됩니다.

금강경 31장 ④~⑤절   유통본

④

"수보리여![1]

가장 높고 바른 깨달음을 얻고자 하는 이는[2]

일체법에 대하여 이와 같이 알고, 이와 같이 보며,

이와 같이 믿고 이해하여[3]

법이라는 관념을 내지 않아야 한다.[4]

⑤

수보리여![5]

법이라는 관념은 법이라는 관념이 아니라고

여래는 설하였으므로[6] 법이라는 관념이라 말한다."[7]

④ 湏菩提 發菩薩乘者 於一切法 應如是知 如是見 如是信
　　수보리　발보살승자　어일체법　응여시지　여시견　여시신

解 不生法相
해　불생법상

⑤ 湏菩提 所言 法相者 如來說 卽非法相 是名法相
　　수보리　소언　법상자　여래설　즉비법상　시명법상

───────

논의 1 "수보리여!"라고 하였는데, 이는 우리말답지 않습니다. "수보리 장로님!"이라고 하는 것이 적절할 것입니다.

논의 2 원본으로 사용되고 있는 금강경 10본을 비교·검토하여, "가장 높고 바른 깨달음을 얻고자 하는 이는"을 "참으로~ 보살의 길 가려 하는 사람들은"으로 수정합니다.

논의 3 "이와 같이 알고"는 "있는 대로 온전하게 알고"입니다.

논의 4 당연히 "법이라는 관념"은 내어야 합니다. 단 그 관념에 걸려들면 안 됩니다.

논의 5 "수보리여!"라고 하였는데, 이는 우리말답지 않습니다. "수보리 장로님!"이라고 하는 것이 적절할 것입니다.

논의 6 "부처님께서 말씀하셨습니다. 수보리가 대답하였습니다. 수보리가 여쭈었습니다." 등은 80여 차례가 필요하나 실제로는 30차례 정도만 있고, 없는 것이 깔끔하므로 삭제합니다. 같은 차원에서 본문 속에서의 이런 표현도 모두 삭제합니다. 그래서 "여래는 설하셨으므로"를 삭제합니다.

논의 7 논의 6을 적용하여 정리하면 이 부분은 "(B)법상 / (C)안-법상 / (D)법상"이 됩니다. 이를 문장 혹은 절로 변환시키면

"(B)법중심 생각을 보되 / (C)그 법중심 생각이 고정불변의 항상한 실체라고 생각하지 아니하여야 / (D)참으로 '그 법중심 생각'을 제대로 본다고 말할 수가 있습니다."가 됩니다. 다시 우리말답게 한 번 더 다듬으면 "(B)법중심 생각 보되 / (C)실체라고 아니 봐야 / (D)참으로 본다고 말할 수가 있습니다."가 됩니다.

32장 모든 것은 지나감

①

수보리 ~ 장로님 ~ 수보리 ~ 장로님 ~

헤아릴수 없이많은 무량세계 채울만큼

금은보화 보시하는 사람짓는 복보다도

이법문의 사구게를 하나라도 받아지녀

독송하며 널리널리 전해주는 사람들이

짓게되는 복덕들이 훨씬더 ~ 많습니다.

②

어떻게 ~ 전해줘야 하는지를 아십니까?

전하여 ~ 주었다고 생각하지 아니해야

참으로 ~ 전해줬다 말할수가 있습니다.

定本

① 須菩提 若有人 以滿無量無數世界七寶 持用布施 若復
수보리 약유인 이만무량무수세계칠보 지용보시 약부

　 有人 持於此經 乃至 四句偈等 受持讀誦 爲人演說 其
유인 지어차경 내지 사구게등 수지독송 위인연설 기

　 福勝彼
복승피

② 云何 爲人演說 不取於相 是名爲人演說
운하 위인연설 불취어상 시명위인연설

①

"수보리여![1]

어떤 사람이 한량없는 아승기 세계에 칠보를 가득 채워

보시한다고 하자.

또 보살의 마음을 낸 어떤 선남자 선여인이[2] 이 경을 지니되

사구게만이라도 받고 지니고 읽고 외워 다른 사람을 위해

연설해 준다고 하자. 그러면 이 복이 저 복보다 더 뛰어나다.[3]

②

어떻게 남을 위해 설명해 줄 것인가?

설명해 준다는 관념에 집착하지 말고

흔들림 없이 설명해야 한다.[4]

논의 1 "수보리여!"라고 하였는데, 이는 우리말답지 않습니다. "수보
리 장로님!"이라고 하는 것이 적절할 것입니다.

논의 2 "보살의 마음을 낸 어떤 선남자 선여인이"가 있는데 구마라
집 한문본 금강경을 다른 한문 5본(유지본, 진제본, 급다본, 현
장본, 의정본), 산스끄리뜨어(범어) 2본(Conze본, Muller본),
티베트어본, 몽골어본 등과 비교·검토하여, "또 다른 사람
이"로 수정합니다.

논의 3 "어떤 사람이 ~ 또 다른 사람이 ~ 이 복이 저 복보다 더 뛰어나다."는 표현은 아무리 봐도 우리말 같지 않습니다. "보시하는 사람 짓는 복보다도 ~ 전해 주는 사람들이 짓게 되는 복덕들이 훨씬 더 많습니다."가 더 우리말답습니다.

논의 4 원본으로 사용되고 있는 금강경 10본을 비교·검토하여, "참

정 본	금강경 32장 ③~④절

③

보고듣는 일체모든 삼라만상은
별허깨비 등불환영 이슬과거품
꿈과번개 구름처럼 지나갑니다.
모든것을 이와같이 봐야합니다.

④

부처님이 이법문을 모두모두 마치시니,
수보리 ~ 장로님과 남자스님 여자스님
남자신도 여자신도 보살님들 모든세상
하느님과 사람들과 아수라와 건달바가
부처님의 설법듣고 매우매우 기뻐하며
믿고지녀 받들어 ~ 행하기로 했습니다.

정본 우리말 금강경 / 가사체 금강경 끝

으로~ 전해 줬다고 말할 수가 있습니다."로 수정합니다. 그리고 "남을 위해 설해준다"라는 말은 "전해준다"라는 말이며, 이렇게 수정하니까 ②절의 세 줄이 서로 맥락(B-C-D)에 맞게 연결됩니다.

금강경 32장 ③~④절	유통본

③

왜냐하면[1] 일체유위법은

꿈·허깨비·물거품·그림자

이슬·번개[2] 같으니[3]

이렇게 관찰할지라."

④

부처님께서 이 경을 다 설하시고 나니,

수보리 장로와 비구·비구니·

우바새·우바이 .... 와[4] 모든 세상의

천신·인간·아수라 .... 들이[5]

부처님의 말씀을 듣고 매우 기뻐하며

믿고 ....[6] 받들어 행하였습니다.

표준 유통본 우리말(한글) 금강경 끝

③ 何以故 一切有爲法 如星翳燈幻 露泡夢電雲 應作如是觀
하 이 고 일 체 유 위 법 여 성 예 등 환 노 포 몽 전 운 응 작 여 시 관

④ 佛說 是經已 長老 須菩提 及 諸比丘 比丘尼 優婆塞 優
불 설 시 경 이 장 로 수 보 리 급 제 비 구 비 구 니 우 바 새 우

婆夷 菩薩 一切世間 天 人 阿修羅 乾闥婆等 聞佛所說
바 이 보 살 일 체 세 간 천 인 아 수 라 건 달 바 등 문 불 소 설

皆大歡喜 信受奉行
개 대 환 희 신 수 봉 행

定本 漢文 金剛經 終
정 본 한 문 금 강 경 종

─────────

논의 1 "왜냐하면"은 우리말로는 "에 ~ " 정도의 내용입니다. 그래서 삭제합니다.

논의 2 전통적으로 여섯 비유라고 했는데, 구마라집 한문본 금강경을 다른 한문 5본(유지본, 진제본, 급다본, 현장본, 의정본), 산스끄리뜨어(범어) 2본(Conze본, Muller본), 티베트어본, 몽골어본 등과 비교·검토하여, 아홉 비유, 즉 "별, 허깨비, 등불, 환영, 이슬과 거품, 꿈과 번개, 구름"으로 수정합니다.

논의 3 "같으니"라고 하고 맺었는데, "같으니" 어찌 되었단 말입니까? 우리말은 동사 중심입니다. "같으니"에서 끝나면 안 됩니다. 우리말답게 동사가 있어야 합니다. 그래서 "지나갑니다"를 추가하여 "같이 지나갑니다."로 수정합니다. 그래야 다음에 나오는 "이렇게 관찰할지라. / 모든 것을 이와 같이 봐야 합니다."라는 말과 이어집니다.

논의 4 원본으로 사용되고 있는 금강경 10본을 비교·검토하여 "보

살님들"을 추가합니다.

논의5 원본으로 사용되고 있는 금강경 10본을 비교·검토하여 "건
달바"를 추가합니다.

논의6 '믿고 지녀 받들어 행하기'가 의미로나 독송 습관으로나 적절
하여 "지녀"를 추가합니다.

Ⅲ부 '금강경의 기본 논리'를 표시한 가사체 금강경

금강경의 기본 논리(20쪽)를 "수행 전의 발원(A: Antecedent Vow), 수행(B: Behavior), 자기마음 다스리기(C: Control one's own mind), 확정(D: Definition)"으로 제시하였습니다. 이러한 논리가 금강경에 어떻게 적용되고 있는지를 제시함으로써 금강경에 대한 이해를 돕고자 합니다. 기본 논리 적용 과정에서 '수행의 결과' 혹은 '수행의 결과 발생한 상황'에 대해서도 (B)로 표시하였습니다. '자기마음 다스리기'에서 마음(citta)은 '우리의 사고나 생각 일반(나아가서는 심적 성향까지도 포함해서)'을 뜻합니다.

어절 앞의 'ABCD'는 위 내용의 약어입니다. 부정적으로 적용될 경우는 '-'로, 확정할 수 없는 상태는 '?'로, '발원·수행·자기마음 다스리기'를 모두 포함할 경우는 'ABC'로 표시하였습니다. 'D--'는 논리적으로 성립하지 못함을 나타냅니다. 금강경의 근본 발원은 '보살의 길을 가고자 하는 것'이라고 할 수 있는데, 'A0'로 표시하였습니다.

사실 진술이나 질문형 문장의 경우, 표시하지 않기도 하였습니다. 주로 수행과 관련된 문장에 기본 논리 표시를 하였습니다. 관련 범위를 분명히 할 필요가 있을 경우, 밑줄로 표시하였습니다. 표시는 하였으나, 어절을 분석하는 자신의 기준에 따라 'C'를 'B'로 그리고 'B'를 'ABCD'로 판단할 수 있는 등 판단이 다를 수 있습니다. 금강경을 이해하고 수행하는 한 방편으로 역할을 한다면 다행이겠습니다.

1장 법회가 열린 배경
法會因由分

①

부처님이 일천이백 오십명의 스님들과
많디많은 보살들과 어느날~ 사위국의
기원정사 계시면서 다음같이 하시는걸
제가직접 들었으며 제가직접 봤습니다.

②

부처님은 아침일찍 가사입고 발우들고
사위성에 들어가서 탁발하여 공양하고
기원정사 돌아와서 가사발우 거두시고
발을씻고 사자좌에 오르시어 가부좌로
반듯하게 앉으시어 마음챙기 셨습니다.

③

이때에~ 스님들이 부처님께 다가가서
부처님의 양쪽발에 이마대어 예경하고
부처님을 세번돌고 모두앉으 셨습니다.

2장 수보리 장로님이 가르침을 청함
善現起請分

①

수보리 ~ 장로님이 자리에서 일어나서

오른어깨 드러내고 오른무릎 땅에꿇고

합장하고 부처님께 말씀드리 셨습니다.

②

거룩하신 부처님 ~ 정말대단 하십니다.

부처님은 보살들을 참으로잘 보살피고

보살들을 참으로잘 가르치고 계십니다.

③

거룩하신 부처님 ~ 거룩하신 부처님 ~

AO보살의길 가려하는 선남자와 선여인은

A어떻게 ~ 발원하고 B어떻게 ~ 수행하며

C어떻게 ~ 자기마음 다스려야 하옵니까?

④

수보리 ~ 장로님 ~ 수보리 ~ 장로님 ~

참으로 ~ 옳습니다 장로님의 말씀대로

여래는 ~ 보살들을 참으로잘 보살피고

보살들을 참으로잘 가르치고 있습니다.

⑤

수보리 ~ 장로님 ~ 말씀드리 겠습니다.

^{A0}보살의길 가려하는 선남자와 선여인은

^A어떻게 ~ 발원하고^B어떻게 ~ 수행하며

^C어떻게 ~ 자기마음 다스려야 하는지를

장로님을 위하여서 말씀드리 겠습니다.

⑥

거룩하신 부처님~ 말씀하여 주십시오.

저희들을 위하여서 말씀하여 주십시오.

3장 대승의 근본 가르침
大乘正宗分

①

수보리 ~ 장로님 ~ 수보리 ~ 장로님 ~

^{A0}보살의길 가려하는 선남자와 선여인은

^A'일체중생 열반으로 내가모두 제도한다'

'알로생긴 중생이나 태로생긴 중생이나

습기에서 생긴중생 변화하여 생긴중생

형상있는 중생이나 형상없는 중생이나

생각있는 중생이나 생각없는 중생이나

생각이 ~ 있다없다 할수없는 중생들을

고통없고 행복가득 무여열반 이르도록

한중생도 빠짐없이 내가모두 제도한다'
이와같은 큰발원을 해야하는 것입니다.

②

이리하여 ^B무량중생 열반으로 제도하되
^C중생제도 하였다고 생각하면 안됩니다.

③

수보리 ~ 장로님 ~ 수보리 ~ 장로님 ~
^{C-}중생제도 하였다고 생각하는 보살들은
^{D-}참 ~ 된 ~ 보살이라 말할수가 없습니다.

④

수보리 ~ 장로님 ~ ^{C-}자기중심 인간중심
중생중심 생명중심 생각하는 보살들은
^{D-}참 ~ 된 ~ 보살이라 말할수가 없습니다.

4장 걸림 없는 보시
妙行無住分

①

수보리 ~ 장로님 ~ 보살들은 어디에도
안걸리는 보시행을 해야하는 것입니다.

②

형상소리 냄새맞촉 현상들 ~ 어디에도
안걸리는 보시행을 해야하는 것입니다.

③

수보리 ~ 장로님 ~ 참 ~ 된 ~ 보살들은
^B보시하되 ^C보시했다 생각하지 않습니다.

④

^B보시하되 ^C보시했다 생각하지 아니하는
^D보살들이 짓는복은 한량없이 많습니다.

⑤

수보리 ~ 장로님 ~ 어찌생각 하십니까?
동방허공 크기를 ~ 상상할수 있습니까?

⑥

아닙니다 부처님 ~ 상상하지 못합니다.

⑦

수보리 ~ 장로님 ~ 수보리 ~ 장로님 ~
서남북방 동남동북 서남서북 아래위 ~
허공들의 크기를 ~ 상상할수 있습니까?

⑧

아닙니다 부처님 ~ 상상하지 못합니다.

⑨

수보리 ~ 장로님 ~ 수보리 ~ 장로님 ~
^B보시하되 ^C보시했다 생각하지 아니하는
^D보살들이 짓는복도 상상할수 없습니다.

⑩

수보리 ~ 장로님 ~ 보살의길 가는사람

^B보시하되 ^C보시했다 생각하지 않습니다.

5장 부처님의 모습 바로보기

如理實見分

①

수보리 ~ 장로님 ~ 어찌생각 하십니까?

부처님의 거룩한 ~ 상호들을 다갖추면

부처라고 말할수가 있다생각 하십니까?

②

아닙니다 부처님 ~ ^B부처상호 갖췄다고

^{D?}반드시 ~ 부처라고 말할수는 없습니다.

③

^B갖추어도 ^C갖추었다 생각하면 안됩니다.

④

수보리 ~ 장로님~ ^{C-}갖추었다 생각하면

^{D-}제대로 ~ 갖추었다 말할수가 없습니다.

^B부처상호 갖추고도 ^C갖추었다 아니해야

^D참으로 ~ 갖추었다 말할수가 있습니다.

^B부처상호 갖추고도 ^C갖추었다 아니해야

^D참 ~ 된 ~ 부처라고 말할수가 있습니다.

6장 바른 믿음의 무량 복덕
正信希有分

①

거룩하신 부처님 ~ 거룩하신 부처님 ~
미래에도 이법문을 믿을중생 있습니까?

②

수보리 ~ 장로님 ~ 그런말씀 마십시오.
여래가 ~ 열반한후 오백년이 지나가도
계지키고 복을짓는 지혜로운 사람들은
이법문을 참되다며 깊이믿을 것입니다.

③

한부처님 앞에서만 선근심지 아니하고
백천만의 부처님들 앞에서도 선근심은
사람들은 이법문을 깊이믿을 것입니다.

④

수보리 ~ 장로님 ~ 수보리 ~ 장로님 ~
여래는 ~ 모두알고 모두보고 있습니다.
이런사람 짓는복은 한량없이 많습니다.

⑤

이런사람 ^c자기중심 인간중심 중생중심
생명중심 생각들을 하지않을 것입니다.

⑥

이런사람 ^c법중심 ~ 생각하지 아니하고,
^c생각하지 않는다는 생각조차 않습니다.

⑦

^{c-}법중심 ~ 생각해도^c자기중심 인간중심
중생중심 생명중심 생각하는 것입니다.
^{c-}법중심 ~ 생각하지 아니한다 생각해도
^{c-}자기중심 인간중심 중생중심 생명중심
생각하는 것이라고 말할수가 있습니다.

⑧

보살들은^c법중심 ~ 생각하지 아니하고
^c생각하지 않는다는 생각조차 않습니다.

⑨

여래말을 뗏목같이 여기도록 하십시오.
^c법중심 ~ 생각에도 걸리지 ~ 아니하고
^c걸리지 ~ 않는다는 생각도 ~ 마십시오.

7장 깨달음이나 설법에 걸리지 않음
無得無說分

①

수보리 ~ 장로님 ~ 어찌생각 하십니까?
'최고바른 깨달음을 온전하게 이루었다'

여래가 ~ 이런생각 한다할수 있습니까?
'부처님의 거룩한법 널리널리 전하였다'
여래가 ~ 이런생각 한다할수 있습니까?

②

거룩하신 부처님 ~ 거룩하신 부처님 ~
제가지금 부처님의 말씀이해 하기로는
ᶜ'최고바른 깨달음을 온전하게 이루었다'
부처님은 그런생각 하시지 ~ 않습니다.
ᶜ'부처님의 거룩한법 널리널리 전하였다'
부처님은 그런생각 하시지 ~ 않습니다.

③

ᶜ이루었다 생각도 ~ 부처님은 않으시고
ᶜ전하였다 생각도 ~ 부처님은 않습니다.

④

ᶜ부처님은 법에도 ~ 걸리지 ~ 않으시고
ᶜ걸리지 ~ 않는다는 생각도 ~ 않습니다.

⑤

ᶜ내자신은 하였다는 생각에서 벗어나야
ᴰ참 ~ 된 ~ 성현이라 말할수가 있습니다.

8장 금강경과 깨달음
依法出生分

①

수보리 ~ 장로님 ~ 어찌생각 하십니까?

삼천대천 세계만큼 금은보화 보시하는

사람들이 짓게되는 복덕들은 많습니까?

②

많습니다 부처님 ~ 그렇지만 말씀하신

B많은복을 짓고서도 C지었다고 아니해야

D참으로 ~ 지었다고 말할수가 있습니다.

③

수보리 ~ 장로님 ~ 이법문의 사구게를

하나라도 받아지녀 널리널리 전해주는

사람들이 짓는복이 훨씬더 ~ 많습니다.

④

수보리 ~ 장로님 ~ 수보리 ~ 장로님 ~

일체모든 부처님의 최고바른 깨달음은

이경에서 나왔다고 말할수가 있습니다.

⑤

수보리 ~ 장로님 ~ B부처님의 바른법을

깨닫고도 C깨달았다 생각하지 아니해야

^D참으로~ 깨달았다 말할수가 있습니다.

9장 지위에 걸리지 않음
一相無相分

①

수보리~ 장로님~ 어찌생각 하십니까?
'나는이제 수다원을 온전하게 이루었다'
수다원이 이런생각 한다할수 있습니까?

②

아닙니다 부처님~ 그리생각 않습니다.
^B세상흐름 뛰어넘은 수다원을 이루고도
^C수다원을 이루었다 생각하지 아니해야
^D참으로~ 이루었다 말할수가 있습니다.
^C형상소리 냄새맛촉 현상들을 빠짐없이
모두뛰어 넘었다고 생각하지 아니해야
^D수다원을 이루었다 말할수가 있습니다.

③

수보리~ 장로님~ 어찌생각 하십니까?
'나는이제 사다함을 온전하게 이루었다'
사다함이 이런생각 한다할수 있습니까?

④

아닙니다 부처님~ 그리생각 않습니다.

^B세상으로 한번만올 사다함을 이루고도
^C사다함을 이루었다 생각하지 아니해야
^D참으로~ 이루었다 말할수가 있습니다.

⑤

수보리~ 장로님~ 어찌생각 하십니까?
'나는이제 아나함을 온전하게 이루었다'
아나함이 이런생각 한다할수 있습니까?

⑥

아닙니다 부처님~ 그리생각 않습니다.
^B세상으로 안돌아올 아나함을 이루고도
^C아나함을 이루었다 생각하지 아니해야
^D참으로~ 이루었다 말할수가 있습니다.

⑦

수보리~ 장로님~ 어찌생각 하십니까?
'나는이제 아라한을 온전하게 이루었다'
아라한이 이런생각 한다할수 있습니까?

⑧

아닙니다 부처님~ ^C그런생각 아니해야
^D참으로~ 이루었다 말할수가 있습니다.

⑨

거룩하신 부처님~ 거룩하신 부처님~

^{C-}아라한을 이루었다 생각하는 아라한은
^{D-}자기중심 인간중심 중생중심 생명중심
생각들에 걸려있다 말할수가 있습니다.

⑩

거룩하신 부처님 ~ 거룩하신 부처님 ~
^D'참으로 ~ 평화롭게 살고있는 아라한 ~'
'탐욕에서 벗어나서 자유로운 아라한 ~'
부처님은 저를보고 그리말씀 하셨으나
^C'탐욕에서 벗어나서 아라한을 이루었다'
제자신은 그러한 ~ 생각아니 했습니다.

⑪

거룩하신 부처님 ~ 거룩하신 부처님 ~
^{C-}아라한을 이루었다 제가생각 했더라면
^{D-}'참으로 ~ 평화롭게 살고있는 아라한 ~'
부처님이 제게말씀 않으셨을 것입니다.

⑫

^C아라한을 이루었다 제가생각 않았기에
^D'참으로 ~ 평화롭게 살고있는 아라한 ~'
부처님이 제게말씀 하시었던 것입니다.

10장 불국토 장엄
莊嚴淨土分

①

수보리 ~ 장로님 ~ 어찌생각 하십니까?

과거연등 부처님을 모시고 ~ 있을때에

'다음생에 최고바른 깨달음을 이룰거라'

여래가 ~ 생각했다 말할수가 있습니까?

②

아닙니다 부처님 ~ 그리생각 않습니다.

과거연등 부처님을 모시고 ~ 계실때에

C'다음생에 최고바른 깨달음을 이룰거라'

부처님은 그렇게 ~ 생각않으 셨습니다.

③

수보리 ~ 장로님 ~ C'불국토를 장엄했다'

여래가 ~ 이런생각 한다하는 보살들은

D-바른말을 하고있다 말할수가 없습니다.

④

B불국토를 장엄하되 C장엄했다 아니해야

D참으로 ~ 장엄했다 말할수가 있습니다.

⑤

수보리 ~ 장로님 ~ 일체모든 보살들은

깨끗하고 맑은마음 청정심을 갖습니다.

형상소리 냄새맛촉 현상들에 안걸리며
어디에도 안걸리는 청정심을 갖습니다.

⑥

수보리~ 장로님~ 수보리~ 장로님~
수미산과 같은사람 어찌생각 하십니까?
존귀하다 말할수가 있다생각 하십니까?

⑦

거룩하신 부처님~ 거룩하신 부처님~
B매우매우 존귀하게 보일수도 있지마는
C스스로~ 존귀하다 생각하지 아니해야
D참으로~ 존귀하다 말할수가 있습니다.

11장 무위의 큰 복덕
無爲福勝分

①

수보리~ 장로님~ 어찌생각 하십니까?
강가강에 있는모든 모래알과 같은수의
강가강의 모래수는 많다할수 있습니까?

②

많습니다 부처님~ 매우매우 많습니다.
강가강의 모래알도 셀수없이 많은데~
그만큼의 강가강에 있는모든 모래수는

상상조차 못할만큼 매우매우 많습니다.

③

수보리 ~ 장로님 ~ 진실말씀 드립니다.
그모든 ~ 강가강의 모래알과 같은수의
세계들을 채울만큼 금은보화 보시하는
선남자와 선여인이 짓는복은 많습니까?

④

많습니다 부처님 ~ 매우매우 많습니다.

⑤

수보리 ~ 장로님 ~ 수보리 ~ 장로님 ~
B이법문의 사구게를 하나라도 받아지녀
널리널리 전해주는 선남자와 선여인이
D짓는복이 그보다도 훨씬더 ~ 많습니다.

12장 금강경 존중
尊重正敎分

①

수보리 ~ 장로님 ~ 수보리 ~ 장로님 ~
B이법문의 사구게를 하나라도 전해주면
D온세상의 하느님과 사람들과 아수라가
부처님의 탑에하듯 공양올릴 것입니다.

②

하물며 ~ ᴮ이법문을 받아지녀 독송하며
전해주며 ᴰ짓는복은 상상조차 못합니다.

③

수보리 ~ 장로님 ~ 수보리 ~ 장로님 ~
이사람이 짓는복은 참으로 ~ 많습니다.

④

이법문이 전해지고 있는곳은 어디에나
부처님과 제자들이 항상함께 계십니다.

13장 금강경을 받아 지니는 법
如法受持分

①

거룩하신 부처님 ~ 이경이름 무엇이며
어떻게 ~ 받들어 ~ 지니어야 하옵니까?

②

수보리 ~ 장로님 ~ 수보리 ~ 장로님 ~
이경이름 금강반야 바라밀경 이라하며
다음같이 받들어 ~ 지니어야 하옵니다.

③

수보리 ~ 장로님 ~ ᴮ금강반야 바라밀을
수행하되 ᶜ수행했다 생각하지 아니해야

^D참으로 ~ 수행했다 말할수가 있습니다.

④

수보리 ~ 장로님 ~ 어찌생각 하십니까?
'부처님의 거룩한법 널리널리 전하였다'
여래가 ~ 이런생각 한다할수 있습니까?

⑤

아닙니다 부처님 ~ 그리생각 않습니다.
^C부처님은 그런생각 하시지 ~ 않습니다.

⑥

수보리 ~ 장로님 ~ 어찌생각 하십니까?
삼천대천 세계이룬 티끌들은 많습니까?

⑦

많습니다 부처님 ~ 그렇지만 말씀하신
^B많은티끌 보면서도 ^C실체라고 아니봐야
^D참으로 ~ 본다고 ~ 말할수가 있습니다.

⑧

^B세계들을 보면서도 ^C실체라고 아니봐야
^D참으로 ~ 본다고 ~ 말할수가 있습니다.

⑨

수보리 ~ 장로님 ~ 어찌생각 하십니까?
서른둘의 거룩한 ~ 상호들을 다갖추면

부처라고 말할수가 있다생각 하십니까?

⑩

아닙니다 부처님 ~ 그리생각 않습니다.
^B서른둘의 거룩한 ~ 상호들을 갖췄다고
^{D?}반드시 ~ 부처라고 말할수는 없습니다.

⑪

^B서른둘의 거룩한 ~ 상호들을 갖추어도
^C상호들을 갖추었다 생각하지 아니해야
^D참으로 ~ 갖추었다 말할수가 있습니다.

⑫

수보리 ~ 장로님 ~ 강가강의 모래만큼
여러차례 자기몸을 보시하는 복보다도
이법문의 사구게를 하나라도 받아지녀
전해주며 짓는복이 훨씬더 ~ 많습니다.

14장 분별에서 벗어난 적멸
離相寂滅分

①

부처님의 법문듣고 감격눈물 흘리면서,
수보리 ~ 장로님이 말씀드리 셨습니다.

②

거룩하신 부처님 ~ 정말대단 하십니다.

부처님은 심오한법 설해주시 었습니다.

③

부처님의 법문듣고 지혜의눈 떴습니다.

④

이런법문 단한번도 들어본적 없습니다.

⑤

거룩하신 부처님 ~ 이법문을 이해하는

사람들이 짓는복은 참으로 ~ 많습니다.

⑥

거룩하신 부처님 ~ 거룩하신 부처님 ~

B이법문을 이해하되 C이해했다 아니해야

D참으로 ~ 이해했다 말할수가 있습니다.

⑦

거룩하신 부처님 ~ 제가지금 이법문을

이해하고 지니는건 어렵지가 않지마는

후오백년 이법문을 이해하고 받아지녀

독송하고 널리널리 설법하여 전해주는

사람들이 짓는복은 참으로 ~ 많습니다.

⑧

이러한 ~ 사람들은 C자기중심 인간중심

중생중심 생명중심 생각않을 것입니다.

⑨

이러한~ 사람들은^B자기중심 인간중심
중생중심 생명중심 생각들을 보면서도
^C실체라고 생각하지 아니할~ 것입니다.

⑩

^C모든생각 벗어나서^D부처가될 것입니다.

⑪

수보리~ 장로님~ 참으로~ 옳습니다.
이경듣고 놀라거나 두려워~ 하지않는
사람들이 짓는복은 참으로~ 많습니다.

⑫

수보리~ 장로님~ ^B바라밀을 매우잘~
수행하되^C수행했다 생각하지 아니해야
^D참으로~ 수행했다 말할수가 있습니다.

⑬

수보리~ 장로님~ ^B인욕수행 하면서도
^C인욕수행 하였다고 생각하면 안됩니다.

⑭

수보리~ 장로님~ 수보리~ 장로님~
^B가리왕이 여래몸을 베고찢고 할때에~
그때에도^C여래는~ 자기중심 인간중심

중생중심 생명중심 생각아니 했습니다.

⑮

ᴮ여래몸이 마디마디 베이고~ 찢길때에

그때에~ ᶜ여래가~ 자기중심 인간중심

중생중심 생명중심 생각들을 했더라면

ᴰ여래도~ 성을내고 원망했을 것입니다.

⑯

수보리~ 장로님~ 수보리~ 장로님~

ᴮ인욕수행 하고있던 오백생애 동안에~

그때에도ᶜ여래는~ 자기중심 인간중심

중생중심 생명중심 생각아니 했습니다.

⑰

수보리~ 장로님~ ᴬ온갖생각 벗어나서

최고바른 깨달음을 온전하게 이루려는

큰마음을 보살들은 내야하는 것입니다.

⑱

ᴬ형상소리 냄새맛촉 현상들에 안걸리는

큰마음을 보살들은 내야하는 것입니다.

⑲

ᴬ어디에도 안걸리는 큰마음을 내야하며

ᶜ아주작은 걸림에도 걸리면~ 안됩니다.

⑳

보살들은 형상소리 냄새맛촉 현상들에
안걸리는 보시행을 해야하는 것입니다.

㉑

수보리 ~ 장로님 ~ 보살들은 모든중생
이롭게 ~ 하기위해 보시하는 것입니다.

㉒

ᴮ보시하되 ᶜ보시했다 생각하면 아니되고
ᶜ모든중생 위하였다 생각하면 안됩니다.

㉓

수보리 ~ 장로님 ~ 여래는~ 당연히 ~
참된말과 바른말과 옳은말만 말합니다.
속이는말 아니하고 헛된말을 안합니다.

㉔

수보리 ~ 장로님 ~ 여래는~ ᴮ부처님법
깨닫고도 ᶜ깨달았다 생각하지 아니하고,
ᶜ생각하지 않는다는 생각조차 않습니다.

㉕

수보리 ~ 장로님 ~ 눈이밝은 사람들도
어두운 ~ 밤중에는 아무것도 볼수없듯
ᴮ보시하는 보살들도 ᶜ걸려있는 마음으론

^{D-}제대로 ~ 복덕들을 지을수가 없습니다.

㉖

수보리 ~ 장로님 ~ 눈이밝은 사람들도

빛이있는 낮이라야 여러모습 볼수있듯

^B보시하는 보살들도 ^C마음이 ~ 안걸려야

^D참으로 ~ 복덕들을 지을수가 있습니다.

㉗

수보리 ~ 장로님 ~ 부처님의 지혜로써

여래는 ~ 모두알고 모두보고 있습니다.

이법문을 받아지녀 독송하며 전해주는

선남자와 선여인이 짓게되는 복덕들은

헤아릴수 없을만큼 한량없이 많습니다.

15장 금강경을 받아 지니는 공덕
持經功德分

①

수보리 ~ 장로님 ~ 백천만억 겁동안을

매일매일 아침에도 한낮에도 저녁에도

강가강의 모래만큼 여러차례 자기몸을

보시하는 사람들이 짓게되는 복보다도

이법문을 듣고서 ~ 비방않는 사람들이

짓게되는 복덕들이 훨씬더 ~ 많습니다.

②

하물며 ~ 이법문을 사경하고 받아지녀
독송하고 널리널리 전해주는 복덕이랴!

③

수보리 ~ 장로님 ~ 이법문의 복덕들은
헤아릴수 없을만큼 한량없이 많습니다.

④

이법문은 대승의길 가는사람 위하여서
최상승길 가는사람 위하여서 설합니다.

⑤

이법문을 받아지녀 독송하며 설해주면
여래는 ~ 모두알고 모두보고 있습니다.
이런사람 짓는복은 끝도없이 많습니다.
헤아릴수 없을만큼 한량없이 많습니다.

⑥

최고바른 깨달음을 이루게될 것입니다.

⑦

수보리 ~ 장로님 ~ 수보리 ~ 장로님 ~
ᶜ⁻믿는마음 부족하여 자기중심 인간중심
중생중심 생명중심 생각하는 사람들은
ᴰ⁻이법문을 받아지녀 독송하지 못합니다.

^{D-}널리널리 설법하여 전해주지 못합니다.

⑧

수보리 ~ 장로님 ~ 이법문이 있는곳은
온세상의 하느님과 사람들과 아수라가
부처님의 탑에하듯 공양올릴 것입니다.
예경하며 꽃과향을 올리게될 것입니다.

16장 전생 죄업까지도 씻어냄
能淨業障分

①

수보리 ~ 장로님 ~ ^B이법문을 받아지녀
독송하며 널리널리 전하여 ~ 주면서도
천대받는 선남자와 선여인이 있습니다.
이들은 ~ 전생지은 죄업으로 인하여서
다음생에 삼악도에 떨어질 ~ 사람인데
^{D-}이생에서 남들에게 약간천대 받음으로
전생죄업 소멸하고 깨달음을 이룹니다.

②

수보리 ~ 장로님 ~ 수보리 ~ 장로님 ~
여래가 ~ 과거연등 부처님을 모시기전,
여래는 ~ 백천만억 아승기겁 동안에 ~
팔만사천 만억나유 부처님을 친견하며

빠짐없이 정성다해 섬겼던일 있습니다.

③

그렇지만 말법세상 이법문을 받아지녀
독송하고 전해주며 짓는복에 비교하면
여래가 ~ 그모든 ~ 부처님께 공양하고
예경하여 지은복은 백분의일 천분의일
만억분의 일에조차 미치지 ~ 못합니다.
숫자로는 비교조차 할수가 ~ 없습니다.

④

수보리 ~ 장로님 ~ 수보리 ~ 장로님 ~
말법세상 이법문을 받아지녀 독송하며
널리널리 전해주는 선남자와 선여인이
짓게되는 복덕들을 여래가 ~ 다말하면
사람들은 믿지않고 혼란해할 것입니다.

⑤

수보리 ~ 장로님 ~ 이법문의 복덕들은
헤아릴수 없을만큼 한량없이 많습니다.
이에따라 생겨나는 이법문의 과보역시
헤아릴수 없을만큼 한량없이 많습니다.

17장 자기중심 생각에서 완전히 벗어남
究竟無我分

①

거룩하신 부처님 ~ 거룩하신 부처님 ~

^A0^보살의길 가려하는 선남자와 선여인은

^A^어떻게 ~ 발원하고 ^B^어떻게 ~ 수행하며

^C^어떻게 ~ 자기마음 다스려야 하옵니까?

②

수보리 ~ 장로님 ~ 수보리 ~ 장로님 ~

^A0^보살의길 가려하는 선남자와 선여인은

^A^'일체중생 열반으로 내가모두 제도한다'

이와같은 큰발원을 해야하는 것입니다.

③

이리하여 ^B^일체중생 열반으로 제도하되

^C^중생제도 하였다고 생각하면 안됩니다.

④

수보리 ~ 장로님 ~ ^C-^자기중심 인간중심

중생중심 생명중심 생각하는 보살들은

^D-^참 ~ 된 ~ 보살이라 말할수가 없습니다.

⑤

수보리 ~ 장로님 ~ ^C^그런생각 아니해야

^D^참으로 ~ 보살의길 가고있는 것입니다.

⑥

수보리 ~ 장로님 ~ 어찌생각 하십니까?

과거연등 부처님을 모시고~ 있을때에

'다음생에 최고바른 깨달음을 이룰거라'

여래가~ 생각했다 말할수가 있습니까?

⑦

아닙니다 부처님 ~ 그리생각 않습니다.

제가지금 부처님의 말씀이해 하기로는

과거연등 부처님을 모시고~ 계실때에

ᶜ'다음생에 최고바른 깨달음을 이룰거라'

부처님은 그렇게 ~ 생각않으 셨습니다.

⑧

수보리 ~ 장로님 ~ 참으로~ 옳습니다.

ᶜ'다음생에 최고바른 깨달음을 이룰거라'

여래는~ 그렇게 ~ 생각아니 했습니다.

⑨

수보리 ~ 장로님 ~ 수보리 ~ 장로님 ~

ᶜ⁻'다음생에 최고바른 깨달음을 이룰거라'

여래가~ 그렇게~ 생각을~ 했더라면

ᴰ⁻과거연등 부처님이 여래에게 그당시에

'다음생에 석가모니 부처가될 것입니다'

이러한~ 수기를~ 안주셨을 것입니다.

⑩

ᶜ'다음생에 최고바른 깨달음을 이룰거라'
여래가~ 그렇게~ 생각하지 않았기에
ᴰ과거연등 부처님이 여래에게 그당시에
'다음생에 석가모니 부처가될 것입니다'
이러한~ 수기를~ 주시었던 것입니다.

⑪

수보리~ 장로님~ 부처라고 하는말은
모든것에 대하여서 여여하다 뜻입니다.

⑫

수보리~ 장로님~ 수보리~ 장로님~
ᶜ⁻'최고바른 깨달음을 온전하게 이루었다'
여래가~ 이런생각 한다하는 사람들은
ᴰ⁻여래를~ 근거없이 비방하는 것입니다.

⑬

수보리~ 장로님~ 수보리~ 장로님~
'최고바른 깨달음을 온전하게 이루었다'
여래는~ 이런생각 조금도~ 않습니다.

⑭

수보리~ 장로님~ 여래는~ ᴮ깨달음을

이루고도 ^C이루었다 생각하지 아니하고,
^C생각하지 않는다는 생각조차 아니하여
^D모든법을 깨달았다 말할수가 있습니다.
^D부처님법 깨달았다 말할수가 있습니다.

⑮

수보리 ~ 장로님 ~ ^B일체모든 법들을 ~
깨닫고도 ^C깨달았다 생각하지 아니해야
^D참으로 ~ 깨달았다 말할수가 있습니다.

⑯

수보리 ~ 장로님 ~ 수보리 ~ 장로님 ~
존귀함에 대하여서 말씀하여 보십시오.

⑰

거룩하신 부처님 ~ 거룩하신 부처님 ~
^B존귀하되 ^C존귀하다 생각하지 아니해야
^D참으로 ~ 존귀하다 말할수가 있습니다.

⑱

수보리 ~ 장로님 ~ 보살들도 같습니다.
^{C-}중생제도 하였다고 말을하는 보살들은
^{D-}참 ~ 된 ~ 보살이라 말할수가 없습니다.

⑲

수보리 ~ 장로님 ~ 어찌생각 하십니까?

'나는이제 보살경지 온전하게 이루었다'
보살이 ~ 이런생각 한다할수 있습니까?

⑳

아닙니다 부처님 ~ ^C그런생각 아니해야
^D참~된~ 보살이라 말할수가 있습니다.

㉑

수보리 ~ 장로님 ~ ^B중생제도 하고서도
^C중생제도 하였다고 생각하지 아니해야
^D참으로 ~ 제도했다 말할수가 있습니다.

㉒

어떠한 ~ 경우라도 자기중심 인간중심
중생중심 생명중심 생각하면 안됩니다.

㉓

수보리 ~ 장로님 ~ 수보리 ~ 장로님 ~
^{C-}불국토를 장엄했다 말을하는 보살들은
^{D-}참~된~ 보살이라 말할수가 없습니다.

㉔

^B불국토를 장엄하되^C장엄했다 아니해야
^D참으로 ~ 장엄했다 말할수가 있습니다.

㉕

수보리 ~ 장로님 ~ 수보리 ~ 장로님 ~

^C자기중심 생각들을 조금도~ 아니해야
^D참~된~ 보살이라 말할수가 있습니다.

18장 빠짐없이 두루 관찰함
一體同觀分

①
수보리~ 장로님~ 어찌생각 하십니까?
여래는~ 육신의눈 가지고~ 있습니까?

②
거룩하신 부처님~ 가지고~ 계십니다.
부처님은 육신의눈 가지고~ 계십니다.

③
수보리~ 장로님~ 어찌생각 하십니까?
여래는~ 하늘의눈 가지고~ 있습니까?

④
거룩하신 부처님~ 가지고~ 계십니다.
부처님은 하늘의눈 가지고~ 계십니다.

⑤
수보리~ 장로님~ 어찌생각 하십니까?
여래는~ 지혜의눈 가지고~ 있습니까?

⑥
거룩하신 부처님~ 가지고~ 계십니다.

부처님은 지혜의눈 가지고~ 계십니다.

⑦

수보리~ 장로님~ 어찌생각 하십니까?
여래는~ 법의눈을 가지고~ 있습니까?

⑧

거룩하신 부처님~ 가지고~ 계십니다.
부처님은 법의눈을 가지고~ 계십니다.

⑨

수보리~ 장로님~ 어찌생각 하십니까?
여래는~ 부처의눈 가지고~ 있습니까?

⑩

거룩하신 부처님~ 가지고~ 계십니다.
부처님은 부처의눈 가지고~ 계십니다.

⑪

수보리~ 장로님~ 어찌생각 하십니까?
'강가강에 있는모든 모래알과 같은수~'
여래가~ 이런말을 했던적이 있습니까?

⑫

거룩하신 부처님~ 하신적이 있습니다.
부처님은 그런말씀 하신적이 있습니다.

⑬

수보리 ~ 장로님 ~ 어찌생각 하십니까?

강가강에 있는모든 모래알과 같은수의

강가강의 모래수의 세계들은 많습니까?

⑭

많습니다 부처님 ~ 매우매우 많습니다.

⑮

수보리 ~ 장로님 ~ 그모든 ~ 세계안의

모든중생 모든마음 여래는 ~ 다압니다.

⑯

ᴮ마음들을 알면서도 ᶜ실체라고 아니해야

ᴰ참으로 ~ 안다고 ~ 말할수가 있습니다.

⑰

수보리 ~ 장로님 ~ 수보리 ~ 장로님 ~

ᶜ과거의 ~ 마음에도 걸리면 ~ 아니되고

ᶜ미래의 ~ 마음에도 걸리면 ~ 아니되며

ᶜ현재의 ~ 마음에도 걸리면 ~ 안됩니다.

19장 복덕에 걸리지 않음

法界通化分

①

수보리 ~ 장로님 ~ 어찌생각 하십니까?

삼천대천 세계만큼 금은보화 보시하는
사람들이 짓게되는 복덕들은 많습니까?

②

많습니다 부처님 ~ 매우매우 많습니다.

③

수보리 ~ 장로님 ~ 수보리 ~ 장로님 ~
^B많은복을 짓더라도 ^C지었다고 생각하면
^{D-}제대로 ~ 지었다고 말할수가 없습니다.

④

^B복짓고도 ^C지었다고 생각하지 아니해야
^D참으로 ~ 지었다고 말할수가 있습니다.

20장 모습에 걸리지 않음

離色離相分

①

수보리 ~ 장로님 ~ 어찌생각 하십니까?
부처님의 거룩한 ~ 형상들을 다갖추면
부처라고 말할수가 있다생각 하십니까?

②

아닙니다 부처님 ~ ^B부처형상 갖췄다고
^{D?}반드시 ~ 부처라고 말할수는 없습니다.

③

^B부처형상 갖추고도 ^C갖추었다 아니해야
^D참으로~ 갖추었다 말할수가 있습니다.

④

수보리~ 장로님~ 어찌생각 하십니까?
부처님의 거룩한~ 상호들을 다갖추면
부처라고 말할수가 있다생각 하십니까?

⑤

아닙니다 부처님~ ^B부처상호 갖췄다고
^{D?}반드시~ 부처라고 말할수는 없습니다.

⑥

^B부처상호 갖추고도 ^C갖추었다 아니해야
^D참으로~ 갖추었다 말할수가 있습니다.

21장 설법에 걸리지 않음
非說所說分

①

수보리~ 장로님~ 어찌생각 하십니까?
'부처님의 거룩한법 널리전해 주었다'고
여래가~ 생각한다 말할수가 있습니까?

②

아닙니다 부처님~ 그리생각 않습니다.

③

수보리 ~ 장로님 ~ 참으로 ~ 옳습니다.

C-'부처님의 거룩한법 널리전해 주었다'고

여래가 ~ 생각한다 말을하는 사람들은

D-여래를 ~ 근거없이 비방하는 것입니다.

④

수보리 ~ 장로님 ~ B부처님의 법을널리

전하고도C전하였다 생각하지 아니해야

D참으로 ~ 전하였다 말할수가 있습니다.

⑤

거룩하신 부처님 ~ 거룩하신 부처님 ~

미래에도 이법문을 믿을중생 있습니까?

⑥

수보리 ~ 장로님 ~ 수보리 ~ 장로님 ~

B이법문을 아니믿는 중생들을 보면서도

C아니믿는 중생이라 생각하면 안됩니다.

⑦

수보리 ~ 장로님 ~ B중생들을 보면서도

C중생들을 실체라고 생각하지 아니해야

D참으로 ~ 본다고 ~ 말할수가 있습니다.

22장 깨달음에 걸리지 않음
無法可得分

①

수보리 ~ 장로님 ~ 어찌생각 하십니까?

'최고바른 깨달음을 온전하게 이루었다'

여래가 ~ 이런생각 한다할수 있습니까?

②

아닙니다 부처님 ~ 그리생각 않습니다.

^C'최고바른 깨달음을 온전하게 이루었다'

부처님은 그런생각 조금도 ~ 않습니다.

③

수보리 ~ 장로님 ~ 참으로 ~ 옳습니다.

^C'최고바른 깨달음을 온전하게 이루었다'

여래는 ~ 이런생각 조금도 ~ 아니해서

^D참으로 ~ 이루었다 말할수가 있습니다.

23장 깨끗한 마음으로 법을 잘 닦음
淨心行善分

①

수보리 ~ 장로님 ~ 수보리 ~ 장로님 ~

^C차별하지 아니하고 평등하게 생각해야

^D최고바른 깨달음을 이룰수가 있습니다.

②

수보리 ~ 장로님 ~ ^C자기중심 인간중심

중생중심 생명중심 생각하지 아니하고

^B일체모든 법들을 ~ 온전하게 닦았어야

^D최고바른 깨달음을 이룰수가 있습니다.

③

수보리 ~ 장로님 ~ 수보리 ~ 장로님 ~

^B법들을잘 닦았어도 ^C닦았다고 아니해야

^D참으로 ~ 닦았다고 말할수가 있습니다.

24장 비교할 수 없이 큰 복덕
福智無比分

①

수보리 ~ 장로님 ~ 삼천대천 세계안의

가장큰산 수미산을 전부합친 것만큼의

금은보화 보시하는 사람들이 짓는복은

이법문의 사구게를 하나라도 받아지녀

독송하며 널리널리 전해주는 사람들이

짓는복에 비교하면 백분의일 천분의일

만억분의 일에조차 미치지 ~ 못합니다.

숫자로는 비교조차 할수가 ~ 없습니다.

25장 중생해탈에 걸리지 않음
化無所化分

①

수보리 ~ 장로님 ~ 어찌생각 하십니까?

'중생해탈 시켰다고 여래가 ~ 생각한다'

이렇게 ~ 말할수가 있다생각 하십니까?

수보리 ~ 장로님 ~ 그리생각 마십시오.

^C여래는 ~ 그런생각 조금도 ~ 않습니다.

②

^{C-}중생해탈 시켰다고 여래가 ~ 생각하면

^{D-}여래도 ~ 자기중심 인간중심 중생중심

생명중심 생각들을 하고있는 것입니다.

③

수보리 ~ 장로님 ~ ^B자기중심 생각보되

^C그생각을 실체라고 생각하면 안됩니다.

범부들만^{C-}그렇게 ~ 생각하는 것입니다.

④

수보리 ~ 장로님 ~ ^B범부들을 보면서도

^C범부들을 실체라고 생각하지 아니해야

^D참으로 ~ 본다고 ~ 말할수가 있습니다.

26장 법신에도 걸리지 않음
法身非相分

①

수보리 ~ 장로님 ~ 어찌생각 하십니까?

부처님의 거룩한 ~ 상호들을 다갖추면

부처라고 말할수가 있다생각 하십니까?

②

아닙니다 부처님 ~ ^B부처상호 갖췄다고

^{D?}반드시 ~ 부처라고 말할수는 없습니다.

③

수보리 ~ 장로님 ~ 참으로 ~ 옳습니다

장로님의 말씀대로^B부처상호 갖췄다고

^{D?}반드시 ~ 부처라고 말할수는 없습니다.

④

^B부처상호 갖췄다고 ^{D?}부처라고 말한다면

^{D--}전륜왕도 부처라고 하여야할 것입니다.

⑤

거룩하신 부처님 ~ ^{B'}부처상호 갖췄다고

^{D?}반드시 ~ 부처라고 말할수는 없다'라는

부처님의 말씀더잘 이해하게 됐습니다.

⑥

이때에 ~ 부처님이 게송부르 셨습니다.

　C-형상으로 부처님을 보려하거나

　　음성으로 부처님을 찾으려하면

　D-옳지않은 길을가고 있기때문에

　D-부처님을 만나뵐수 없게됩니다.

⑦

　부처님은 법성으로 봐야합니다.

　부처님은 법신으로 나타납니다.

　C-부처님을 인식으로 찾으려하면

　D-부처님을 찾을수가 없게됩니다.

27장 단절과 소멸을 초월함

無斷無滅分

①

수보리 ~ 장로님 ~ 어찌생각 하십니까?

'여래는 ~ 부처상호 다갖추고 있으니까

최고바른 깨달음을 온전하게 이루었다'

그렇게 ~ 말할수가 있다생각 하십니까?

②

수보리 ~ 장로님 ~ 그리생각 마십시오.

'여래는 ~ 부처상호 다갖추고 있으니까

최고바른 깨달음을 온전하게 이루었다'
누구도~ 그렇게~ 말할수가 없습니다.

③
수보리~ 장로님~ 수보리~ 장로님~
^B보살의길 가고있는 사람들도^B생각들이
끊어지고 없어질수 있다생각 마십시오.

④
^B보살의길 가고있는 사람들은^B생각들이
끊어지지 아니하고 없어지지 않습니다.

28장 보답에 걸리지 않음
不受不貪分

①
수보리~ 장로님~ 수보리~ 장로님~
^B강가강의 모래수와 같은세계 채울만큼
금은보화 보시하는 사람짓는 복보다도
^C자기중심 생각에서 완전하게 벗어나신
보살들이 짓는복이 훨씬더~ 많습니다.

②
수보리~ 장로님~ 참~된~보살들은
지은복을 누리려고 생각하지 않습니다.

③

거룩하신 부처님 ~ 어떻게 ~ 하는것이

지은복을 누리려고 생각않는 것입니까?

④

수보리 ~ 장로님 ~ 수보리 ~ 장로님 ~

B복짓고도 C지었다고 생각하지 아니해야

D지은복을 누리려고 생각않는 것입니다.

29장 고요하고 평화로운 부처님 모습
威儀寂靜分

①

수보리 ~ 장로님 ~ 수보리 ~ 장로님 ~

C-"부처님은 스스로 ~ '와서있다 가서있다

멈춰있다 앉아있다 누워있다' 생각한다"

이런말을 하는사람 D여래가 ~ 하는말을

제대로 ~ 이해한다 말할수가 없습니다.

②

C와있다는 생각에도 걸리지 ~ 아니하고

C가있다는 생각에도 걸리지 ~ 아니해야

D참 ~ 된 ~ 부처라고 말할수가 있습니다.

30장 대상에 걸리지 않음
一合理相分

①

수보리 ~ 장로님 ~ 선남자와 선여인이

삼천대천 세계부숴 티끌로 ~ 만든다면

어찌생각 하십니까 티끌수는 많습니까?

②

많습니다 부처님 ~ 그렇지만 말씀하신

B티끌들을 보더라도 C실체라고 생각하면

D제대로 ~ 본다고 ~ 말할수가 없습니다.

③

B티끌들을 보면서도 C실체라고 아니봐야

D참으로 ~ 본다고 ~ 말할수가 있습니다.

④

거룩하신 부처님 ~ 거룩하신 부처님 ~

B삼천대천 세계보되 C실체라고 아니봐야

D참으로 ~ 본다고 ~ 말할수가 있습니다.

⑤

C삼천대천 세계들을 실체라고 생각하면

D일합상에 걸려있다 말할수가 있습니다.

⑥
^B일합상을 보면서도 ^C실체라고 아니봐야
^D참으로~ 본다고~ 말할수가 있습니다.

⑦
수보리~ 장로님~ 수보리~ 장로님~
일합상을 실체라고 생각하면 안됩니다.
범부들만^C그렇게~ 생각하는 것입니다.

31장 지견을 내지 않음
知見不生分

①
수보리~ 장로님~ 자기중심 인간중심
중생중심 생명중심 편견에서 벗어나라
설법하여 주었다고 여래가~ 생각한다
이런말을 하는사람 어찌생각 하십니까?
옳은말을 하고있다 말할수가 있습니까?

②
아닙니다 부처님~ 그리생각 않습니다.
옳은말을 하고있다 말할수가 없습니다.

③
^B자기중심 인간중심 중생중심 생명중심
편견에서 벗어나라 부처님은 설법하되

^C설법하여 주었다고 생각하지 아니하여
^D참으로~ 설법했다 말할수가 있습니다.

④

수보리~ 장로님~ 수보리~ 장로님~
^{AO}참으로~ 보살의길 가려하는 사람들은
^C모든것을 있는대로 온전하게 알고보며
있는대로 믿고이해 해야하는 것입니다.
^C법중심~ 생각에도 걸리면~ 안됩니다.

⑤

수보리~ 장로님~ 수보리~ 장로님~
^B법중심~ 생각보되^C실체라고 아니봐야
^D참으로~ 본다고~ 말할수가 있습니다.

32장 모든 것은 지나감
應化非眞分

①

수보리~ 장로님~ 수보리~ 장로님~
헤아릴수 없이많은 무량세계 채울만큼
금은보화 보시하는 사람짓는 복보다도
이법문의 사구게를 하나라도 받아지녀
독송하며 널리널리 전해주는 사람들이
짓게되는 복덕들이 훨씬더~ 많습니다.

②
어떻게 ~ 전해줘야 하는지를 아십니까?
ᶜ전하여 ~ 주었다고 생각하지 아니해야
ᴰ참으로 ~ 전해줬다 말할수가 있습니다.

③
ABCD

보고듣는 일체모든 삼라만상은
별허깨비 등불환영 이슬과거품
꿈과번개 구름처럼 지나갑니다.
모든것을 이와같이 봐야합니다.

④
부처님이 이법문을 모두모두 마치시니,
수보리 ~ 장로님과 남자스님 여자스님
남자신도 여자신도 보살님들 모든세상
하느님과 사람들과 아수라와 건달바가
부처님의 설법듣고 매우매우 기뻐하며
믿고지녀 받들어 ~ 행하기로 했습니다.

- 가사체 금강경 끝 -

부록 : 정본 우리말 반야심경

– 가사체 반야심경 해설 –

I부 정본화 과정

반야심경般若心經은 구마라집 스님이 마하반야바라밀대명주경摩訶般若波羅蜜大明呪經으로, 현장 스님이 반야바라밀다심경般若婆羅蜜多心經으로 명칭을 붙였습니다. 약칭으로 심경心經이라고도 하며, 초기 대승불교를 대표하는 경전인 반야경의 핵심 사상인 공 사상을 요약한 경전입니다.

반야심경은 '마하반야바라밀다심경'이라고 부를 수 있습니다. 마하는 비행기 속도를 말할 때 마하 2, 마하 3이라고 하는 바로 그 마하입니다. '굉장히 큰 것' '엄청나게 빠른 것' '인간의 한계를 넘어선 것' 등의 의미가 있습니다. 지식과 지혜는 다르며, 세상의 지혜와 불교에서의 반야지혜는 같으면서도 다릅니다. 세상에서의 지혜는 말 그대로 '이 세상에서의 지혜'입니다. 불교에서의 반야지혜는 '세상에서의 지혜'와 '출세간에서의 지혜'를 포함하는 개념입니다. 시공간을 초월하고 이승과 저승을 초월하는 지혜를 반야 혹은 반야지혜라고 합니다. 바라밀 혹은 바라밀다는 완성이라는 말입니다. 따라서 '마하반야바라밀다'는 보통사람들은 상상조차 할 수 없는 엄청난 반야지혜의 완성이라는 의미입니다. 심경은 핵심 경전이라는 의미입니다.

이 경전은 관세음보살님이 심오한 반야바라밀을 행하면서 오온五蘊이 공空함을 깨닫고 그 내용을 사리불 장로님께 설하는 것으로

시작합니다. 설법은 '오온의 공함으로부터 시작하여, 12처·18계·
12연기·4성제, 지혜, 깨달음을 이루는 것, 이와 같은 모든 것은 공
하다. 그러므로 보살과 부처님들은 반야바라밀에 의지하여 최상의
깨달음을 얻는다'고 말한 후, 반야바라밀 주문을 말하는 것으로 마
무리됩니다.

우리나라에서 가장 많이 독송하는 경전은 반야심경일 것입니다.
천수경도 많이 독송하지만 반야심경은 법회 때마다 어김없이 독송
합니다. 그런데 잘 이해하지 못하는 상태에서 한문 반야심경을 독
송하거나, 뜻이 다소 불분명한 우리말 반야심경을 독송하고 있습니
다. 그러던 중 조계종단에서 조계종 표준 '한글반야심경'(이하 유통
분)을 2011년 10월 5일에 공포하여 종교 생활에 도움을 주고 있습
니다. 그런데 아래에서 논의하듯이 아쉬운 부분이 있습니다. 보다
쉽고 의미가 분명하면서 독송하기에 좋아, 수행에 더 도움을 줄 수
있는 반야심경이 필요합니다.

조현춘은 바람직한 우리말 반야심경을 바라면서 2018년 8월에
개최된 '한국교수불자연합회' 총회에서 공식 "우리말 반야심경 교
감번역대회"를 주장하였습니다. 그 총회에서 진행하기로 약속을 받
았으나 집행이 되지 못했습니다. 더 이상 후속 조치가 없는 상황에
서 무비 스님·조현춘이 2012년에 함께 편찬한 『가사체 반야심경』
을 다듬어서 2019년에 '한국교수불자연합회'에서 『우리말 반야심
경』으로 발표하였습니다. 필자는 현 단계에서 『우리말 반야심경』이
『정본 우리말 반야심경』으로서 활용될 수 있다고 보아 제시합니다.

불교 경전은 서분, 정종분, 유통분으로 구성됩니다. 서분과 유통

분이 생략된 경우 소본(약본)이라 하고 모두 있는 것을 대본(광본)이라고 합니다. 반야심경은 크게 광본과 약본(대본과 소본)으로 구분할 수 있습니다. 그리고 우리가 지금 염송하고 있는 한문 반야심경은 현장스님께서 번역한 '약본 한문 반야심경'입니다. 광본 반야심경(한문본)으로는 반야・이언 공역, 법월 역, 법월 중역, 지혜륜 역, 시호 역 등이 있고*, 한문을 거치지 않고 산스끄리뜨 말에서 바로 번역한 우리말본으로는 이기영 역 등이 있습니다.**

『정본 우리말 반야심경』은 현장 스님의 『반야바라밀다심경般若波羅蜜多心經』을 원본으로 하고, 법월法月이 중역한 대본 『보변지장반야바라밀다심경普遍智藏般若波羅蜜多心經』, 반야般若・이언利言이 공역한 대본 『반야바라밀다심경』***, 『산스크리트어 소본 반야심경』****을 주로 참고하였습니다. 그리고 조계종, 황룡원, 천태종, 김성규 등의 반야심경을 비교・대조하는 데 활용하였습니다.

앞의 『정본 우리말 금강경』의 경우와 유사하게 정본화를 진행하였습니다. 즉, 다른 경전과 비교 검토하여 보완한 '수학적 고려', 우리말답게 순화한 '언어학적 고려', 광본을 참고하여 설법의 주체를 분명히 하는 등의 '논리학적 고려'를 하면서 정본화를 하였습니다.

---

* 고목스님, 『반야심경』, 서울: 도서출판 삼양, 1998, 31~32쪽.
** 이기영, 『반야심경 금강경』, 한국불교연구원, 1997, 18~25쪽.
*** 현장 스님의 "반야바라밀다심경"과 법월이 중역한 "보변지장반야바라밀다심경", 반야・이언 공역 "반야바라밀다심경"은 「불교기록문화유산아카이브 통합대장경」(https://kabc.dongguk.edu/content/list?itemId=ABC_IT)에서 확인할 수 있습니다.
**** 이기영, 위의 책, 18~25쪽.

Ⅱ부 우리말 정본화의 구체적 과정

정본은 '가사체 반야심경',

유통본은 '조계종 표준 우리말 반야심경',

한문은 현장 스님의 '반야바라밀다심경'을 옮겨 왔습니다.

마하반야 바라밀을 깊이깊이 수행하여

오온모두 공함보고 모든고통 벗어나신

관세음~ 보살님이 말씀하시 었습니다.

한문 ────

觀自在菩薩 行深般若波羅蜜多時 照見五蘊皆空 度一切苦
관 자 재 보 살　행 심 반 야 파 라 밀 다 시　조 견 오 온 개 공　도 일 체 고

厄
액

────

논의 1 현장 스님은 관자재보살로 한역하였는데, 우리가 많이 염송하기로는 관세음보살입니다. 구마라집 스님은 묘법연화경에서 관세음보살로 한역하였고, 반야심경의 같은 소본인 구마라집의 『마하반야바라밀대명주경』에서도 관세음보살로 하였습니다. 묘법연화경의 관세음보살보문품觀世音菩薩普門品에서 지적하였듯이 관세음보살은 '그 이름을 듣거나 그 몸을 보고 마음 모아 지극히 생각을 하면 능히 모든 괴로움을 멸하게 하는' 보살님입니다. 관자재보살보다는 관세음보살로 번역하는 것이 불자들에게 쉽게 다가갈 듯합니다. 보살은 보리살으와(bodhisattva)의 준말입니다. 보리는 최고 바른 깨달음, 즉 아누다라삼먁삼보리의 준말입니다. 보살은 최고 바른 깨달음을 이루려는 발원을 세운 사람 혹은 그러한 발원을

> 관자재보살이[1] 깊은 반야바라밀다를 행할 때,
> 오온이 공한 것을 비추어 보고 온갖 고통에서 건너느니라.[2][3]
> (광본에는 관세음보살님이 사리불께 말씀하셨다는 내용이 있습니다)

이미 이룬 사람입니다.

논의 2 유통본에서 '①절과 ②절을 말한 주체'가 명확하지 않습니다. '①절을 말한 주체'가 부처님이라면 '②절을 말한 주체'도 부처님이 되어야 하고, '①절을 말한 주체'가 관세음보살님이라면 '②절을 말한 주체'도 관세음보살님이 되어야 하고, '①절을 말한 주체'가 아난 등 결집자들이라면 '②절을 말한 주체'도 아난 등 결집자들이 되어야 합니다.

반야·이언 공역 『반야바라밀다심경』에는 다음과 같은 내용이 있으며, 역본들 간에 약간의 차이는 있습니다.

"① 부처님께서 많은 스님들과 많은 보살님들과 함께 어느 날 왕사성 기사굴 산중에서 다음과 같이 하시는 것을 제가 직접 들었으며 제가 직접 봤습니다(부처님의 육하원칙). 부처님께서는 광대심심 삼매에 드시었고, (마하)반야 바라밀을 깊이깊이 수행하여 오온 모두 공함 보고 모든 고통 벗어나신 관세음보살님도 대중 가운데에 계시었습니다. 사리불 장로님께서 자리에서 일어나서 합장하고 관세음보살님께 말씀 드리셨습니다. '반야바라밀을 깊이깊이 행하려는 사람은 어떻게 수행해야 합니까?' 관세음보살님께서 사리불 장로님에게 대답하셨습니다. ② 사리불~ 장로님~"

여기서 마지막 부분인 '사리불~ 장로님~'은 ①절이 아니고 문단을 달리하여 ②절로 만들어야 됩니다. '①절을 말한 주체'는 아난 등 결집자들이고, '②절을 말한 주체'는 관세음보살님이기 때문입니다. 소본에는 없지만, 정본은 관세음보살님이 '말씀하셨다'는 내용을 포함시켰습니다. 이렇게 하는 것이 문맥을 쉽게 이해하는 데 필요하기 때문입니다.

정 본	반야심경 ②

사리불~ 장로님~ 사리불~ 장로님~

한문 ───────

舍利子
사 리 자

─────────

논의1 유통본에는 '사리자여'가 있는데 요즈음은 거의 사용하지 않는 표현 방식입니다. '조현춘이여'라고 할 사람은 별로 없을 것입니다. 만만하고 친한 관계이고 사적인 장소에서라면 '조현춘'이라고 부를 수도 있겠지만, 대중이 모여 있는 공적인 장소에서는 '조현춘 교수님' '대심 거사님'이라고 할 것입니다. 사리불의 공식 직함은 장로입니다. 따라서 관세음보살님께서 공적인 설법 장소에서 '사리불'을 부를 때에는 '사리불

논의3 또한 '고통에서 건너느니라'도 말이 안 됩니다. 비교하여 예시를 들면, 우리말에서 '강에서 건너느니라'는 말이 안 됩니다. '에서'를 살리려면, '강에서 빠져나왔다' 혹은 '강에서 벗어났다'가 되어야 합니다. '건너느니라'를 살리려면, '강을 건너느니라'라고 하여야 말이 됩니다.

정본에서 보듯이 '강을 벗어났다'는 표현은 가능하며, 같은 맥락에서 '모든고통 벗어났다'도 가능하며 우리말답습니다.

반야심경 ②	유통본
사리자여![1]	

'장로님'이라고 부를 것입니다.

어떤 분들은 불교에서도 '장로'라는 말을 사용하는가에 대해서 물었습니다. '장로'라는 말은 최소한 금강경이 한문으로 번역된 402년 이전에 사용된 것이 확실합니다. 그리고 금강경오가해에서 규봉은 장로를 '덕장연로(德長年老: 덕망이 높고 연세가 지긋한 지도자)'라고 풀이하고 있습니다. 최근에 기독교인들이 장로라는 말을 사용한다고 해서 천 년 이상 사용하던 장로라는 말을 사용하지 않는 것은 옳은 태도라고 할 수 없을 것 같습니다.

> 대상있음 공함있고 공함있음 대상있소.
>
> 대상없음 공함없고 공함없음 대상없소.
>
> 대상이곧 공함이고 공함이곧 대상이오.

한문 ─────────

(色性是空 空性是色)
색 성 시 공 공 성 시 색

色不異空 空不異色
색 불 이 공 공 불 이 색

色卽是空 空卽是色[3)]
색 즉 시 공 공 즉 시 색

─────────

논의 1 이 문장은 아래와 같이 소본 산스끄리뜨본(범본)이나, 법월 역의 대본 한문본에는 두 단계가 아니고 세 단계입니다.

법월 역: 1)色性是空 空性是色 2)色不異空 空不異色 3)色卽是空 空卽是色.

범본: 1) rūpaṃ śūnyatā śūnyataiva rūpaṃ,

2) rūpān na pṛthak śūnyatā śūnyatāyā na pṛthag rūpaṃ,

3) yad rūpaṃ sā śūnyatā yā śūnyatā tad rūpaṃ.*

─────────

* 불교학자 에드워드 콘즈는 다음과 같이 번역을 하였습니다.

"form is emptiness and the very emptiness is form; emptiness does not differ from form, form does not differ from emptiness; whatever is form,

(범본에는 色性是空 空性是色이 있습니다)

색이 공과 다르지 않고 공이 색과 다르지 않으며,

색이 곧 공이요 공이 곧 색이니,[1][2]

그런데, 현장 스님 본에는 왜 색성시공 공성시색色性是空 空性是色이 없는가 하는 문제가 남습니다.

첫째, 현장 스님 본에서 '탈락되어 낙간되었다'고 볼 수도 있을 것입니다.

둘째, 현장 스님이 멋지게 번역하였다고 볼 수도 있습니다. 색불이공 공불이색色不異空 空不異色을 〈'대상이 있으면서 공함이 없거나 대상이 없으면서 공함이 있을 수'는 없다는 말과 '공함이 있으면서 대상이 없거나 공함이 없으면서 대상이 있을 수'는 없다는 말〉을 합친 말로 볼 수도 있을 것 같습니다. 즉 (있다 없다에서) '색이 공과 달라질 수'가 없고, '공도 역시 색과 달라질 수'가 없다고 볼 수도 있습니다. 이렇게 보면 현장은 참으로 기막히게 멋진 번역을 하였다고 볼 수 있습니다. 그러나 한글 구조에서는 이러한 멋을 찾을 수가 없었습니다. 그래서 산스끄리뜨 말 표현대로 따랐습니다.

논의 2 유통본의 '색이 공과 다르지 않고'와 '색이 곧 공이요'는 논리

---

that is emptiness, whatever is emptiness, that is form."

출처: Conze, Edward, 『Buddhist wisdom: containing the Diamond Sutra and the Heart Sutra』, New York: Vintage Books, c2001. p.86.

적으로 완전히 같은 말입니다. 즉 반복이 되어 버립니다. 그래서 범본을 채택하고 우리말로 옮겼습니다.

논의 3 범본을 보면 색성시공色性是空은 '色있음 空있음'(rūpaṃ śūnyatā)으로, 공성시색空性是色은 '空있음 色있음'(śūnyataiva rūpaṃ)으로 볼 수 있습니다.

또한 색불이공色不異空은 '色없음 空없음'(rūpān na pṛthak śūnyatā)으로, 공불이색空不異色은 '空없음 色없음'(śūnyatāyā na pṛthag rūpaṃ)으로 볼 수 있습니다.

색즉시공色卽是空은 '색[이라는 것]은 곧 공이다'(yad rūpaṃ sā śūnyatā)로, 공즉시색空卽是色은 '공[이라고 하는 것]은 곧 색이다'(yā śūnyatā tad rūpaṃ)로 볼 수 있습니다. 이를 우리말답게 가사체로 만들었습니다.*

그리고 여기 ③절에서, 현장 스님이 색色이라고 한 것은 색수상행식色受想行識에서의 색色으로 '색성향미촉법色聲香味觸法 전체를 포함하는 내용'입니다. 눈·귀·코·혀·몸·뜻으로 파악한 대상對象입니다. 이것은 물질만이라기보다는 현상까지도 포함하는 대상을 가리킵니다. ⑪절에서 자세히 기술하

---

* 이와 관련하여 예시를 들어 봅니다. 일반적으로 생명체가 살아가기 위해서는 물이 있어야 한다고 합니다. 옛날 수행자들이 생명체와 물과의 관계를 깊이 깨닫고 요약하여 말합니다.

"생명체 물, 물 생명체 / 생명체아님 물아님, 물아님 생명체아님 / 생명체는 곧 물, 물은 곧 생명체"

어떻게 해석해야 할까요?

"생명체있음 물이있고 물이있음 생명체있네 / 생명체없고 물이없고 물이없음 생명체없네 / 생명체는 곧물이고 물은곧 생명체이네"로 옮기는 것은, 생명체와 물의 관계를 잘 표현하여 뜻이 명확하고 우리말답다고 봅니다.

였습니다.

참고로 법월 역의 광본과 범어본을 해석한 사례가 각주에 있습니다.*

논의 3과 관련하여 아래의 단어 설명을 참고하면서 추가 설명하면 다음과 같습니다.

'A주격 B주격'을 해석할 때, 경우의 수는 다음과 같습니다.

① 'A는 B이다.'

② 'A가 있다. B가 있다.'

③ 'A가 있으면, B가 있다.'

여기서는 ③을 채택하였습니다.

그래서 'rūpaṃ śūnyatā śūnyataiva rūpaṃ'은

'색(대상)이 있으면 공(공함)이 있다. 공(공함)이 있으면 색(대상)이 있다.'고 하였습니다.

---

* 김월운 스님은 '1) 물질(色)의 자성自性은 공空이요, 공의 자성은 물질로서, 2) 물질은 공과 다르지 않고, 공은 물질과 다르지 않으니, 3) 물질이 곧 공이요, 공이 곧 물질입니다.'라고 번역하였습니다. 출처: 김월운, 「불교기록문화유산 아카이브 통합대장경」『보변지장반야바라밀다심경普遍智藏般若波羅蜜多心經』 번역. 그런데 필자가 생각하기로는 물질이란 용어보다는 대상이 적절하다고 봅니다.

이기영은 '1) 물질적 현상에는 실체가 없는 것이며, 실체가 없기 때문에 바로 물질적 현상이 〔있게 되는 것이〕다. 2) 실체가 없다고 하더라도, 그것은 물질적 현상을 떠나 있지는 않다. 또 물질적 현상은 실체가 없는 것으로부터 떠나서 물질적 현상인 것이 아니다. 3) 이리하여 물질적 현상이란 실체가 없는 것이다. 대개 실체가 없다는 것은 물질적 현상인 것이다.'라고 번역하였습니다. 출처: 앞의 책(이기영), 20쪽

'rūpān na pṛthak śūnyatā śūnyatāyā na pṛthag rūpaṃ'에선
'rūpān na'는 '색(대상)의 부정/부재'를 가리킨다고 보았습니
다. 그리고 'pṛthak śūnyatā'는 '공(공성)의 부정/부재'를 가리
킨다고 보았습니다. 단어 뜻에서 보듯이, na는 'not, no'의 의
미를 가지고, pṛthak는 'without, except'의 의미를 가진다고
보았습니다. 이렇게 보면 위 범어 문장은 '대상없음 공함없
고 공함없음 대상없음'으로 볼 수 있습니다.

'yad rūpaṃ sā śūnyatā yā śūnyatā tad rūpaṃ'은 'yad, yā'가
관계대명사(what)으로 볼 수 있고, 'sā, tad'는 지시대명사
(that)으로 볼 수 있습니다. 그래서 '색이라는 것은 공이고, 공
이라는 것은 색이다.'로 볼 수 있습니다.

범어 단어의 뜻을 풀이하였습니다.

rūpaṃ(rūpam): 중성명사 rūpa(色)의 단수주격.

śūnyatā: 여성명사(空, 空性) 단수 주격.

śūnyataiva: śūnyatā + eva([산디sandhi. 연성] ā + e → ai).

eva: just so, exactly so, indeed, truly, really 등

rūpān(rūpāt. na의 n의 영향으로 t가 n으로 됨): rūpa(色)의 탈격

na: 불변화사. not, no, nor, neither. 혹은 like, as, as it were
    (only in veda and later artificial language …)

pṛthak: 불변화사 widely apart, separately, differently, … /
    (as a *preposition* with *genitive case or instrumental case*; *see*)
    apart or separately or differently from / (with ablative)

without / except, save.

śūnyatāyā(śūnyatāyāḥ): 여성명사 śūnyatā의 단수 탈격 혹은 속격.

pṛthag(pṛthak): k가 r앞에서 g로 변함.

yad: '관계대명사 who, which, what, whichever, what-ever, that.' yad의 중성명사 단수주격. 연이어 나오는 rūpaṃ(rūpam) 중성명사 단수주격과 일치시킴.

sā: 지시대명사 tad(영어 that)의 여성단수주격임.

yā: 관계대명사(whatever)의 여성단수주격임.

tat(tad): tat의 t이 r 앞에서 d로 변함. tat는 대명사 this, that.

evam: 불변화사 thus, in this way

vedanā: vedana(受, 지각, 느낌)의 여성단수주격임.

saṃjñā: 여성명사. 단수주격임. 想.

saṃskāra: 남성명사. 行.

vijñāni: vijña(중성명사 識)의 중성주격 복수형태임. 4개 단어가 병렬적으로 등장했기 때문에 병렬복합어라고 하고 마지막 단어가 복수의 형태를 취했습니다.

느낌생각 행동인식 역시같다 할수있소.

한문

受想行識 亦復如是
수 상 행 식　역 부 여 시

논의1 '수 상 행 식도 그러하니라'는 불충분한 번역으로 보입니다.
'수'는 일반적으로 '감수, 느낌'으로 번역합니다. '감수성'을
생각하면 '느낌'이라는 번역이 정확하다는 것을 알 수 있을
것입니다. '상'은 뇌기능을 말합니다. 표상은 뇌의 작용, 즉
생각입니다. '행'은 지금의 행동입니다. '식'에 대해서는 번역
가들 사이에 혼란이 심합니다. 어떤 번역가들은 '의식'이라
고 하는데 잘못된 번역으로 보입니다. 식에는 안식 이식 비
식 설식 신식 의식 말라식 아뢰야식이 있기 때문입니다. 반
야심경에서는 말라식이나 아뢰야식은 언급할 필요가 없는

사리불~ 장로님~ 사리불~ 장로님~

한문

舍利子
사 리 자

수 상 행 식 도 그러하니라.[1][2]

것 같고, 최소한 '안식 이식 비식 설식 신식 의식' 전체를 말
하는 것이라고 보입니다. 인식이나 식별이 적절할 것입니다.
논의 2 여기에서 거론하는 오온, 즉 색수상행식을 육경과 관련지어
제시합니다. 오온(색수상행식色受想行識)은 대상·느낌·생각·
행동·인식이며, 육경(색성향미촉법色聲香味觸法)은 형상·소리
·냄새·맛·촉·현상입니다. 여기서 주의해야 할 사항은 오
온에서의 색色과 육경에서의 색色은 다를 수밖에 없다는 것
입니다.

오온에서의 색色은 수상행식受想行識을 제외한 색성향미촉
법色聲香味觸法 전체, 즉 '대상 전체'이고, 육경에서의 색色은
육경에서 성향미촉법聲香味觸法을 제외한 '색色 형상'입니다.
오온. 6근. 6경. 18계에 대한 설명은 ⑪절에서 합니다.

사리자여![1]

논의 1 ②절에서 논의하였듯이, 관세음보살님께서 공적인 설법 장
소에서 '사리불'을 부를 때에는 '사리불 장로님'이라고 부를
것입니다.

이세상의 모든것은 하나같이 공하다오.

생겨남과 없어짐에 걸려들지 아니하고,

더러움과 깨끗함에 걸려들지 아니하고,

늘어남과 줄어듦에 걸려들지 마십시오.

한문 ———

是諸法空相 不生不滅 不垢不淨 不增不減
시 제 법 공 상   불 생 불 멸   불 구 부 정   부 증 불 감

———

논의 1 '모든 법은 공하여'는 '이 세상의 모든 것은 하나같이 공하다
오. 그리하여'라고 하여도 전혀 다를 바 없습니다.

논의 2 그 다음 연결이 중요합니다. 유통본으로 하면 연결이 되지 않
습니다. '나지도 …… 않느니라'를 그대로 적용하면, '사람은

이리하여 공적함을 온전하게 이룩하면

한문 ———

是故 空中
시 고   공 중

모든 법은 공하여[1]

나지도 멸하지도 않으며,

더럽지도 깨끗하지도 않으며,

늘지도 줄지도 않느니라.[2]

나지도 않고, 멸하지도 않느니라' 혹은 '강은 나지도 않고 멸하지도 않느니라'가 됩니다. 그런데 사람은 나고 멸하며, 강도 나고 멸합니다.

이러한 표현보다는 '나고 멸하는 데 지나치게 걸려들지 마십시오'가 적절합니다. 즉 '사람의 생겨남과 죽어 없어짐에 걸려들지 마십시오'가 적절합니다. 강물은 줄지도 않고 늘지도 않는다는 것은 궤변입니다. 강물이 줄어들거나 늘어나지만 그 사실에 지나치게 고통스러워하지 말라는 말입니다.

그러므로 공 가운데는[1]

논의 1 '그러므로 공 가운데는'의 의미는 '이렇게 하여 공적함을 온전하게 이룩하고 자신이 공적하게 되었을 때에는' 혹은 '공의 세계에서는'이라는 의미입니다. 말하고자 하는 의미를 알도록 풀어서 해석하는 것이 수행에 도움이 됩니다.

어떤대상 어떤느낌 어떤생각 어떤행동
어떤인식 어디에도 걸려들지 아니하오.

한문 ————

無色 無受想行識[2]
무 색　무 수 상 행 식

———————

논의1 '색이 없고 수 상 행 식도 없으며'라는 표현은 적절하지 않습
니다. 색 수 상 행 식이 없으면, 장애인입니다. 대단히 죄송
하지만, 상상을 초월하는 장애인입니다. 공의 세계, 즉 공 가
운데는 참으로 상상을 초월하는 색 수 상 행 식이 있습니다.
따라서 '색이 있고 수 상 행 식도 있으나, 색에도 걸리지 않
고 수 상 행 식에도 걸리지 않으며'가 적절합니다. ④절의 색
수 상 행 식의 반복이므로 '어떤대상 어떤느낌 어떤생각 어
떤행동 어떤인식 어디에도 걸려들지 아니하오'로 하는 것이

눈과귀와 코혀몸뜻 어디에도 안걸리고,

한문 ————

無眼耳鼻舌身意
무 안 이 비 설 신 의

색이 없고 수 상 행 식도 없으며,[1]

적절할 것 같습니다.

논의 2 무無는 '없을 무'라고 하며, 없다는 의미가 기본입니다. 그런데 없다는 뜻만 있는 것이 아닙니다. 불교에서의 무無는 없다는 의미를 기본으로 약간씩 다른 의미로 사용되는 경우가 많습니다. '없다(과거형, 현재형, 미래형). 없어야 한다(당위). 없을 것이다(추론). 이러한 생각이 없다. 이러한 생각이 없어야 한다. 이러한 생각이 없을 것이다. 이러한 생각에 걸리지 않는다. 이러한 생각에 걸리지 않아야 한다. 이러한 생각에 걸리지 않을 것이다.' 등의 다양한 의미가 있습니다.

수행과 관련해서는 '이러한 생각에 걸리지 않아야 한다.'의 의미로 쓰이는 경우가 매우 많습니다.

안 이 비 설 신 의도 없고,[1]

논의 1 '안 이 비 설 신 의도 없고'도 곤란합니다. 금강경 18장에 '여래는 육신의 눈 가지고 있습니까?'라는 질문에 '가지고 계십니다. 부처님은 육신의 눈 가지고 계십니다'라고 분명히 답하고 있습니다. 이어서 하늘의 눈, 지혜의 눈, 법의 눈, 부처의 눈 등 가지가지 눈을 가지고 계십니다. '안 이 비 설 신 의는 있으나 그것들에도 걸리지 않고'가 옳습니다. 알아들을 수 있는 지금의 우리말로 바꾸면 '눈 귀 코 혀 몸 뜻 어디에도 안 걸리고'가 됩니다.

정 본	반야심경 ⑩

형상소리 냄새맛촉 현상에도 안걸리고,

한문

無色聲香味觸法
무 색 성 향 미 촉 법

논의1 '색 성 향 미 촉 법도 없으며'도 곤란합니다. '색 성 향 미 촉 법'은 분명히 존재합니다. 그러나 '색 성 향 미 촉 법'에 걸리면 안 되는 것입니다. 지금 우리나라 사람들이 알아들을 수

정 본	반야심경 ⑪

눈의세계 귀의세계 코의세계 혀의세계
몸의세계 뜻의세계 어디에도 안걸리오.

한문

無眼界 乃至 無意識界
무 안 계 내 지 무 의 식 계

'의'의 번역에 대해서는 크게 뜻과 마음이 등장하고 있는데, 마음에는 의식을 관장하는 '의'와 말라식을 관장하는 '말라', 아뢰야식을 관장하는 '아뢰야'가 있으므로 뜻이라고 하는 것이 적절합니다.

색 성 향 미 촉 법도 없으며,[1]

있는 말은 '형상 소리 냄새 맛 촉 현상 어디에도 안 걸리고' 가 될 것입니다. ①절에서의 오온은 색 수 상 행 식이며, ③절에서의 '색'은 '수 상 행 식'과 대비되는 색이기 때문에 대상이라고 번역하였습니다. 그러나 여기 ⑩절에서의 '색'은 '성 향 미 촉 법'과 대비되는 색이기 때문에 '형상'으로 번역하였습니다.

눈의 경계도 의식의 경계까지도 없고,[1][2]

논의 1 반야심경 ③, ④, ⑧절에 5온, ⑨절에 6근, ⑩절에 6경이 나옵니다. 그리고 ⑪절에 '눈의 경계, 의식의 경계(眼界, 無意識

界)가 나옵니다. 이와 관련하여, 다음 도표를 보면서 수학 등
식을 이용하여 설명합니다.

< 6근 6경 6식 18계의 관계 도표 >

육근 \ 오온	대상 (색)	느낌 (수)	생각 (상)	행동 (행)	인식 (식)	
눈(안) cakṣur-dhātur	형상(색) (눈 대상)	(수) (눈 느낌)	(상) (눈 생각)	(행) (눈 행동)	안식 (눈 인식)	눈의세계
귀(이)	소리(성) (귀 대상)	(수) (귀 느낌)	(상) (귀 생각)	(행) (귀 행동)	이식 (귀 인식)	귀의세계
코(비)	냄새(향) (코 대상)	(수) (코 느낌)	(상) (코 생각)	(행) (코 행동)	비식 (코 인식)	코의세계
혀(설)	맛(미) (혀 대상)	(수) (혀 느낌)	(상) (혀 생각)	(행) (혀 행동)	설식 (혀 인식)	혀의세계
몸(신)	촉(촉) (몸 대상)	(수) (몸 느낌)	(상) (몸 생각)	(행) (몸 행동)	신식 (몸 인식)	몸의세계
뜻(의)	현상(법) (뜻 대상)	(수) (뜻 느낌)	(상) (뜻 생각)	(행) (뜻 행동)	의식 (뜻 인식) mano- vijñāna- dhātuḥ	뜻의세계
6근 ↑	6경 ↑				6식 ↑ (좁은 의미)	
		6식 ↑ (넓은 의미) (넓은 의미. 주관세계 / 정신세계)				

5온 = 색 + 수 + 상 + 행 + 식 = (가사체) 대상 + 느낌 + 생각
+ 행동 + 인식

5온 중 대상 = 눈 대상(형상. 색) + 귀 대상(소리. 성) + 코 대

상(냄새. 향) + 혀 대상(맛. 미) + 몸 대상(촉. 촉) + 뜻 대상(현상. 법) = 6경 = 6근의 대상

6식 = 안식(눈 인식) + 이식(귀 인식) + 비식(코 인식) + 설식(혀 인식) + 신식(몸 인식) + 의식(뜻 인식) = 6근의 인식 = 5온 중 인식

18계 = 6근 + 6경 + 6식

논의 2 '눈의 경계도 의식의 경계까지도 없으며'는 일반적으로 18계를 가리킨다고 합니다.* 일반적으로 '눈의 경계'는 색色을 가리킵니다. 글자 그대로 본다면 유통본은 '6경과 6식'이 없음을 나타낸다고 해석됩니다. 18계를 나타내려면 '눈(눈의 요소)에서 의식(의식의 요소)까지도 없고'가 되어야 합니다. 그리고 6근·6경·6식·18계를 잘 모를 경우, 이것의 의미가 쉽게 이해되지 않습니다.

⑪절의 범본은 'na cakṣur-dhātur yāvan na mano-vijñā-na-dhātuḥ'입니다. '눈 요소(cakṣur-dhātur)에서 의식의 요소(mano-vijñāna-dhātuḥ)까지 없다(na)'로 문장을 분석할 수 있습니다.

도표에서 6식에 속하는 식을 2가지로 해석할 수 있다고 봅니다.

첫째, 좁은 의미에서 '색 수 상 행 식'의 식을 가리킵니다.

---

* 이기영, 앞의 책, 63~65쪽. 무비 스님, 『반야심경』, 조계종출판사, 2013, 95~96쪽.

둘째, 넓은 의미에서 정신작용이면서 주관적 세계인 '수 상 행 식' 모두를 가리킵니다.

정본에선 식은 넓은 의미로 주관적인 세계를 의미한다고 보았습니다.

즉, 18계는 6근, 6경 그리고 6식(수·상·행·식)으로 구성되는데, 다음의 1)에서 6)까지 모두 포함한다고 봅니다.

1) 눈과 형상 그리고 이 둘이 접촉하여 일어나는 느낌·생각·행동·인식

2) 귀와 소리 그리고 이 둘이 접촉하여 일어나는 느낌·생각·행동·인식

3) 코와 냄새 그리고 이 둘이 접촉하여 일어나는 느낌·생각·행동·인식

4) 혀와 맛 그리고 이 둘이 접촉하여 일어나는 느낌·생각·행동·인식

5) 몸과 촉 그리고 이 둘이 접촉하여 일어나는 느낌·생각·행동·인식

6) 뜻과 현상 그리고 이 둘이 접촉하여 일어나는 느낌·생각·행동·인식

이러한 관점에서 1)을 눈과 관련된 모든 것으로 파악하여 '눈의 세계', 2)를 '귀의 세계', 3)을 '코의 세계', 4)를 '혀의 세계', 5)를 '몸의 세계', 6)을 '뜻의 세계'라는 용어로 표현하였습니다.

이와 관련하여 다른 해석도 있을 수 있습니다.

'cakṣur-dhātur'를 내용상 'cakṣur-vijñāna-dhātur'로 보는 견해입니다. 즉, ⑪절을 '안식계(안식의 주관적 세계)에서 의식계(의식의 주관적 세계)까지도 없고(걸리지 않고)'로 보는 입장입니다. 이렇게 볼 경우, 눈의 세계는 눈의 주관적 세계라고 이해해야 할 것입니다.*

반야심경 ⑪절을 맛지마니까야(中部. M147) '라훌라를 교계한 짧은 경'의 내용과 함께 생각하면 더 잘 이해하게 될 것입니다.**

---

*   참조: 고목 스님, 앞의 책, 176, 178쪽. 이기영, 앞의 책, 115쪽.
**   "이를 어떻게 생각하는가, 라훌라여, 눈은 항상한가, 무상한가?" "무상합니다, 세존이시여." …

    "이를 어떻게 생각하는가, 라훌라여, 형색은 항상한가, 무상한가? "무상합니다, 세존이시여." …

    "눈의 알음알이는 항상한가, 무상한가?" "무상합니다, 세존이시여." …

    "눈의 감각접촉은 항상한가, 무상한가?" "무상합니다, 세존이시여." …

    "눈의 감각접촉을 조건으로 하여 일어난 느낌이든, 인식이든, 심리현상들이든, 알음알든, 그것은 항상한가, 무상한가?" "무상합니다, 세존이시여." …

    "마노는 … 법은 … 마노의 알음알이는 … 마노의 감각접촉은 … 마노의 감각접촉을 조건으로 하여 일어난 느낌에 포함된 것이나 인식에 포함된 것이나 심리현상들에 포함된 것이나 알음알이에 포함된 것은 항상한가, 무상한가?" "무상합니다, 세존이시여."

    "무상한 것은 괴로움인가, 즐거움인가?" "괴로움입니다, 세존이시여."

    "무상하고 괴로움이고 변하기 마련인 것을 두고 '이것은 내 것이다. 이것은 나다. 이것은 나의 자아다.'라고 보는 것은 타당하겠는가?" "그렇지 않습니다, 세존이시여."

    출처: 대림 스님 옮김, 『맛지마니까야』 제4권 574~576쪽.

| 정 본 | 반야심경 ⑫ |

어두움도 벗어나고 벗어남도 벗어나고
늙고죽음 벗어나고 벗어남도 벗어나고

한문

無無明 亦無無明盡 乃至 無老死 亦無老死盡
무 무 명 역 무 무 명 진 내 지 무 노 사 역 무 노 사 진

논의1 무명이 없다는 것은 중생으로서 있다가 공의 세계, 즉 연기緣
起를 체득하면 무명無明, 즉 어두움이 없어진다는 말입니다.
어두움에서 벗어났다는 의미입니다. 동시에 '나는 어두움에
서 벗어났다는 생각에서도 벗어나야 제대로 공의 세계에 들
어간 것'이라고 말할 수 있습니다. 늙고 죽음도 마찬가지입

| 정 본 | 반야심경 ⑬ |

고집멸도 어디에도 걸려들지 아니하오.

한문

無苦集滅道
무 고 집 멸 도

무명도 무명이 다함까지도 없으며,

늙고 죽음도 늙고 죽음이 다함까지도 없고,[1]

니다. 늙고 죽음에 걸리지 않고, 늙고 죽음에 걸리지 않는다
는 생각에서도 벗어나야, 제대로 늙고 죽음에서 벗어났다고
말할 수 있습니다. 늙고 죽음이 없다는 의미가 아닙니다.
정본의 '어두움도 벗어나고(無明盡) 벗어남도 벗어나고(無無
明盡)'는 '완전히 벗어남'을 표현합니다. 예를 들어, 오계(五
戒)를 지키고(無明盡) 오계 준수가 완전히 몸에 체화되어 '오
계를 지킨다는 생각에서도 벗어나야(無無明盡) 온전히 오계
를 지킨다'고 말할 수가 있습니다.

고 집 멸 도도 없으며,[1]

논의1 '고 집 멸 도도 없으며'는 '다른 중생들의 고 집 멸 도 있음을
보면서도 혹은 나의 고집멸도가 아직 존재함을 보면서도 그
것들에 걸려들지 않습니다.'가 됩니다.

지혜에도 안걸리고 이룸에도 안걸리고

이룸에도 안걸린단 생각조차 아니하여

모든보살 마하반야 바라밀에 의지하여,

모든속박 벗어나고 모든공포 벗어나고

모든망상 벗어나서 구경열반 이루었소.

한문

無智亦無得 以無所得故 菩提薩埵 依般若波羅蜜多故 心無
무 지 역 무 득 이 무 소 득 고 보 리 살 타 의 반 야 바 라 밀 다 고 심 무

罣㝵 無罣㝵故 無有恐怖 遠離顚倒夢想 究竟涅槃
가 애 무 가 애 고 무 유 공 포 원 리 전 도 몽 상 구 경 열 반

삼세제불 마하반야 바라밀에 의지하여

최고바른 깨달음을 온전하게 이루었소.

한문

三世諸拂 依般若波羅蜜多故 得阿耨多羅三藐三菩提
삼 세 제 불 의 반 야 바 라 밀 다 고 득 아 누 다 라 삼 막 삼 보 리

지혜도 얻음도 없느니라.

얻을 것이 없는 까닭에

보살은 반야바라밀다를 의지하므로

마음에 걸림이 없고 걸림이 없으므로 두려움이 없어서,

뒤바뀐 헛된 생각을 멀리 떠나 완전한 열반에 들어가며,[1)]

논의 1 '지혜도 얻음도 없고'는 '나는 지혜가 있다, 나는 깨달음을 얻었다는 생각에 걸리지 않고'가 됩니다. '얻을 것이 없는 까닭에'는 '나는 깨달음을 얻었다는 생각에 걸리지 않게 되므로'가 됩니다. 걸림은 속박이고, 두려움은 공포이며, 뒤바뀐 헛된 생각은 망상입니다.

삼세의 모든 부처님도 반야바라밀다를 의지하므로

최상의 깨달음을 얻느니라.[1)]

논의 1 '최상의 깨달음'을 '최고바른 깨달음'이라고 표현하였습니다. ⑮절에서의 문제는 '의지하므로'에 있습니다. '하므로'는 인과관계를 연결하는 우리말이 아니고, 논리적 관계를 연결하는 우리말입니다. '의지하여'가 적절합니다.

마하반야 바라밀은 참으로~ 신비진언

참으로~ 밝은진언 참으로~ 높은진언

무엇과도 비교할수 없이귀한 진언이오.

한문 ─────

故知 般若波羅蜜多 是大神呪 是大明呪 是無上呪 是無等
고 지 반 야 바 라 밀 다 시 대 신 주 시 대 명 주 시 무 상 주 시 무 등

等呪
등 주

허망하지 아니하고 참으로~ 진실하여

모든고통 빠짐없이 없애주는 진언이오.

한문 ─────

能除一切苦 眞實不虛
능 제 일 체 고 진 실 불 허

반야심경 ⑯ 유통본

반야바라밀다는 가장 신비하고
밝은 주문이며 위없는 주문이며
무엇과도 견줄 수 없는 주문이니[1]

논의 1 '가장'이라는 말은 사용하지 않는 것이 좋습니다. 예를 들어
서 '옴'보다 더 신비하다는 말은 좀 곤란합니다. 그래서 '매
우 혹은 참으로'라고 표현하는 것이 옳다고 봅니다. 대신大神
은 '가장 신비하고'라고 하면서 대명大明은 '(그냥) 밝은'이라
고 한 것도 격에 맞지 않습니다.

반야심경 ⑰ 유통본

온갖 괴로움을 없애고
진실하여 허망하지 않음을 알지니라.[1]

논의 1 우리말에서는 원인이 먼저이고, 대부분의 외국말에서는 원
인이 뒤에 붙어서 'because'로 연결됩니다. 따라서 원인을
앞으로 합니다. 또한 우리말에서는 부정문이 먼저이고 대부
분의 외국말에서는 긍정문이 먼저입니다.

그리하여 마하반야 바라밀을 말합니다.

한문

故說 般若波羅蜜多呪 卽說呪曰
고 설 반 야 바 라 밀 다 주 즉 설 주 왈

가자가자 넘어가자 모두다가자 보리이루자(3번)

가떼가떼 빠라가떼 빠라상가떼 보리스와하(3번)

한문

"揭帝 揭帝 般羅揭帝 般羅僧揭帝 菩提 僧莎詞"
아 제 아 제 바 라 아 제 바 라 승 아 제 모 지 사 바 하

논의1 범어를 중국어로 음사한 글을 가지고 왔습니다. 음사는 음사로 가져와야 하는데 한국식으로 읽어서 '아제아제⋯⋯'로 하는 것은 좀 그렇습니다. 인도 사람도, 중국 사람도 '가떼가떼⋯⋯'라고 합니다.

논의2 그런데, 진언이 한국말로 멋지게 번역이 된다면 번역된 말이 '참된 진언'이라고 생각합니다.

산스끄리뜨 로마자 표기는 다음과 같습니다.

반야심경 ⑱	유통본

이제 반야바라밀다주를 말하리라.[1]

논의 1 '이제'라는 연결보다는 '그리하여'라는 연결이 적절하게 보입니다.

반야심경 ⑲	유통본

아제아제 바라아제 바라승아제 모지 사바하(3번)[1][2]

"gate gate pāragate pārasaṃgate bodhi svāhā"

반야심경은 대승 경전입니다. 남자스님 여자스님 남자신도 여자신도 4부 대중이 깨달음을 추구하고자 모인 자리에서 정성을 다해 함께 독송하는 모습을 그려봅니다. 반야심경을 법우님들과 합송을 할 때, 수행에 도움이 되도록 단어의 뜻을 숙고하면서 우리말로 바꾸었습니다. 이 문장의 경우, 정규 산스끄리뜨가 아니고 속어형俗語形을 취하고 있어서 의미가 다른 뜻으로 해석할 수도 있다는 것도 고려해야 할 것입니다.*

gate는 〈'이미 깨달음에 가 있는 상태가 되어 있기를' 기원하

---

* 정병조, 『智慧의 完成: 般若心經』, 역경원, 1979, 157쪽

II부 우리말 정본화의 구체적 과정 **431**

면서 청유請誘하는 것〉으로 '가자'로 해석이 가능합니다. 이런 맥락에서 진언을 우리말 운율에 맞추어 "가자가자 넘어가자 모두다가자 보리이루자"로 하였습니다.*

---

* 참고로 이와 관련된 해석의 사례는 다음과 같습니다.

  1) 가는 자여! 가는 자여! 저쪽으로 가는 자여! 완전하게 저쪽으로 가는 자여! 깨달음이여 행복이 있으라.

  2) 도달했다. 도달했다. 저쪽에 도달했다. 완전하게 저쪽에 도달했다. 깨달음이여! 행복이 있으라.

  3) 가버린 이여, 가버린 이여, 넘어서 가버린 이여, 완전히 넘어서 가버린 이여, 오 완전한 깨달음이여, 만세! (Gone, gone, gone beyond, gone altogether beyond, O what an awakening, all hail!)

  4) 갈 때에, 갈 때에, 저 언덕에 갈 때에, 마침내 저 언덕에 도달하여 갈 때에, 깨달음이여, 행복이 있으라.

  5) 가는 이여, 가는 이여, 저 언덕에 가는 이여, 저 언덕에 마침내 가는 이여, 깨달음이여, 행복이 있으라.

  6) 도달했네. 도달했네. 피안에 도달했네. 마침내 피안에 도달했네. 깨달음이 경사慶事롭네. (Oh! Wisdom, Gone Gone, Gone to the other shore, landed at the other shore, Svāha.)

  7) 건너갔네, 건너갔네, 저 언덕에 건너갔네, 저 언덕에 모두 다 건너갔네, 깨달음을 성취했네.

  해석의 1~2는 '김명우, 『범어로 반야심경을 해설하다』, 민족사, 2010, 205~207쪽', 3은 '에드워드 콘즈 지음, 임옥균/진현종 옮김, 『불교 지혜의 원천: 금강경 반야심경 뜻과 풀이』, 경서원, 1990, 130쪽', 4~6은 '정병조, 『智慧의 完成: 般若心經』, 역경원, 1979, 157~158쪽', 7은 '무비스님, 『반야심경』, 조계종출판사, 2013, 146쪽'에서 확인할 수 있습니다.

각 단어의 뜻을 다음과 같습니다.

gate: 동사어근 √gam(가다)에서 파생한 것으로 여성명사
gati*의 단수·호격으로 보기도 하고, 과거수동분사 형태
인 gata(갔다)의 처격으로 보기도 합니다. 그래서 '가는 것
이여, 가는 자여' 등으로 해석하거나 '갔을 때에'로 볼 수
도 있습니다. 에드워드 콘즈는 'gone'으로 영역하였습니
다. 우리말 가사체에서는 일종의 청유형請誘形으로 보아
'이미 깨달음에 가 있는 상태가 되어 있기를' 제안하는 것
으로 '가자'로 해석하였습니다.

'pāra'는 '저쪽(피안), 넘어' 등의 뜻입니다.**

'saṃ(sam)'은 '함께, 따라, 같이, 완전히'의 뜻입니다.***

'보리(bodhi)'는 중성명사 bodhin(깨달음)의 단수 목적격 혹
은 주격입니다. '보디'로 흔히 읽지만 '보리'에 가깝다고
할 수 있습니다.

'스와하(svāhā)'는 불변화사로 축하, 환영, 축원을 나타내는
용어이다. 모든 진언(다라니)의 마지막에 붙는 것으로 소
원 성취를 기원하는 기도의 말입니다. 번역하자면 '행복

---

* gati는 'going, going away, way, a means of success'의 뜻을 가집니다.
출처: https://sanskritdictionary.com/

** 위 사전: the further bank or shore or boundary, any bank or shore, the
opposite side, the end or limit of anything, the utmost reach or fullest
extent. pāraṃ-gam-etc. with *genitive case or locative case*, to reach the end,
go through, fulfil, carry out [as a promise] / crossing.

*** 위 사전: with, together with, along with, together, altogether / complete,
completeness.

이 있어라!', '영원하여라!' 또는 '영원히 그렇게 되어 있기를!'이라는 의미입니다.

pāra-gate: '피안으로 넘어 가자' 혹은 '피안으로 가는 자여' 등으로 해석할 수 있습니다. 범부가 부처의 세계에 도달하여 '부처가 되자'는 것입니다.

para-saṃ-gate: '피안으로 모두 함께 가자' 혹은 '피안으로 완전히 가는 자여' 등으로 해석할 수 있습니다.

bodhi svāhā: '보리(깨달음) 이루자' 혹은 '완전한 깨달음이여, 행복이 있으라' 등으로 해석할 수 있습니다.

광본에는 ⑲절 다음에 유통분이 있습니다.

　　부처님이　이법문을　모두모두　마치시니
　　참석했던　스님들과　보살님들　모든세상
　　하느님과　사람들과　아수라와　건달바가
　　부처님의　설법듣고　매우매우　기뻐하며
　　믿고지녀　받들어～　행하기로　했습니다.

Ⅲ부 가사체 반야심경

①
마하반야 바라밀을 깊이깊이 수행하여
오온모두 공함보고 모든고통 벗어나신
관세음~ 보살님이 말씀하시 었습니다.

②
사리불~ 장로님~ 사리불~ 장로님~

③
대상있음 공함있고 공함있음 대상있소.
대상없음 공함없고 공함없음 대상없소.
대상이곧 공함이고 공함이곧 대상이오.

④
느낌생각 행동인식 역시같다 할수있소.

⑤
사리불~ 장로님~ 사리불~ 장로님~

⑥
이세상의 모든것은 하나같이 공하다오.
생겨남과 없어짐에 걸려들지 아니하고
더러움과 깨끗함에 걸려들지 아니하고
늘어남과 줄어듦에 걸려들지 마십시오.

⑦

이리하여 공적함을 온전하게 이룩하면

⑧

어떤대상 어떤느낌 어떤생각 어떤행동
어떤인식 어디에도 걸려들지 아니하오.

⑨

눈과귀와 코혀몸뜻 어디에도 안걸리고

⑩

형상소리 냄새맛촉 현상에도 안걸리고

⑪

눈의세계 귀의세계 코의세계 혀의세계
몸의세계 뜻의세계 어디에도 안걸리오.

⑫

어두움도 벗어나고 벗어남도 벗어나고
늙고죽음 벗어나고 벗어남도 벗어나고

⑬

고집멸도 어디에도 걸려들지 아니하오.

⑭

지혜에도 안걸리고 이룸에도 안걸리고
이룸에도 안걸린단 생각조차 아니하여
모든보살 마하반야 바라밀에 의지하여

모든속박 벗어나고 모든공포 벗어나고
모든망상 벗어나서 구경열반 이루었소.

⑮
삼세제불 마하반야 바라밀에 의지하여
최고바른 깨달음을 온전하게 이루었소.

⑯
마하반야 바라밀은 참으로~ 신비진언
참으로~ 밝은진언 참으로~ 높은진언
무엇과도 비교할수 없이귀한 진언이오.

⑰
허망하지 아니하고 참으로~ 진실하여
모든고통 빠짐없이 없애주는 진언이오.

⑱
그리하여 마하반야 바라밀을 말합니다.

⑲
'가자가자 넘어가자 모두다가자 보리이루자'
(세 번)
'가떼가떼 빠라가떼 빠라상가떼 보리스와하'
(세 번)

- 가사체 반야심경 끝 -

후기

제가 불교에 입문한 후 금강경 공부를 하다가 곳곳에서 암초에 부 딪혀 한참 어려움을 겪을 때였습니다. 금강경 제9장 「須菩提言 "不 也, 世尊! 何以故? 須陁洹名爲入流, 而無所入, 不入色聲香味觸法, 是 名須陁洹."」 「수보리가 대답하였습니다. "아닙니다, 세존이시여! 왜 냐하면 수다원은 '성자의 흐름에 든 자'라고 불리지만 들어간 곳이 없으니 형색, 소리, 냄새, 맛, 감촉, 마음의 대상에 들어가지 않는 것 을 수다원이라 하기 때문입니다."」 아무리 보아도 이해가 되지 않 는 상황이었습니다.

2015년경에 불교방송(BBS) 일요일 아침방송을 듣고 있었는데 조 현춘 교수님이 나와서 가사체 금강경 발간 경위를 무비 스님 말씀 을 곁들이면서 재미있게 소개하였습니다. 그 즉시 책을 구입하고 매월 초 서울에서 진행하는 가사체 금강경 독송회에 거의 빠짐없이 나갔습니다. 그러면서 금강경의 내용을 90% 정도는 이해한다고 생 각하고 주변에도 가사체 금강경을 소개하곤 하였습니다.

그러나 주변 사람들의 가사체 금강경에 대한 반응은 냉담하거나 관심이 없었습니다. 재주가 있는 어떤 불교인의 자의적恣意的인 번 역서일 뿐이라는 식이었습니다. 그래서 여러 가지로 생각한 끝에 조 교수님께 가사체 금강경이 보다 널리 확산되려면 매우 자세한 해설서가 있어야 한다고 졸라댔습니다. 교수님은 "맞아, 맞아" 하면서도 저의 요구를 대뜸 들어주지 못하였습니다. 젊은 시절부터 20~30년간 연구하고 수행하면서 가사체 금강경을 내놓았는데 그걸 다시 꼼꼼히 정리해야 위경僞經 소리를 안 듣는다고 하니, 해야 하기는 하겠고…… 조 교수님은 70대 후반의 연령에도 정말로 친절하게 원고를 정리하셨습니다. 지금 생각하니 죄송한 생각이 듭니다. 조 교수님을 100여 가지 질문으로 괴롭혔다는 과보로 편집, 검토, 문장 대조 등등의 일을 맡게 되었습니다. 그런데 조 교수님은 과분하게 저를 공동저자로 올리셨습니다. 고마우면서도 책임이 무거움을 느낍니다.

저는 경전은 종교생활에만 기여하는 것이 아니라, 그 경전 공부와 수행을 통하여 사회생활도 잘 할 수 있어야 한다고 봅니다. 금강경은 사회생활의 규범서로도 아주 훌륭하다고 봅니다. 현대 민주국가의 가치관을 잘 대변하며 깊이 이해시키는 데 무리가 없습니다. 대화와 타협의 바탕인 상대주의적 관점(뗏목의 비유), 인간존중 정신(깨끗하고 맑은 마음 청정심, 변화 가능성을 담고 있는 중생관), 평등사상(탁발 수행), 복지국가의 기본인 상부상조 정신(보시를 강조하는 보살의 길) 등등. 가사체 금강경은 사상四相과 관련하여 "자기중심, 인간중심, 중생중심, 생명중심"에서 벗어나 "자기존중, 인간존중, 중생존중, 생명존중", 즉 모든 존재를 인정하고 존중하도록 제시하고 있습니다. 생태계 훼손으로 위기를 맞고 있는 현대의 윤리 교과서로도 손색이 없습니다.

금강경은 누구나 훌륭한 불자가 되어 행복하게 살 수 있다는 대승의 정신이 잘 표현된 경전인데, 그에 걸맞게 누구라도 이해할 수 있는 경전입니다. 『가사체 금강경과 정본 한문 금강경』과 함께 이

해설서를 찬찬히 읽으셔서 불교의 핵심 경전인 금강경의 기운을 듬뿍 받으시길 기원합니다.

천희완 합장

감사의 말씀

불교계의 어려운 출판 사정을 고려하여 출판에 많은 도움을 주신 동참회원님들께 심심한 감사의 마음을 전합니다. 많은 십시일반 동참회원님들과 108 동참회원님들의 동참으로 수월하게 출판할 수 있었습니다. 이 인연 공덕으로 무량 복을 누리시고, 속히 성불하옵소서.

법보시 동참 계좌
신한은행 110-354-890749 조현춘(가사체금강경독송회)

이 통장으로 입금되는 보시금은 전액 '지정법당·군법당·병원법당·교도소·불교학생회 등에의 법보시, 불교기관에의 보시'로만 사용합니다. 고맙습니다. 참으로 고맙습니다.

가사체 금강경 독송회
대심 조현춘(010-9512-5202) 합장

법보시 108 동참회

1) 도일 스님
2) 수보리 스님
3) 남봉연
4) 이진우
5) 민경희
6) 안형관 영가
7) 강수균
8) 강태진
9) 김정옥
10) 김정자
11) 박혜정
12) 조재형
13) 이수진
14) 조성흠
15) 조성윤
16) 서울독송회

17) 대구독송회
18) KBS독송회
19) 청안사
20) 미국 정각사
21) 송불암
22) 북대암
23) 이순랑 법사
24) 김남경
25) 해원보살
26) 오일수
27) 유명애
28) 권준모
29) 방애자
30) 정인숙
31) 세심화
32) 정혜 거사

33) 대원화 영가
34) 마가 스님
35) 이종선
36) 박은희
37) 한지민
38) 보명 법사
39) 김형일
40) 장충효
41) 도윤희
42) 김임용
43) 배문주
44) 배영주
45) 부산 보현회
46) 박경아
47) 진여심
48) 김대진

49) 도안 스님
50) 강호진 영가
51) 법현 스님
52) 박종순 영가
53) 진주 용화사
54) 운성 스님
55) 이인자
56) 천희완
57) 김순남
58) 구진우
59) 구연수
60) 유계현
61) 장희수
62) 민지영
63) 한삼화
64) 임영선

조현춘 공저/공역 불교경전

도서출판 운주사

---

1. 정본 금강경

1) 정본 우리말 금강경(가사체 금강경 해설)
2) 정본 한문 금강경(산스끄리뜨어 2본, 한문 6본, 티베트어본, 몽골어본 대조)
3) The K-Diamond Sutra 정본 영어 금강경(근간)
4) 가사체 금강경과 정본 한문 금강경(독송)
5) 가사체 금강경과 한문 금강경 사경
6) The Diamond Sutra 가사체 금강경(대역)

2. 가사체 불교경전과 한글세대 불교경전

(1) 가사체 불교경전 (2) 가사체 의례 (3) 한글세대 불교경전

3. 기타

1) 가사체 약사경과 한문 약사경 사경
2) 가사체 부모은중경과 한문 부모은중경 사경
3) 가사체 승만경과 정본 한문 승만경
4) 한글세대 보현행원품과 한문 보현행원품 사경
5) 예정 : 아미타경 관음경 천수경 반야심경

● **대심大心 조현춘**(가사체 금강경 독송회 회장)은

서울대학교 이장호 지도교수의 권유로 '동서양 통합 상담심리학'을 세우기 위해 금강경 공부를 시작한 후, 30여년 교수생활 중 계속해서 '불교경전과 상담심리학'이라는 주제의 논문을 발표하였다. 화엄경과 화이트헤드 연구회·법륜불자교수회·한국동서정신과학회·한국정서행동장애아교육학회·대한문학치료학회 등의 회장을 역임하였다.

● **성효性曉 천희완**(가사체 금강경 줌 독송회 회장)은

중·고등학교 사회과 교사로 30여년을 근무한 후 정년퇴임하였다. 가사체 금강경 서울 독송회 회장이며, 대한불교조계종포교사(서울지역단), 동국대 불교학과 박사과정 수료, '가사체금강경' 유튜브 제작, '(사)우리는선우' 회원으로 활동하고 있으며, 조계사불교대학 출신 모임인 '금강경결사회'에서 공부하고 있다.

  * 조현춘 공저·공역 불교 경전은 해설집 법요집 행사집 등에 무료로 사용할 수 있습니다.

정본 우리말 금강경

초판 1쇄 인쇄 2024년 9월 2일 | 초판 1쇄 발행 2024년 9월 10일
공저 조현춘·천희완 | 펴낸이 김시열
펴낸곳 도서출판 운주사 (02832) 서울시 성북구 동소문로 67-1 성심빌딩 3층
      전화 (02) 926-8361 | 팩스 0505-115-8361
ISBN 978-89-5746-845-6 03220   값 25,000원
http://cafe.daum.net/unjubooks 〈다음카페: 도서출판 운주사〉